并购会计
理论与实践

M&A: Accounting Theory and Practice

徐经长 著

经济管理出版社
ECONOMY & MANAGEMENT PUBLISHING HOUSE

图书在版编目（CIP）数据

并购会计理论与实践 / 徐经长著. -- 北京：经济
管理出版社，2024.5（2025.4重印）
　ISBN 978-7-5096-9721-4

　Ⅰ．①并…　Ⅱ．①徐…　Ⅲ．①企业合并—会计—研究
—中国　Ⅳ．①F275.2

中国国家版本馆 CIP 数据核字（2024）第 110166 号

组稿编辑：杨国强
责任编辑：白　毅
责任印制：张莉琼
责任校对：王淑卿

出版发行：经济管理出版社
　　　　　（北京市海淀区北蜂窝 8 号中雅大厦 A 座 11 层　100038）
网　　　址：www. E-mp. com. cn
电　　　话：（010）51915602
印　　　刷：唐山昊达印刷有限公司
经　　　销：新华书店
开　　　本：720mm×1000mm/16
印　　　张：14.25
字　　　数：288 千字
版　　　次：2024 年 6 月第 1 版　　2025 年 4 月第 2 次印刷
书　　　号：ISBN 978-7-5096-9721-4
定　　　价：48.00 元

前　言

　　纵观中外经济发展史，并购重组一直是资本市场中一项重要的商业活动和金融活动，很多世界 500 强公司由小变大、基业长青的发展历程，无一不昭示着是其历经多次吸收合并和不断优化组合的嬗变。在中国资本市场，并购重组不仅是解决我国证券市场股权分置等历史遗留问题的重要途径，更是企业调整结构、优化升级和提高质量的内在要求。笔者在担任中国证监会第四、第五届并购重组审核委员会委员和召集人期间，接触和审核了大量中国上市公司并购重组的案例，不少案例无论最终通过审核与否，其间都涉及很多值得总结和思考的专业性问题，涵盖法律、评估、会计等领域。作为一名会计专业背景的委员，笔者一直想把其中的会计问题梳理并总结出来，供大家学习研究时参考，本书正是出于这样的初心而完成的。

　　并购重组审核和 IPO（首发上市）审核一样，从监管层面看，主要关注法律和会计两个方面，其中，法律方面主要关注合法合规问题，由于法律法规对企业相关业务活动和处理都有清晰的规定，所以涉及的专业判断相对较少；会计方面主要关注财务会计问题，由于以原则为基础的会计准则的广泛运用，涉及的专业判断相对较多。此外，并购重组中的估值是一个极其重要和特殊的问题，毕竟有估值才有交易作价的依据，才有最终达成并购重组交易的基础。以笔者的观点，在现行会计理论体系和会计准则运用中，估值在本质上是一个会计问题，或者说现代会计在越来越多的层面依赖于估值。理由如下：一是估值的本质是计量，而计量是会计的核心职能（井尻雄士，1975）。从某种意义上说，现代会计首先是运用一定的计量单位，选择适宜被计量对象的合理计量属性，确定应予记录的各项经济业务具体项目金额的计量过程。如果把会计信息处理过程分为确认、计量、记录和报告的话，计量无疑是一项业务活动进入会计信息系统的前提，即计量是确认的前提。二是随着公允价值计量在会计准则中越来越广泛的应用，估值在现代会计理论和实践中的重要性日益突出。传统会计主要以历史成本进行会计计量，有记录实际业务发生金额的原始凭证为依据，注重会计的真实性和可验证性；现代会计越来越多地运用公允价值进行会计计量，强调以市价和以科学理论及方法为基础的估值为依据，注重会计的相关性和决策的有用性。基于以上这些认识，本书把估值问题作为会计问题的一部分进行阐述，或者说在论述并购重组会计理论和方法时，不可避免地会涉及对估值问题的讨论。

本书以问题导向为出发点阐述并购重组中的财务会计问题，不追求从理论层面推导出系统的分析框架。首先，关于并购重组会计的系统分析框架或许可以从并购重组与会计两个方面进行讨论及研究。如果仅从并购重组的视角看，可以研讨的问题有并购重组动机、并购重组能力、并购重组协同、并购重组绩效等，张秋生在《并购学：一个基本理论框架》一书中作了建设性的尝试（张秋生，2019）；如果仅从会计的视角看，并购重组中的会计问题可以多到涵盖所有会计问题，因为对标的资产的估值和财务分析就是对标的资产会计问题的全景式扫描，每一个报表项目都可能会关联到。其次，理论是灰色的，实践永远是色彩斑斓的。对并购重组会计问题的系统分析和框架构建固然重要，但上市公司特别是中国上市公司在并购重组实践中提出的会计问题更需要我们优先关注，对问题的关注就是对实践的关注；会计作为一门实践性很强的学科，贯彻问题导向和实践导向理应成为会计学教学和研究的总方针，论文终归要写在中国大地上。当然，任何一项对实践中所提出问题的讨论，最终都会给理论之花的盛开提供有益的养分。

中国上市公司并购重组实践中提出了哪些财务会计问题呢？我们可以从"道"和"术"两个层面对这个问题作分析。从"道"的层面来看，主要是价值判断问题（估值合理性、会计准则运用合理性等）；从"术"的层面来看，主要是报表项目的分析和具体会计准则的应用。

首先，我们来看"道"的问题，"道"讲的是愿景和理念，讲的是做一件事的价值观的问题。在审核过程中，委员们经常讨论的一个话题就是是否要对具体的并购重组交易做价值判断，当然，如果不做价值判断，审核的标准和结果相对来说一定会更客观；如果要做价值判断，不可避免地会带入一些主观因素，因为判断是要发挥人的主观能动性的。对这个问题的讨论类似于会计上对"实质重于形式"这个原则的讨论，笔者经常把这个原则理解为"经济实质重于法律形式"，在绝大部分情况下，法律形式与经济实质是一致的，这时就不存在谁"轻"谁"重"的问题；但是，当经济实质与法律形式不一致时，就需要会计人员发挥主观能动性去做价值判断了，在经济实质与法律形式不一致的"地带"，法律法规的规定永远代替不了会计人员的职业判断，这既是会计人员存在价值的体现，更是会计促进社会经济高质量发展的需要。再回到上市公司并购重组审核"道"这个话题上，我国现行《上市公司重大资产重组管理办法》（以下简称

《重组管理办法》）第十一条明确规定：上市公司实施重大资产重组，应当就本次交易符合下列要求作出充分说明，并予以披露：（一）符合国家产业政策和有关环境保护、土地管理、反垄断等法律和行政法规的规定；（二）不会导致上市公司不符合股票上市条件；（三）重大资产重组所涉及的资产定价公允，不存在损害上市公司和股东合法权益的情形；（四）重大资产重组所涉及的资产权属清晰，资产过户或者转移不存在法律障碍，相关债权债务处理合法；（五）有利于上市公司增强持续经营能力，不存在可能导致上市公司重组后主要资产为现金或者无具体经营业务的情形；（六）有利于上市公司在业务、资产、财务、人员、机构等方面与实际控制人及其关联人保持独立，符合中国证监会关于上市公司独立性的相关规定；（七）有利于上市公司形成或者保持健全有效的法人治理结构。《重组管理办法》第十一条的规定，是对上市公司实施重大资产重组的原则性要求，从中不难看出，其中很多条款都存在价值判断问题，如要求重大资产重组的资产定价公允，要求重大资产重组要有利于上市公司增强持续经营能力、有利于上市公司形成或者保持健全有效的法人治理结构等。而在审核实践中，从证监会官网披露的信息看，上述价值判断的条款往往会成为一家公司并购重组业务不能通过审核的理由。

其次，进一步分析"术"的问题，"术"讲的是具体的工具和方法，讲的是并购重组中具体的会计处理问题。在中国上市公司并购重组实践中，比较突出的具体的财务会计问题主要如下：

一是企业合并类型的判断。在我国现行会计准则体系中，对于企业合并类型的会计处理分为两类，即同一控制下的企业合并和非同一控制下的企业合并。同一控制下的企业合并指参与合并的企业在合并前后均受同一方或相同的多方最终控制且该控制是非暂时性的合并；非同一控制下的企业合并指参与合并的各方在合并前后不受同一方或相同的多方最终控制的合并，从会计学分类和会计处理实践的视角看，除判断属于同一控制下企业合并以外的其他企业合并均属于非同一控制下的企业合并。同一控制下的企业合并和非同一控制下的企业合并在会计处理上有本质区别，简单来说，同一控制下的企业合并采用账面价值且不确认商誉，非同一控制下的企业合并采用公允价值且确认商誉。由于我国国有企业的特殊性和关联方关系认定的特殊规定，实践中对企业合并类型的判断可能存在分歧。

二是商誉。商誉的经济学含义原指一个企业因地理位置、服务特色等形成的超额获利能力，即商誉指能在未来期间为企业经营带来超额利润的潜在经济价值。在会计学上，商誉指一家企业预期的获利能力超过可辨认资产正常获利能力的资本化价值。商誉属于企业整体价值的组成部分，当企业实施非同一控制下的企业合并时，购买方对合并成本大于合并中取得的被购买方可辨认净资产公允价值份额的差额，应当被确认为商誉。高商誉是中国上市公司并购重组中的一大特色，它和高溢价、高业绩承诺一起被统称为中国上市公司并购重组中的"三高"。

三是反向购买的处理。顾名思义，反向购买的方向和正常情况是相反的，具体指什么和什么的方向相反呢？反向购买只存在于非同一控制下的企业合并中，在这种合并类型下，当合并以发行权益性证券交换股权的方式进行时，通常发行权益性证券的一方为购买方。但在某些企业合并中，发行权益性证券的一方因其生产经营决策在合并后被参与合并的另一方所控制，所以发行权益性证券的一方反而成为被购买方，从而形成了"反向购买"。从本质上讲，反向购买指会计上对购买方和被购买方的认定与法律上对母子公司的认定是相反的，所以，反向购买也是"实质重于形式"这一会计原则在实践中的体现。反向购买合并成本的确定有其特殊性，合并成本确定的依据不同，最终形成的商誉也会有很大差别。

四是股份支付。股份支付指以股份为基础的支付，具体指企业为获取职工和其他相关方服务而授予其权益工具或承担以权益工具为基础确定的负债的交易。在我国现行会计准则中，股份支付的会计处理分为两大类，即以权益结算的股份支付和以现金结算的股份支付，两者在会计处理上的共同点都是列支为费用，都影响企业损益的计算；不同点是以权益结算的股份支付先要被确认为资本公积，而以现金结算的股份支付则要被确认为应付职工薪酬。从表面上看，股份支付与企业并购重组没有什么直接的关联，其实不然，在中国上市公司并购重组实践中，股份支付的认定及其会计处理既是一个高频的法律问题，也是一个常见的会计问题。这主要是因为很多新兴行业的标的资产都有授予关键员工股权或期权的安排，而企业授予职工权益工具一旦被认定为股份支付，就会影响损益的计算，所以实践中有些企业会通过股份代持协议等安排来规避股份支付的处理。

五是资产减值。资产减值指企业在会计期末对资产账面价值进行减值计提的会计处理，计提资产减值会减记资产，同时减少利润或增加亏损；计提的资产减值转回时，其对报表的影响正好相反，即资产减值的转回会增加资产，同时增加利润或减少亏损。从理论上讲，企业对每一项资产计提减值，都可以有其对特殊因素的考量，因此不宜从国家层面对企业计提资产减值制定统一的标准或比例，尤其是不能规定统一的计提比例，如果要制定统一的标准，那么标准也只能是原则导向的。正因如此，在会计实践中，资产减值往往会成为很多企业调节利润或进行盈余管理的主要手段。就并购重组交易而言，由于盈余涉及估值和作价，所以资产减值自然会成为审核中一个重要的关注点。此外，如果并购交易中确认了高额的商誉，商誉后续计量中的减值也会波及各方的利益并牵动着整个市场的神经。

以上从"道"和"术"两个层面阐述了我国上市公司并购重组中的财务会计问题，而这构成了本书写作的基本框架。本书第一章"并购会计概念释疑"、第六章"并购会计中的估值"主要是讲并购会计中"道"的问题，本书第二章"并购会计类型的认定"、第三章"并购会计中的商誉"、第四章"购买何以反向"、第五章"并购会计中的股份支付"主要讲并购会计"术"的问题。本书在写作过程中主要采用了案例研究的方法，意图聚焦中国资本市场上市公司并购重组中的典型案例，具体分析和讨论其中涉及的同一控制和非同一控制的认定、商誉及其减值、反向购买中购买成本的确定、标的资产的股份支付、估值和业绩补偿承诺等财务会计问题。每个案例的框架结构主要由并购交易背景、交易过程、关注的财务会计问题、进一步讨论和思考等部分组成。通过对典型案例的剖析，我们发现，中国上市公司并购重组业务中尚存在诸多亟待监管层以及理论界和实务界解决的问题，这些问题包括国资背景下同一控制和非同一控制如何认定、标的资产给予高管和其他相关人员的股份是否属于股份支付、反向购买中的购买成本如何确定、商誉的形成及其减值可能存在的风险、估值方法的选择及其科学性、业绩补偿（对赌协议）中业绩的计算及其履行等。

除上述从"道"和"术"两个层面阐述我国上市公司并购重组会计理论和实践问题外，本书进一步关注和讨论了并购会计的学术研究。应该说，关于并购话题的学术研究一直是会计学、财务学、金融学乃至经济学学术研究的一个重要细分领域，具体研究的问题包括企业并购的动机、企业并购的能力、并购中目标企业的选择、并购的市场反应、并购绩效及其影响因素、并购中目标企业的价值评估、并购的财富效应、并购中支付手段的选择、并购双方的资源匹配等。随着我国并购重组业务的快速发展和学术研究的深入，一些更具体和聚焦的问题逐步进入学者的视野，如并购重组中独立董事的咨询功能、我国上市公司重大资产重组配套融资的并购绩效、并购商誉信息的财务效应、创新与企业并购等，这些研究持续不断地推动了并购相关话题研究的繁荣和发展。本书对并购动因、并购绩效和并购估值三个方面的文献作了简要的回顾和评述，感谢笔者的博士生苏聿桢、张慧璇和冷冰洁在这部分所做的工作。

一段时期以来，会计学学术研究的边界逐渐变得模糊起来，大有与财务学、金融学、经济学、管理学、法学等学科深度融合的趋势，这既体现了会计学学术研究的开放与包容，又体现了广大会计学者的创新和发展。尽管这种局面已经引起了部分学者的担忧，但在实证研究方法大行其道的时代，过于强调会计学学术研究的边界似乎并不是一种务实和明智的选择。基于我国资本市场的经验数据，对中国上市公司并购重组的相关问题进行研究，姑且都可以看作是会计学者的分内之事吧。

自从关注和聚焦并购重组相关话题的学术研究后，我们团队已经在并购商誉信息的财务效应、创新与企业并购、中国上市公司重大资产重组配套融资的并购绩效等方面取得了初步的研究成果。

在《并购商誉信息会影响债务资本成本吗？》（徐经长、张东旭、刘欢欢，2017）一文中，我们认为，商誉信息的决策有用性主要体现在对投资者以及对债权人决策行为的影响上，而已有研究较少基于债务资本成本视角考察商誉信息的决策有用性问题。正是基于这一认识，我们以 2008～2015 年符合条件的 A 股上市公司为研究样本，分析了商誉信息确认及其减值计提对债务资本成本的影响，进一步地研究了所有权性质对商誉信息与债务契约有效性关系的调节作用。研究发现，并购商誉的确认金额与债务融资成本显著负相关，商誉减值金额与债务融资成本显著正相关。在对因为遗漏变量导致的内生性问题以及因为样本自选择导致的研究偏误进行控制后，研究结论依然稳健。同时，进一步研究发现，与国有企业相比，非国有企业中商誉信息对债务资本成本的影响更明显。上述研究结果表明，商誉信息具有一定的信息含量，会影响到企业的债务资本成本，具有决策有用性，且该有用性受到企业产权性质的影响。

在《创新是公司并购的驱动因素吗——来自中国上市公司的经验证据》（徐经长、何乐伟、杨俊华，2020）一文中，我们借鉴 Bena 和 Li（2014）的研究，基于中国上市公司并购数据考察了创新对公司并购的影响。研究发现，创新投入和创新产出越多的公司越倾向于成为主并方；而创新投入越多、创新产出越少的公司越倾向于成为标的方。但主并方的创新投入增长率较低，表明公司在通过外部并购获取创新资源的同时逐渐放缓自身研发投入。进一步研究发现，根据现有文献将并购划分为技术并购和非技术并购后，在非技术并购事件中创新依然显著影响公司参与并购活动，进一步证明了创新对公司并购参与具有重要且广泛的影响。同时，与并购失败的企业相比，成功完成并购的企业拥有更多的创新产出。本书基于中国背景提供了公司创新如何影响并购的经验证据，对于理解中国公司创新和并购活动具有重要的意义。

在《配套协同还是增发陷阱？——我国上市公司重大资产重组配套融资的并购绩效分析》（徐经长、李博文，2022）一文中，我们以 2012～2017 年沪深上市公司作为主并方的并购样本为研究对象，考察了中国上市公司在重大资产重组中募集配套资金行为对主并方并购绩效的影响。研究发现：①相对于那些未包含配套融资的重大资产重组并购交易，包含配套融资的重大资产重组并购交易具有更好的短期和长期绩效；②募集配套资金的相对比例与主并方并购绩效呈现正相关关系。上述研究表明，在我国上市公司并购重组实践中，募集配套资金制度能够促进并购交易发挥协同效应，提升市场资源配置效率，是一项行之有效的监管措施。

2022年4月25日，习近平总书记在中国人民大学考察调研时强调，要坚持党的领导，坚持马克思主义指导地位，坚持为党和人民事业服务，落实立德树人根本任务，传承红色基因，扎根中国大地办大学，走出一条建设中国特色、世界一流大学的新路。加快构建中国特色哲学社会科学，归根结底是建构中国自主的知识体系。要以中国为观照、以时代为观照，立足中国实际，解决中国问题，不断推动中华优秀传统文化创造性转化、创新性发展，不断推进知识创新、理论创新、方法创新，使中国特色哲学社会科学真正屹立于世界学术之林。习近平总书记的这些指示既为中国特色、世界一流大学的建设之路指明了方向，也为中国特色哲学社会科学的发展和广大学者的学术研究提供了根本遵循。本书从中国上市公司并购重组的实践出发，探寻其提出的财务会计问题，并尝试对基于国际惯例形成的现行企业会计准则进行探讨，这无疑是对实事求是、求真务实和构建中国自主知识体系精神的一次努力和践行。

徐经长

2024年4月

目　录

第一章　并购会计概念释疑

第一节　并购的由来和历程

本书是一本讨论并购会计相关问题的著作，但会计从来就不是空中楼阁，正如马克思在《资本论》中所论述的那样，经济越发展，会计越重要。从大的逻辑看，会计理论和实践的发展是依附于经济理论和经济实践而发展的，但这样说又似乎不够具体，毕竟会计是一门需要落地的学科和工作。有鉴于此，笔者一直试图在经济发展和会计处理间找到一座架接的桥梁，以便于我们更具象化地理解经济对会计的影响。直到我国市场经济条件下会计准则的建立和实施，笔者对这个问题的思考才算是有了初步的答案。

20世纪90年代初期，笔者的硕士毕业论文就是讨论企业会计准则的。当时我国刚刚确立了建立和发展社会主义市场经济的总方针，与此相对应，市场经济条件下会计制度的建立成为会计界的当务之急。在借鉴西方成熟市场经济国家会计做法的基础上，我国明确了建立企业会计基本准则和具体准则的总基调。会计基本准则在西方统称为会计概念框架，严格地说，它并不是会计准则的一部分；而会计具体准则才是西方会计体系中真正的会计准则。那么，具体会计准则"具体"在什么地方呢？随着对企业会计准则研究和讨论的深入，我们不难发现，原来计划经济条件下的会计制度是分行业的，而市场经济条件下的具体会计准则是落脚到具体业务的。也就是说，具体会计准则中的"具体"主要指社会经济发展中具体的业务。这给我们一个启示，市场经济条件下的会计准则是不必分行业去制定的（保险等个别特殊行业准则除外），打破行业壁垒，从具体的业务出发制定相应的会计准则，不管哪个行业的企业，只要涉及某一特定的业务，就要执行该业务相关的会计准则，唯有如此，会计才能真正成为市场经济条件下商业的语言，企业会计管理活动才有共同的前提和基础。

从上面的分析可清晰地看到，业务是连接经济发展和会计准则的桥梁和纽带，以业务为基础是现代企业会计准则发展的一个重要特征。换言之，经济越发展，会计越重要，其本质是经济发展带来具体业务的变化，使得记录和管理具体业务的会计变得越来越重要。当我们讨论并购会计时，其背后的逻辑依然如此。

一、国际视野下的并购浪潮

没有企业的并购业务，就没有并购会计。回望过去，企业的并购业务是现代市场经济条件下企业的一项必要且特殊的商业活动，至今已有超过百年的历史。最早的并购业务发生于 19 世纪下半叶，主要由当时的资本集聚和扩张驱动。众所周知，19 世纪开始的产业革命使世界进入了大机器工业时代，其标志是蒸汽机的发明和其他各种机器的发明创造。随着科学技术的进步，19 世纪下半叶，由于电力的发明和广泛使用产生了第二次工业革命，世界跨入了电气时代，从而进一步解放了生产力，也大大促进了科学技术的进步。然而，技术的进步从来离不开资本的支持，换言之，只有资本的快速集聚才能有效支撑先进机器设备和技术的使用，才能满足社会化大生产发展的需要；如果仅仅依靠单个企业内部的资本积累，那么，像修建铁路这样浩大的工程就不知要等到何年何月了，蒸汽机驱动的火车自然也派不上用场。也就是说，科学技术的进步需要资本的集聚和企业组织形式的变革，唯有如此，技术才能真正赋能产品生产，企业才能真正提高劳动生产率，降低产品生产的必要劳动时间，进而更有实力在产品销售和市场占有方面展开竞争。在这样的背景下，企业并购业务应运而生，企业并购是资本集聚以适应生产社会化和科学技术进步要求的必然产物，既有其必要性，又有其特殊性。19 世纪末 20 世纪初，西方主要市场经济国家中的企业并购浪潮在这样的历史背景下掀起，其高峰期为 1898~1903 年，史称第一次并购浪潮。

第一次并购浪潮使资本主义从自由竞争迅速过渡到高度垄断，形成了一大批垄断企业，对整个西方资本主义发展进程产生了广泛而深远的影响。以美国为例，在并购浪潮高峰期的 1898~1903 年，美国被并购企业总数达 2653 家，其中，仅 1899 年因并购而消失的企业就达 1028 家。在并购高峰期的五年多时间里，美国并购的资本总额达到 63 亿多美元，整个国家的工业结构出现了永久性变化，100 家最大公司的规模增长了 400%，并控制了全国工业资本的 40%。这次并购产生了像阿纳康达铜业公司、玉米产品公司、杜邦公司、美国烟草公司、美国钢铁公司等一批巨型公司，其中，美国钢铁公司是美国第一家资本超过 10 亿美元的大公司。这些公司的出现，标志着美国第一次拥有了一大批现代化的大公司，从而为整个国家的产业升级和资本结构优化奠定了基础。

第一次并购浪潮以横向并购为主，所谓横向并购是指资本在同一生产领域或部门集中，优势企业吞并劣势企业，组成横向托拉斯，扩大生产规模以达到新技术条件下的最佳经济规模。特别值得一提的是，在第一次并购浪潮中，银行尤其是投资银行发挥了极为重要的作用。在此期间，大约 1/4 的企业并购是由银行促成的，尤其以投资银行最为活跃。它们为企业并购提供资金，同时扮演经纪人的角色。此外，随着证券市场的成熟和完善，流通上市的股票也极大地为企业并购提供了便捷，证券化并购使企业并购更加简易和方便。纽约股票交易所承受与支持了这次企业并购浪潮，约 60% 的并购交易是在股票交易所完成的，很多企业在投资银行的操纵下，通过向公众发行股票筹资，使并购后企业的未来收益转换为今天的资本，进而快速完成了大型企业的创建和发展。不过，成也萧何败也萧何，正是因为股市对企业并购的强力支撑，其对并购活动的影响就显得举足轻重。随着 1903 年美国经济的衰退，股市低迷，股价大跌，并购资金来源很快萎缩；加之随着《谢尔曼法》的实施，美国国内掀起了一轮反垄断运动的高潮，第一次并购浪潮随之结束。

第一次并购浪潮后，以美国为代表的西方国家又先后经历了第二次并购浪潮（1916~1929 年）、第三次并购浪潮（1955~1969 年）、第四次并购浪潮（1975~1989 年）、第五次并购浪潮（1994~2001 年）、第六次并购浪潮（2003~2008 年）和第七次并购浪潮（2012 年至今）（张秋生，2019；石建勋、郝凤霞，2021）。当然，关于每一次并购浪潮起始和终止年限的划分，目前学术界并不完全一致，这很大程度上源于大家对起止年份确定标准的选择和理解不同所致，如无论是以并购数量为标准还是以并购交易的金额为标准，抑或是以发生的重大并购事件为标准等。不过，从研究并购会计的视角看，这并不影响我们对并购业务总体进程的认识和对并购特征的分析。

第二次并购浪潮横向并购虽然还占相当大的比例，但纵向并购在这一时期却逐渐盛行起来。所谓纵向并购，指优势企业将与本企业生产紧密相关的非本企业所有的前后道生产工序、工艺过程的生产企业并购过来，从而实现纵向生产的一体化。纵向并购有助于形成生产的连续性，减少商品流通的中间环节，从财务上较大程度地节约销售费用等。在第二次并购浪潮中，产业资本与金融资本互相渗透的并购交易开始产生，投资银行家再次发挥了主要作用。产业资本与银行资本的融合产生了一种新的资本即金融资本，其数量之多、规模之大都前所未有。此外，由于次轮并购主要发生在汽车制造业、化学工业、石油工业、冶金工业及食品加工业等行业，这些行业都关乎国计民生，所以国家直接参与并购是这个阶段的重要特征。在不少领域，国家出面投以巨资并购一些关系国家经济命脉的企业，并使得资本进入国家垄断资本主义时期。

第三次并购浪潮主要发生在第二次世界大战后的 20 世纪五六十年代，迎合了"战后"新一轮产业结构调整和企业多元化发展战略的需要。从某种程度上说，这轮企业并购主要是以跨国公司为特征的品牌重组，产业发展成为企业并购的主流。被并购企业不限于小企业，横向并购数目减少，而混合并购的数目大大增加。所谓混合并购，指处于不同产业领域、产品属于不同市场，且与其产业部门之间不存在特别的生产技术联系的公司间的并购行为，即两个或两个以上相互没有直接投入产出关系公司之间的并购行为，是跨行业、跨部门企业之间的并购；混合并购催生了一大批多元化经营的大型跨国公司的诞生。

第四次并购浪潮自 20 世纪 70 年代中期开始，到 1985 年达到最高潮，1985 年底，通用电气公司以 60 亿美元买下了美国无线电公司，创下当年大企业并购之最。在第四次企业并购浪潮中，横向、纵向和混合并购三种形式互补，并购形式趋于多样化；并购对象从上市公司、国内及海外企业延伸到各企业的营业部门或子公司；并购活动从食品、烟草、汽车、化学、医药、石油、钢铁等传统产业跨越到航空航天、通信等高科技产业。如果从财务的角度看，此轮并购有两个显著特点：一是盛行"杠杆并购"，所谓杠杆并购指并购方企业以目标企业的资产和未来收益作为抵押，通过大量的债务融资作为并购资金的来源，进而实现"小鱼吃大鱼"的目标。如 1985 年年销售额仅为 3 亿美元、经营超市和杂货店的班特雷·善来得公司，以 17.6 亿美元的价格并购了年销售额高达 24 亿美元、经营药品和化妆品的雷夫隆公司，一度成为当时颇受关注的经典案例。二是流行"垃圾债券"，所谓垃圾债券指那些资信低、风险大，但利率却很高的债券；"垃圾债券"于 20 世纪 70 年代由马克尔·米尔肯（Michael Milken）首创。由于垃圾债券的出现，使得并购者的并购能力大大膨胀，因而受到大量中、小企业和投机者的青睐。在杠杆收购中，债务融资手段之一是发行大量债券，这些债券往往以目标企业的资产作为抵押甚至无资产抵押，因而导致债券的资信很低、风险很大，但利率却很高。例如，美国著名的财务并购公司科尔伯格·克莱维斯·罗伯兹公司（Kohlberg Kravis Roberts & Co.，KKR 公司），在 1988 年用杠杆并购方式以 246 亿美元并购了雷诺·纳比斯科公司，KKR 公司共融资 220 亿美元，其中 150 亿美元为银行辛迪加贷款，50 亿美元为"垃圾债券"。

第五次并购浪潮自 20 世纪 90 年代中期开始，到 2000 年前后达到高潮，随后逐渐消退。众所周知，进入 20 世纪 90 年代后，以电子通信技术、互联网技术等科学技术的发展异常迅猛，致使社会经济生活发生了前所未有的变革，从而大大加快了全球经济一体化进程。在这一背景下，世界市场竞争加剧，导致各国政府相应放松了对企业并购等诸多交易类型的管制，西方企业因此掀起了一百年来的第五次企业并购浪潮。与前四次并购浪潮相比，第五次并购浪潮从数量、规模和垄断程度上都达到了历史的最高水平。美国旅行者集团和花旗集团的合并、美洲银行以发行股票方式并购国民银行、英国石油公司（British Petroleum）并购美国阿莫科石油公司、德意志银行以 101 亿美元的现金并购美国信孚银行（Banker Trust）、德国汽车业巨头戴姆勒–奔驰公司以 380 亿美元股票收购方式并购美国克莱斯勒汽车公司、埃克森石油公司以 860 亿美元并购美孚石油公司、美国在线以 1810 亿美元收购老牌传媒帝国时代华纳、英国沃达丰以 1850 亿美元收购德国曼内斯曼等影响深远的案例都发生在这一期间。第五次并购浪潮对金融业和制造业影响巨大，跨国并购、战略性并购、强强联合是这一时期并购的重要特点。

第六次并购浪潮发端于 2003 年，并于 2005～2006 年达到高峰期，随后伴随着 2008 年国际金融危机的爆发而结束。值得一提的是，目前学术界关于第六次并购浪潮起止年份的划分尚有分歧，部分学者将发端于 2003 年止于 2008 年的并购活动归于第五次并购浪潮，而将 2008 年之后的并购浪潮称之为第六次并购浪潮（石建勋、郝凤霞，2021）。如果要对 2003～2008 年的并购活动进行总结，除前述第五次并购浪潮的特点在这个阶段仍然有着明显的体现。此外，特别值得关注的是：①很多企业在此期间主动放弃杠杆收购，去杠杆的理念在企业并购活动中日渐形成，财务性收购逐渐淡化，企业并购交易更多地考虑并购后长远的发展和价值的增长；②中国企业参与或主导的并购活动开始受到越来越多的关注，影响力开始显现。在这一期间发生的有影响的并购案例包括 2004 年联想并购 IBM PC 业务，被业界称之为"蛇吞象"；2005 年阿里巴巴收购雅虎中国全部资产；2005 年中石油 100%并购哈萨克斯坦 PK 公司；2006 年国美闪电般并购永乐，等等。这些并购交易凸显了中国企业在国际并购舞台上的影响力。

第七次并购浪潮开始于 2012 年前后，2011 年纽约泛欧交易所和德意志证券交易所达成的业务并购协议为此次并购浪潮拉开了序幕。关于第七次并购浪潮的结束时间目前尚没有权威的讨论，第六次并购浪潮和第七次并购浪潮的划分也不尽统一，抑或以数字经济为特征的并购已经开启了新一轮的并购浪潮，以上议题不是本书讨论的重点，在此暂且不论。总体来看，发端于 2011 年后的并购浪潮有这样一些特点：

一是此轮并购初期的缘起是应对 2008 年国际金融危机的影响，由于金融危机发生后，欧美各国政府对金融机构加强了监管，这意味着原有的基于境内的吸收流动性的做法将极有可能导致交易成本的上升，于是跨区域进行的横向并购盛行起来，因为此类并购能够最大限度地利用各国和各地区的资金及金融资产。

二是此轮并购是过往美国企业主导的并购与欧洲、亚洲发生的并购浪潮一起，构成了全球化背景下的一次全新的范围更广、规模更大的并购浪潮。

三是中国在此轮并购潮中所展现的面貌焕然一新，特别是伴随着"一带一路"倡议的实施和亚投行的建立,中国企业"走出去"进行跨国并购的路径越来越清晰,影响越来越广泛。

四是此轮并购潮的中后期融合了横向并购、纵向并购和混合并购等多种并购模式,且在并购理念及支付手段、业绩承诺等交易要素方面均有诸多持续不断的创新;但并购交易中,发展中国家和发达经济体之间在机制体制、公司治理、文化差异等方面的碰撞时有发生。

二、中国视野下的并购历程

以上从国际视角初步分析了发生在全球范围内总计七次并购浪潮的历程和特点,如果把目光聚焦到中国企业的并购历程,目前学界有两阶段说、三阶段说和四阶段说等不同观点(石建勋、郝凤霞,2021),但是,现有文献大多数都认同把 1993 年发生的深宝安(000009)收购延中实业(600601)事件看作是研究中国上市公司并购交易的起点。发生于 1993 年的深宝安收购延中实业的交易史称"宝延事件"或"宝延风波"。1993 年 9 月,深宝安利用其下属的宝安上海公司、宝安华东保健用品公司、深圳龙岗宝灵电子灯饰厂从上海证交所购入延中实业的股票,由于当时中国有关并购交易的法规中,没有对"一致行动人"作出定义,深宝安安排了三家公司同时作战,借以逃避相关法规的限制性规定。延中实业股权分散以至几乎没有控股股东,1993 年 9 月 29 日,深宝安旗下上述的三家公司合计持有延中实业 10.6% 的股份;9 月 30 日,深宝安按计划大笔购买延中实业,拥有股份一下升至 15.98%。随后,延中实业被停牌,深宝安发出公告,宣布其拥有延中实业发行在外的股份 5% 以上。延中实业利用深宝安在这次行动中的法律漏洞作出反击,认为深宝安拥有延中实业股份从 4.56% 很快到 15.98%,显然有违相关法规,且有联手操作之嫌。1993 年 10 月 22 日,深宝安已经持有延中实业 19.8% 的股票,当天中国证监会在充分调查、弄清事实的基础上,作出了处理决定:认定深宝安购入延中实业股票是市场行为,持股有效;但对深宝安信息披露不及时给予警告处分并处以 100 万元罚款。至此,深宝安得以顺利进入延中实业,宝延风波就此平息。1993 年的宝延事件,深圳宝安集团通过二级市场购买延中实业股票达 19.8%,从而成为延中实业第一大股东,由此开辟了中国证券市场收购与兼并的先河,成为中国证券市场首例通过二级市场收购达到成功控制一家上市公司的案例。

宝延事件拉开了市场经济条件下中国上市公司并购浪潮的序幕,自此中国上市公司的并购历程可以从起步阶段(1993~1997 年)、快速发展阶段(1998~2001 年)、政府主导阶段(2002~2008 年)、市场化发展阶段(2012 年至今)来认识。上述四个阶段的年限划分并不是首尾相接,这点类似于前面对国际上七次并购浪潮的年代划分，其原因是便于我们对中国上市公司并购特征的分析。此外，关于中国上市公司并购阶段的划分目前并无统一说法，以上也只是本书的观点。

1. 1993~1997 年起步阶段

如前所述，这个阶段的标志性事件是 1993 年深宝安对延中实业的收购；从监管层面看，当时的规章主要是 1993 年 4 月 22 日国务院证券委批准颁布的《股票发行与交易管理暂行条例》（以下简称《股票条例》）。关于收购，《股票条例》第四章"上市公司的收购"主要规定了三个方面的内容：①个人不得持有一个上市公司千分之五以上发行在外的普通股，这实际上是排除了个人进行上市公司收购的交易；②持股 5% 以上的主体必须履行阶段性披露和暂停交易的义务；③强制要约收购制度，即要求持股 30% 的发起人以外的股东必须参照二级市场交易的市场价格或收购人一年内买入该种股票的成本价格，以现金方式向全体股东发出收购要约。上述规定的第（2）条，也正是后来延中实业反攻深宝安的重要理由，同时是证监会处罚深宝安的法规依据。上述规定的第（3）条，被认为脱离了当时市场分割的实际情况，当时上市公司的股权结构中占绝大多数比例的股份是不能流通的国有股、法人股、国有法人股和内部职工股，这种情况下，通过要约收购是难以实现控制权转让的目的。此外，参照市场价格确定的现金收购成本过高，这无疑极大地制约了上市公司收购业务的发展。

从财务和监管的层面看，这一阶段并购交易的特征：

一是并购支付方式都是现金支付，支付方式单一，并购规模有限；

二是政府缺乏支持并购的具体举措，参与程度低；

三是多数并购交易未公布股权收购价格，法律法规要求披露的并购细节很少。

2. 1998~2001 年快速发展阶段

这个阶段的标志性事件是 1998 年 12 月 29 日第九届全国人民代表大会常务委员会第六次会议通过的《证券法》（自 1999 年 7 月 1 日起实施），《证券法》第四章"上市公司收购"对上市公司收购交易作出了专门的规定，明确上市公司的股权转让可以有协议转让和二级市场收购两种方式，即在原《股票条例》要约收购的基础上增加了协议转让方式，同时详细规定了要约收购和上市公司收购完成后的相关事项。

这个阶段上市公司收购的主要特征：

一是退市制度引发大规模并购重组。1998 年 4 月 22 日，沪深交易所对外宣布，将对连续两个会计年度经审计净利润为负值或最近 1 个会计年度经审计的每股净资产低于股票面值的上市公司的股票进行特别处理（Special Treatment，

ST）；1999 年 6 月 17 日，沪深交易所分别发布了关于股票暂停上市的处理规则，对近三年连续亏损的上市公司暂停其股票上市，并规定了暂停上市股票的交易规则，即 PT（Particular Transfer）制度；2001 年，证监会发布了《亏损上市公司暂停上市和终止上市实施办法》，对亏损上市公司暂停上市和终止上市作出规定。在此背景下，以保住上市公司上市资格为目的的并购重组由此活跃起来，导致中国上市公司并购业务步入快速发展阶段。

二是政府导向的并购占比较高。由于早期的上市公司多为国资背景，或者即使民企也因为政府的支持和积极推动而上市，所以在暂停上市和终止上市制度实施后，多数地方政府为了保壳而不得不使用行政手段推动并购交易，进而快速达成政府的目标。

三是支付手段突破了单一现金方式。这一阶段的并购交易已由原先单一现金支付方式转变为股权划转为主，多数并购交易都体现为用资产换股权，主要是为了适应国有经济调整和整合产业结构的需要。

3. 2002~2008 年政府主导阶段

在上述中国上市公司并购业务快速发展阶段，由于当时的法律法规主要是原则性的规定，缺乏具体的、可操作性的程序规范，导致上市公司在收购交易中逃避监管的现象较为普遍，加之收购制度中法律责任设定不够明确，对诸多欺诈和违规事件的处罚过轻（中国上市公司协会，2023）。这一背景促使证监会研究制定更为详细的上市公司收购管理办法，以切实加强对上市公司并购行为的管控。2002 年 9 月 28 日，证监会以第 10 号令发布了《上市公司收购管理办法》，一方面提出了诸多创新性的规定，如扩大了上市公司收购的主体，自然人、法人（国有、民营、外资）均可平等参与上市公司收购；拓展了上市公司收购的方式，协议收购、要约收购、竞价收购均被法律所允许；丰富了上市公司收购的支付方式，现金、依法可以转让的证券、法规允许的其他支付方式等均可采用。另一方面增加了诸多行政审批的规定，如增加证监会对收购业务的内部审批；增加其他政府部门如发改委、国土资源管理部门、环保部门、国家外汇管理局、商务部等对收购业务的审批事项和审批权限。

这个阶段，中国上市公司并购活动的主要特征：

一是强化了政府的审批和监管。除前述《上市公司收购管理办法》增加的诸多政府审批的内容外，证监会或证监会联合其他部委还发布了《关于上市公司涉及外商投资有关问题的若干意见》（2001）、《关于上市公司重大购买、出售、置换资产若干问题的通知》（2001）、《上市公司股东持股变动信息披露管理办法》（2002）、《关于向外商转让上市公司国有股和法人股有关问题的通知》（2002）等，上市公司收购业务由此进入了实质性审核阶段。

　　二是政府主导收购的比重仍然较大。由于上市公司股权结构的特点和国有企业改革的需要，加之上市公司经营好坏是衡量地方政府政绩的重要标准，因此这一阶段多数上市公司收购行为仍然由政府主导，甚至出现一些地方政府直接参与收购的情况。

　　三是市场化收购的业务逐步呈现。政府和市场的关系一直是市场经济条件下的一个重要关系，市场的发展需要政府的监管，政府的监管又为市场的发展创造了条件。在前述政府文件加强监管的同时，收购业务中的内幕交易与股价炒作得到了有效打击，虚假重组得到有效遏制、上市公司收购的透明度大大增强，这些都为优化资本市场的资源配置功能创造了积极的条件。这一阶段，上市公司市场化收购的比例有所增加，通过上市公司收购实现产业整合、资源互补、强强联合等战略性功能开始显现。

　　4. 2012 年至今市场化发展阶段

　　如前所述，政府监管和市场化发展并不矛盾，发挥市场在资源配置中的主导作用一直是我国社会经济发展的主旋律。换个角度看，诸多政府文件的发布也在不断摸索和强化上市公司并购业务的市场化机制，如 2005 年修订的《证券法》和 2006 年修订的《上市公司收购管理办法》都对上市公司收购的市场化机制进行了积极的探索；2008 年 4 月颁布的《上市公司重大资产重组管理办法》和 8 月颁布的《上市公司并购重组财务顾问业务管理办法》进一步减少了上市公司并购业务中行政审批的环节，进一步明确了市场化条件下中介机构把关的上市公司并购重组制度。2010 年，国务院发布的《关于促进企业兼并重组的意见》明确提出：遵循市场经济规则，充分发挥市场机制的基础性作用，规范行政行为，由企业通过平等协商、依法合规开展兼并重组，防止"拉郎配"。为了贯彻国务院的上述指导意见，证监会确定了包括推动整体上市、防止内幕交易、完善停复牌制度、强化信息披露制度等在内的十项重要工作计划。凡此种种都为 2012 年启动的中国上市公司并购浪潮奠定了坚实的基础。

　　这个阶段中国上市公司并购活动的特征：

　　一是并购业务市场化进程快速推进。2012 年 2 月，证监会修订了《上市公司收购管理办法》，引入了"免予豁免申请"的规定，提高了上市公司收购的市场化效率；2013 年 10 月起，上市公司并购重组分道制审核正式落地；2014 年 3 月，国务院颁布了《关于进一步优化企业兼并重组市场环境的意见》，继续强调坚持兼并重组中的市场化运作，同时下放部分审批事项，简化审批程序；2014 年 7 月、2015 年 4 月、2016 年 9 月、2019 年 10 月，证监会先后密集修订《上市公司重大资产重组管理办法》，不断推出市场化改革的具体举措。

　　二是借壳上市成为关注重点。由于审核制下壳资源的特殊性，借壳上市条件和 IPO 条件的异同自然成为很多拟上市公司特别注重的规则；加之暂停上市制度和退市制度的要求，绩差公司尤其是 ST 公司、PT 公司利用借壳炒作以及由此衍生出的内幕交易一度成为市场关注的焦点。2013 年 12 月，证监会发布《关于在借壳上市审核中严格执行首次公开发行股票上市标准的通知》，将借壳上市标准与 IPO 标准由"趋同"提升到"等同"，同时禁止创业板公司被借壳。2019 年 10 月，为了配合注册制改革，借壳上市又面临政策松绑的问题，为此证监会在其发布的修订后的《上市公司重大资产重组管理办法》中，重点简化了借壳上市的认定标准，取消了"净利润"指标；将"累计首次原则"计算期间由 60 个月缩短至 36 个月；允许符合国家战略的高新技术产业和战略性新兴产业相关资产在创业板借壳上市；恢复借壳上市配套融资等。

三是并购重组支付方式不断丰富。在推荐并购重组市场化的同时，不断创新支付工具和融资方式，上市公司可发行优先股用于购买资产或与其他公司合并，可向特定对象发行可转换为股票的公司债券、定向权证用于购买资产或与其他公司合并；鼓励证券公司、资产管理公司、股权投资基金和产业投资基金等机构参与上市公司兼并重组，鼓励国有控股上市公司依托资本市场加强资源整合；推动商业银行积极稳妥开展并购贷款业务，鼓励商业银行对兼并重组后的上市公司实行综合授信，通过并购贷款、境内外银团贷款等方式支持上市公司实行跨国并购。

四是海外并购的影响大大增强。2008 年国际金融危机后，中国企业的海外并购掀起了新的浪潮，交易数量、并购规模屡创新高，并一度成为仅次于美国的全球第二大并购投资高地。在这一阶段，中国企业的并购广泛分布于北美、欧洲和亚洲，而且积极开拓了在印度、南非等新兴经济体的并购，这契合了在本书对全球第七次并购浪潮时的相关分析。

第二节　如何定义并购

前文分别从国际和国内两个维度阐释了并购的由来和历程，细心的读者可能已经发现，本书在阐述国内外并购的发展历程时，对关键词"并购"的使用并不统一，除了"并购"一词外，还使用了收购、兼并、重组、合并等概念。那么，如何从理论上定义"并购"呢？

从现有文献看，学者们普遍认为并购是一个广义的概念，具体包括兼并（Merger）和收购（Acquisition）两种形式，并购是一种特殊的商业行为和交易活动，其对象是公司的产权，企业通过并购可以实现资源的合理配置，扩大生产经营规模，降低交易成本、实现协同效应，以期增强企业的竞争优势和提高企业的价值（马骁，2009；张秋生，2019；石建勋、郝凤霞，2021）。由此来看，定义并购的关键是厘清兼并和收购两个概念；同时，对前文提到的重组和合并两个概念需要有清晰的阐释，这样才能真正把握并购的内涵和全貌。

一、兼并

在前文讨论和分析我国上市公司并购历程时，曾提到国务院颁布的相关文件中就使用了"兼并"一词，如2010年国务院发布的《关于促进企业兼并重组的意见》用的是兼并一词。那么，什么是兼并呢？

一般认为，兼并（Merger）指两家或两家以上的公司合并组成一家公司，原有公司的权利和义务由存续的公司享有和承担，通常是在各方的经营者同意并得到股东支持的情况下，按法律程序进行的合并。兼并的表现形式可以是由一家占优势的公司吸收一家或多家公司，被吸收的公司法律主体消失；也可以是两家或两家以上的公司合并，另外组建成立一家新的公司，新组建的公司成为法律主体，原有的公司法律主体消失。当然，广义的兼并还可以是一家公司通过产权交易获得其他公司的产权并对其实施控制，而被控制企业的法律主体并不一定消失，实际上，此时的兼并就是收购，这也是"并购"一词广为流行的原因，因为不同外延的兼并和收购概念实难作严格的区分。

在早期的实践中，兼并最常用的方式是用现金或有价证券直接购买其他公司的资产，从而实现对其他公司的合并；随着兼并活动的发展，兼并方可以通过购买其他公司的股份或股票而达成兼并的目的，这实际上是兼并交易由资产负债表左边向右边的转移，即通常所说的由资产端向负债端的转移。在一些复杂的并购交易中，兼并还采用对其他公司股东发行新股以换取其所持有的股权，从而取得其他公司的资产和承接其他公司的负债。

二、收购

收购（Acquisition）指一家公司使用现金、非现金资产或有价证券购买目标公司的资产或股权，以获得对目标公司的控制权。从这一定义可以看出，收购以取得控制权为最终目的，取得控制权的过程可以是一次实现的，也可以是分次实现的；当分次取得控制权时，只有达到控制时才能称为收购。当然，从资本市场实际操作的层面看，收购方可以通过取得股份的方式成为一家上市公司（目标公司）的控股股东，可以通过投资关系、协议、其他安排的途径成为一家上市公司（目标公司）的实际控制人，也可以同时采取上述方式和途径取得上市公司（目标公司）控制权。收购有资产收购和股权收购两种基本方式，资产收购指一家公司通过收购另一家公司的资产以达到控制该公司的行为；股权收购指一家公司通过收购另一家公司股权以达到控制该公司的行为。需要说明的是，如果仅仅是收购资产而没有在股权上控制一家公司，则不能称为收购；因为现代公司的治理模式强调的是通过股权行使表决权进而实现控制。

学术界关于收购的定义主要有两种观点：一是认为收购指通过特定方式取得一家公司的股权或股份，获得对该公司控制权的行为；二是认为收购指通过特定方式取得一家公司的股权或股份，获得或巩固对该公司控制权的行为。以上两种观点，前者被称为狭义的收购，后者被称为广义的收购。狭义的收购也就是前文对收购的定义，强调取得被收购企业的控制权；广义的收购事实上包含了两种情形，即取得控制权和巩固控制权，换言之，取得控制权后的巩固控制权还属于收购。

从监管层面看，证监会 2002 年发布的《上市公司收购管理办法》第一次对收购进行了定义，其第二条规定：本办法所称上市公司收购，指收购人通过在证券交易所的股份转让活动持有一个上市公司的股份达到一定比例、通过证券交易所股份转让活动以外的其他合法途径控制一个上市公司的股份达到一定程度，导致其获得或者可能获得对该公司的实际控制权的行为。当然，在我国政府部门相关文件中最早提及收购一词的可追溯到 1992 年深圳市政府发布的《深圳市上市公司监管暂行办法》，该办法第四十七条规定："收购与合并是指法人或自然人及其代理人通过收购，拥有一家上市公司（或公众公司）的股份，而获得对该公司控制权的行为。控制权是指拥有一家上市公司 25% 以上的股份或投票权。"该办法第四十九条规定："凡购入一家上市公司的股份或投票权累计达到 25% 以上的行为属于收购与合并。"（马骁，2009）我国对上市公司收购行为进行规范的最早法规是 1993 年 4 月 22 日国务院证券委批准颁布的《股票发行与交易管理暂行条例》，该条例第四章"上市公司收购"规定了上市公司收购的主体、收购中的权益披露、要约收购等内容，但没有对收购一词给出明确的定义。

从前面的梳理看，无论是学术界还是从实务界关于收购的定义，都强调其和控制权的关系。那么，如何理解和界定控制权呢？如前所述，现代股份制公司的治理模式强调通过持有一家公司的股份来表达股东的意志，其背后的逻辑是：要想在上市公司表达自己的意志，必须能在上市公司的股东大会上行使表决权；要想在上市公司的股东大会上行使表决权，必须拥有上市公司的股份。对于控制权的认定，可以从定性和定量两个维度来分析。从定性的角度看，控制权指一家公司对另一家公司财务和经营活动进行控制的权利；从定量的角度看，控制权指一家公司取得另一家公司 50% 以上的股权，进而能够对其财务和经营活动实施控制的权利。当然，"50%以上"并非是定量规则中唯一的标准，这要看被收购企业股权的集中度，如果被收购企业的股权集中度不高或者很分散，并购方持有一个较低的股权比例也可以达到对被收购方控制的目的。如前所述，1992年深圳市政府发布的《深圳市上市公司监管暂行办法》把控制权的持股比例量化在25%以上，这或许是基于当时深圳市上市公司股权相对分散的实际情况作出的规定。此外，2002年证监会发布的《上市公司收购管理办法》实施后，在当时的行政许可中，控制权变更的以及取得股权跨30%线的行为，均需报送证券监管部门审批，也就是说，30%的股权比例是监管部门在判断控制权时非常看重的一条量化标准。

对于任何一个定量的标准，我们都要辩证地看，而不能机械地去执行；从理论上讲，只有符合实际情况的量化标准才是可以执行和应当执行的标准，定量标准永远不能取代专业判断，这也是实质重于形式这一理念的精髓和意义所在。实践中，我们对于控制权的判断，又何尝不是实质重于形式这一原则的具体运用呢？据此，对于控制权的量化标准可以进一步细化成这样的规则：50%以下的控制是相对的控制；50%以上的控制是绝对的控制，其中，100%持股的控制是全资或独资的控制。实务中对控制的判断主要指对持股在50%以下的相对控制的判断。

三、重组

为什么要讨论和界定"重组"一词呢？因为在我国资本市场实践中，并购和重组两个词经常在一起使用，很多业务在业界都笼统地称作并购重组业务，证监会负责审核此类业务的委员会也称作并购重组审核委员会。由此来看，厘清"重组"一词的内涵和外延是十分必要的。

重组（Reconstruction）是指企业制定和实施的将显著改变企业治理结构、组织形式、经营范围和经营方式的行为。从这个定义来看，重组的主体是特定的企业，重组的结果是导致企业治理结构、组织形式、经营范围和经营方式等的改变。重组的主体姑且不去讨论，因为有些改变企业治理结构和组织形式的重组未必是在企业自己主导下制定和实施的。从重组的结果来看，导致企业治理结构、组织形式、经营范围和经营方式改变的行为有很多，我们能否对其作一个更清晰的分类呢？

借鉴崔永梅、张秋生和袁欣（2013）的做法，本书认为从资产负债表的视角出发对重组进行分类不失为一个既有理论依据又有实践基础的做法，这也是笔者多年来强调资产负债表重要性的一个具体体现。资产负债表中有三个会计要素，即资产、负债和所有者权益，实践中，这三个会计要素都可能涉及重组，分别是资产重组、负债重组和所有者权益重组，其中，所有者权益重组更具体点讲是股权重组。如此分类的理论依据是会计上的资产负债表理论，实践基础是"实务上大家就是这么约定俗成而称呼的"，便于理解和对接。前述改变公司治理结构和组织形式的重组主要表现为股权重组和负债重组，这两类聚焦资产负债表右边的重组也可称为财务重组；前述改变经营范围和经营方式的重组主要表现为资产重组，这类聚焦资产负债表左边的重组在实践中会被经常提到，如我国并购重组法规中关于重大资产重组的相关法规即是一例。

长期以来，我国资本市场对上市公司并购重组业务影响重大且深远的法规主要有两个：一个是证监会 2002 年 9 月以第 10 号令颁布的《上市公司收购管理办法》；另一个是证监会 2008 年 4 月以第 53 号令颁布的《上市公司重大资产重组管理办法》。这两个办法随后经过多次修订，为我国市场经济条件下并购重组业务的健康发展发挥了极其重要的作用。《上市公司收购管理办法》第二条规定："本办法所称上市公司收购，是指收购人通过在证券交易所的股权转让活动持有一个上市公司的股份达到一定比例、通过证券交易所股份转让活动以外的其他合法途径控制一个上市公司的股份达到一定程度，导致其获得或者可能获得对该上市公司的实际控制的行为。"由此可知，《上市公司收购管理办法》中提及的收购行为讲的是一种股权重组的行为。《上市公司重大资产重组管理办法》第二条规定："本办法适用于上市公司及其控股或者控制的公司在日常经营活动之外购买、出售资产或者通过其他方式进行资产交易达到规定的比例，导致上市公司的主营业务、资产、收入发生重大变化的资产交易行为。"该办法第十二条又进一步明确了重大资产重组的标准："上市公司及其控股或者控制的公司购买、出售资产，达到下列标准之一的，构成重大资产重组：（一）购买、出售的资产总额占上市公司最近一个会计年度经审计的合并财务会计报告期末资产总额的比例达到 50%以上；（二）购买、出售的资产在最近一个会计年度所产生的营业收入占上市公司同期经审计的合并财务会计报告营业收入的比例达到 50%以上；（三）购买、出售的资产净额占上市公司最近一个会计年度经审计的合并财务会计报告期末净资产额的比例达到 50%以上，且超过 5000 万元人民币。"很显然，《上市公司重大资产重组管理办法》就是一部立足对资产重组进行管理的办法，只不过是在资产重组前面加了一个"重大"而已。

值得一提的是，资产负债表右边的重组往往会和资产负债表左边的重组紧密相连，互相影响和制约。例如，负债重组即我们通常所讲的债务重组，往往涉及对资产结构的调整，即涉及对资产的重组；股权重组通常会和资产重组相伴而行，很多企业在股权收购业务完成后，都要对资产进行重组。实务中，大家耳熟能详的上市公司发行股份购买资产、吸收合并其他上市公司、股份回购等业务，都同时涉及上市公司股权结构发生变化（股权重组）和上市公司内部资产结构发生变化（资产重组），"并购"和"重组"你中有我、我中有你，这或许就是并购重组一词成为中国资本市场中高频词的真正缘由吧。

四、合并

从会计学的角度看，"合并"一词一直都是个专业的存在，我国《企业会计准则第 20 号——企业合并》《企业会计准则第 33 号——合并财务报表》用的都是"合并"一词。细究起来，这两项会计准则所涉及的业务和本书前面所讨论的控制权、收购、兼并、重组等真可谓难分难解，对此，本书将在后续相关章节中作具体阐述。

合并（Consolidation）指两个或两个以上的企业合并形成一个新企业的行为。这个定义是经济学或金融学中常用的定义，研究者们进一步认为，合并包括两种法定形式：吸收合并和新设合并。吸收合并指两个或两个以上的企业合并后，其中一个企业存续，其余的企业归于消灭；新设合并指两个或两个以上的企业合并后，参与合并的所有企业全部消灭，而成立一个新的企业。合并后消灭的企业的产权人或股东自然成为存续或者新设企业的产权人或股东，因为合并而消灭的企业的资产和债权债务由合并后存续或者新设的企业继承，合并不需要经过清算程序（石建勋、郝凤霞，2021）。

再看看会计准则中是如何定义合并的。《企业会计准则第 20 号——企业合并》第二条规定："企业合并，是指将两个或两个以上单独的企业合并形成一个报告主体的交易或事项。"这个定义和前面所提及的经济学中的定义两者的区别显而易见：会计学中的合并强调合并后形成一个报告主体，经济学中的合并强调合并后形成一个新的企业。报告主体不同于新的企业，这是会计学上一个非常严格的界定。报告主体是会计主体，但不一定是法律主体；换言之，法律主体一定是会计主体，但会计主体不一定是法律主体。我们通常认为，一个新的企业一定是一个法律主体，当然也就是一个报告主体；但报告主体并非是一个新的企业，如企业内部独立核算的车间、事业部、分公司等都可以是报告主体，但都不是一个所谓的新的企业。具体到企业合并业务看，合并后形成一个报告主体，除前述的吸收合并和新设合并外，还包括一类很重要的合并即控股合并。

所谓控股合并，指一家企业购入或取得了另一家企业有表决权的股份，并已达到可以控制被合并企业财务和经营政策的持股比例；通过合并，原有各家企业依然保留法人资格。从这个定义可以看出，控股合并的关键有两条：一是合并的结果体现为一家企业对另一家企业的控制；二是合并后原有各家企业依然保留法人资格，也就是说，合并后合并方和被合并方的法律主体都未消失。那么，如何理解合并后形成一个报告主体的界定呢？我们知道，控股合并完成后，合并方和被合并方的关系变成了母子关系，合并方称作母公司，被合并方称作子公司。例如，甲公司取得乙公司有表决权股份的51%，控制了乙公司的财务和生产经营决策权，则甲公司成为控股公司即母公司，乙公司成为甲公司的子公司，乙公司（子公司）仍保留法人资格。由于甲公司和乙公司都是独立的法律主体，所以两者自然是会计上的报告主体。但是，在这种情况下，按照现行会计准则的要求，甲公司还需要把乙公司和自己看作一个整体，进一步编制合并财务报表，而合并财务报表对应的主体便是一个新的报告主体。也就是说，控股合并完成后，形成了一个新的以合并财务报表为基础的报告主体，进而满足了企业合并定义中"一个报告主体"的要求。

以上初步厘清了兼并、收购、重组和合并等概念，从这几个概念的讨论和分析中可以看出，它们都和并购有着千丝万缕的联系，或者说，它们都从各自的层面和不同的角度解释了并购一词。学术界经常使用的"并购"一词和我国资本市场实践中惯用的"并购重组"一词都有赖于对兼并、收购、重组和合并等概念的准确理解和适当把握。

第三节　并购会计的边界

本书是一本试图探讨并购会计理论和实践的著作，这自然少不了对并购会计内涵和外延的界定。不过，当我们真正开始思考这个问题时，笔者认为还是从狭义和广义两个层面讨论更合适。

狭义的并购会计是基于传统意义上的对外报告会计定义的。我们知道，狭义会计的核心要素是对一项业务的确认、计量、记录和报告，也就是通常所说的对外报告会计。由此出发，并购会计就是对企业并购业务的确认、计量、记录和报告的会计。并购会计的对象是企业的并购业务，并购会计的手段是货币计量和复式记账方法，并购会计的结果是将企业的并购业务恰当地列报在财务报告中。如果从现行企业会计准则看，《企业会计准则第20号——企业合并》《企业会计准则第33号——合并财务报表》所规定的内容是狭义并购会计的基本内涵。如果要把内容扩大一点的话，《企业会计准则第2号——长期股权投资》《企业会计准则第35号——分部报告》《企业会计准则第40号——合营安排》《企业会计准则第41号——在其他主体中权益的披露》都是和狭义并购会计紧密相关的准则；如果再把内容扩大一些的话，《企业会计准则第36号——关联方披露》《企业会计准则第39号——公允价值计量》《企业会计准则第8号——资产减值》所规定的内容和狭义的并购会计仍然有着十分密切的关系。

广义的并购会计是基于广义的会计定义的。何谓广义的会计呢？广义的会计是融入到现代企业管理中的一项管理活动。作为管理活动的会计，除包括前述狭义会计（对外报告会计）内容外，还应该包括管理会计和公司财务这两部分内容，当然这就涉及对财务和会计关系的讨论了。众所周知，在我国会计界，会计和财务的关系一直是大家津津乐道的一个话题，躲不过也绕不开。在会计理论界，曾有"大会计"和"大财务"之说，"大会计"认为，会计是包括财务的，我国会计教育体系中各个大学早期都有会计系，后来都改为会计学院（主要是财经类院校）就是例证，因为早期干脆就没有财务系（多为会计系下设财务管理教研室），后来的会计学院都下设财务系；"大财务"认为，财务是包括会计的，从实务界来看更是如此，我国各类企业在组织架构中都设有财务部或计划财务部等就是例证，财务部实际上都干了对外报告会计的活。由此来看，财务和会计的关系源远流长，争论由来已久。笔者认为，争论归争论，话就是那些话，叫什么或许没有那么重要，本书姑且就采用"大会计"立场吧。基于"大会计"立场，广义的会计自然包括财务的内容，由此推演，广义并购会计也就包括并购财务了。

什么是并购财务呢？如果从这个角度发问，我们自然要界定财务的内容。财务学者关于财务学边界的讨论想必能给我们很多有益的启示。罗福凯（2017）认为，"在改革开放之前的计划经济体制里，我国的财务学被列入财政学和会计学专业中。财政学家认为，企业财务是国家预算的基础。会计学家认为，会计核算的目标是为企业财务管理服务。通常给人的印象是，人们在研究会计学理论与实践问题时一般会牵扯到财务问题的研究。"市场经济条件下的财务发生了质的变化，他进一步认为："现在，我国的多数大学财务管理教材，将财务表述为研究人们因资本运行引起的筹资、投资、耗资、资本收回和资本跨时间配置等财务活动，以及由财务活动引发的各种经济关系。这个表述是比较准确的。这些认识和表述均与财政学、会计学和金融学有很大差别，边界清晰。"确实，财务与会计、财政、金融等的关系在市场经济条件下已经越来越清晰。从理论上讲，财务是一门研究企业筹资、投资、营运和分配等资金运动的学问；从实践上看，财务是一项从事企业筹资、投资、营运和分配等活动的工作。与狭义的对外报告会计需要遵循统一的会计准则不同，财务更多强调的是企业在筹资、投资、营运和分配等财务活动中需要运用的决策思路和方法。

胡玄能（2018）认为，并购财务的内涵是："为了使企业并购能产生最大的并购增值，以并购增值最大化作为企业并购的财务目标，围绕这一并购财务目标，制定并购财务战略，寻找并评估目标企业，确定并购融资需要量以及支付方式，进行税务安排，采用适当的会计处理方法以及编制合并会计报表进行披露。"

胡玄能（2018）在《企业并购财务学》中为并购财务搭建了框架：第一部分并购财务目标与战略：并购财务目标，并购财务战略。第二部分并购财务运作：并购估值，并购支付，并购融资。第三部分并购会计处理：并购商誉计量，并购会计处理，并购报表编制。第四部分并购税务安排：并购增值税安排，并购所得税安排，并购其他税安排。结合前面的论述可以看出，这是基于"大财务"观点阐述并购财务学的，既除了讲述并购财务目标与战略、并购财务运作外，还讲述了并购会计处理乃至并购税务安排。

以上是从理论层面对并购会计内涵和外延所作的分析，接下来看一下实践层面特别是监管层面是如何审核和把关上市公司并购重组业务的，并据此分析一下并购会计的内容。从监管层面看，证监会并购重组审核委员会主要由以下方面的专业人士组成：监管机构及券商高管代表、律师代表、会计师代表和评估师代表。与此相对应，并购重组审核委员会在审核时主要关注业务、法律、会计和评估等方面的问题，业务问题尚且不论。其中：法律方面主要关注合法合规问题。由于法律法规对企业相关业务活动和处理都有清晰的规定，所以涉及的专业判断相对较少；会计方面主要关注财务会计问题，由于以原则为基础的会计准则的广泛运用，涉及的专业判断相对较多。此外，并购重组中的估值是极其特殊和重要的问题，毕竟有估值才有作价的依据，才有达成并购重组交易的基础。

基于前述"大会计"的观点，在现行会计理论体系和会计准则运用中，估值在本质上是一个会计问题，或者说现代会计在越来越多的层面依赖于估值。这样说还有两个极其重要的缘由：

一是估值的本质是计量，而计量是会计的核心职能（井尻雄士，1975）。从某种意义上说，现代会计首先是运用一定的计量单位，选择适宜被计量对象的合理计量属性，确定应予记录的各项经济业务具体项目金额的计量过程；如果把会计信息处理过程分为确认、计量、记录和报告的话，计量无疑是一项业务活动进入会计信息系统的前提，即计量是确认的前提。

二是随着公允价值计量在会计准则中应用得越来越广泛，估值在现代会计理论和实践中的重要性日益突出。传统会计主要以历史成本进行会计计量，有记录实际业务发生金额的原始凭证为依据，注重会计的真实性和可验证性；现代会计越来越多地运用公允价值进行会计计量，强调以市价和以科学理论及方法为基础的估值为依据，注重会计的相关性和决策的有用性。《企业会计准则第 39 号——公允价值计量》颁布和实施的理论依据及实践基础正在于此。基于以上认识，本书把估值问题作为并购会计问题的一部分进行阐述，或者说在论述并购重组会计理论和方法时，不可避免地会涉及对估值问题的讨论。

第二章　并购会计类型的认定

第一节　并购会计的二分法

一、会计是一门分类的科学

会计是一门分类的科学。会计对象是企事业单位的资金运动，会计要素是对会计对象的分类；会计科目是对企事业单位具体业务核算的工具和方法，会计科目是对会计要素的进一步分类。从会计对象到会计要素再到会计科目，充分体现了会计核算逐层分类的特点。上述分类的过程要遵循两项原则：一是完整性，即分类后的会计要素或会计科目能完整地反映企事业单位的资金运动，不能有遗漏；二是互斥性，即分类后的会计要素或会计科目要彼此排斥，不能有重叠。掌握了这两条原则，基本上能够根据会计科目分类的要求并结合一个单位的具体情况设置账户进行会计核算了。

会计分类的特征在会计准则体系中随处可见，并购会计的二分法就是一个例子。何谓并购会计的二分法呢？这要从我们对并购业务的分类说起。如本书第一章所讨论的那样，并购在会计上的称呼是合并，一个主要的原因是并购一词太过宽泛，而会计是一门需要落地的学问和工作，于是使用了合并这样一个相对明晰的概念。我们先了解和分析一下企业合并业务的分类。

二、企业合并业务的分类

一是吸收合并，指两个或两个以上的企业合并成为单一的企业，其中一个企业保留法人资格，其他企业的法人资格随着合并而消失。吸收合并业务可以分为两个阶段理解：先有吸收，再有合并。吸收指吸收者给予被吸收者及其股东相应的补偿，进而取得被吸收公司的全部股权及财产；合并指被合并公司的财务和生产经营活动已由被吸收者负责改为吸收者负责，或者把被吸收公司的财产保留并归到吸收者的名下，由其统一管理。

二是控股合并，指一家企业购入或取得了另一家企业有投票表决权的股份，并已达到可以控制被合并企业财务和经营活动的持股比例；控股合并后，原有各家公司依然保留法人资格。控股合并业务也可以分为两个阶段来理解：先有控股，再有合并。控股指合并方给予被合并方及其股东相应的补偿，进而取得对被合并方股份的控制权；合并指合并方通过在董事会中的多数席位等，决定被合并方财务和经营的决策。控股合并在会计上的表现为合并后合并方被称为母公司，被合并方被称为子公司，母公司要通过"长期股权投资"来核算其在被合并方的股权，并且要将子公司和其自身视为一个整体，编制反映这个整体（集团）财务和经营情况的合并财务报表。

三是新设合并，指两个或两个以上的企业合并后，成立一个新的企业，参与合并的原有各企业均归于消失的合并。新设合并业务同样可分为两个阶段理解：先有新设，再有合并。新设指重新注册成立一家全新的企业，合并指新设的企业承接参与合并各方的资产和负债并在此基础上开展生产经营活动。

在上述三类企业合并业务中，新设合并不涉及关乎合并的特殊的会计处理问题。换句话说，其会计处理涉及的业务可以看作是两项常规的业务，即新设企业收到投资者投入资本的业务和原有企业注销法人资格的业务，这两项业务不因合并而产生任何特殊性。这样，我们所要进一步关注的就只有吸收合并和控股合并两类合并业务了。

值得注意的是，《企业会计准则第20号——企业合并》并未对上述三类企业合并业务作出规定和说明，但我们在运用该准则时，却需要结合吸收合并和控股合并来理解和应用。

《企业会计准则第20号——企业合并》对企业合并是如何分类的呢？该准则开宗明义，其第二条规定："企业合并，是指将两个或者两个以上单独的企业合并形成一个报告主体的交易或事项。企业合并分为同一控制下的企业合并和非同一控制下的企业合并。"换言之，现行企业会计准则将企业合并明确地分为两类，即同一控制下的企业合并和非同一控制下的企业合并，这便是本书所称的并购会计的二分法。很多人不理解为什么要有这两种分类？两种分类的标准和依据是什么？意义何在？

为了便于对企业会计准则的理解和运用，笔者经常把吸收合并、控股合并和新设合并这种三分类的方法称为按合并方式进行的分类，把同一控制下的企业合并和非同一控制下的企业合并这种两分类的方法称为按会计处理进行的分类。也就是说,《企业会计准则第20号——企业合并》是一项关于企业合并会计处理的准则,其之所以开门见山将企业合并分为同一控制下的企业合并和非同一控制下的企业合并,是因为两者在会计处理上有本质的区别。

应当说,同一控制下的企业合并和非同一控制下的企业合并并不是我国企业会计准则特有的规定,一方面这一规定本身是我国会计国际趋同的结果,另一方面这一规定的缘起是在西方流行的关于合并处理的权益结合法和购买法。

三、权益结合法和购买法

权益结合法,也称股权结合法或权益联营法。该方法将企业合并看作是参与合并的双方通过股权交换形成的所有者权益的联合,而非资产的交易。换言之,权益结合法认为,企业合并是由两个或两个以上经营主体对一个联合后的企业或集团公司开展经营活动而实现的经济资源的联合。在权益结合法中,原所有者权益继续存在,以前的会计基础保持不变;参与合并的各企业的资产和负债继续按其原来的账面价值记录,合并后企业的利润包括合并日之前本年度已实现的利润;参与合并的各企业以前年度累积的留存收益也应反映在合并后企业的财务报表中。

购买法,也称购受法。该方法把企业合并看作是购买企业获取被合并企业净资产的行为,将这一行为视为资产交易行为,即将企业合并视为购买企业以一定的价款购进被并企业的机器设备、存货等资产项目,同时承担该企业的相应负债的行为。购买法下,企业应按合并时的公允价值计量所取得(或控制)的资产及所承接(或负担)的负债,即按合并时的公允价值计量被合并企业的净资产,并将投资成本(购买价格)超过净资产公允价值份额的差额确认为商誉。

权益结合法和购买法因为对企业合并的理解不同,因而导致其会计处理有着本质的区别。归纳起来看,两者的区别主要表现在:①资产和负债的计价基础不同。权益结合法认为,被合并企业的所有者权益仍然存在,所有者没有变化,持续经营的假设仍然适用,因此不应改变计价基础,资产、负债应按原先的账面价值入账;购买法认为,被合并企业的持续经营受到影响,该假设已经不再适用,所以要对资产和负债进行重新估价,按其公允价值入账。②是否确认商誉上的不同。权益结合法下,因资产和负债的计价基础不变,根据其账面价值决定净资产的入账价值,因而不存在商誉的确认问题;购买法下,合并方要按公允价值记录所收到的资产和承担的负债,合并成本与取得可辨认净资产公允价值份额的差额确认为商誉。③损益处理上的不同。在企业合并的当年,权益结合法将被合并企业整个年度的损益并入合并企业的(合并)利润表,而购买法仅仅将合并日后被合并企业所实现的损益纳入（合并）利润表。④合并费用处理上的不同。权益结合法下，通常将合并过程中发生的直接费用和间接费用一并计入期间费用；购买法下，通常将合并过程中发生的直接费用计入购买成本，间接费用计入期间费用。

因为有以上会计处理方面的区别，进而导致两者在会计信息质量和财务状况影响方面有很大的不同。首先，从会计信息质量方面看，权益结合法下，由于是按账面价值即历史成本反映合并后企业的资产和负债，因此其会计信息的可靠性较高，并且企业合并前后的会计信息可比性较强，但其较之公允价值计量明显缺乏决策相关性；购买法下，由于使用公允价值计量，所以其提供的信息具有较大的决策相关性，而且各个企业间的会计信息具有横向可比性。但是，公允价值计量下会计信息的可靠性相对较差，并且会给企业利用合并业务人为调节利润留下空间，企业合并前后的信息也缺乏可比性。其次，从财务状况影响方面看，由于权益结合法按历史成本计量，若公允价值大于历史成本，那么在合并后的会计年度，按权益结合法所计算的成本、费用会比购买法小，收益要大。即相较于购买法，权益结合法下的收益较高，所有者权益较低，所有者权益回报率较高。此外，商誉的处理进一步加大了上述影响的趋势，因为不少并购交易会确认高额的商誉，而过去的规则要求商誉要按期摊销，这导致购买法下商誉的后续摊销大大影响并购方的损益和业绩。正是因为有上述影响，所以在并购会计实践中，企业倾向于采用权益结合法；又因为企业有选择上的倾向性，所以很多国家的会计准则都对权益结合法的应用作出了诸多的限制。

明白了上述企业合并会计处理方法的演进历程，再看看《企业会计准则第20号——企业合并》的规定，不难看出，同一控制下企业合并的处理就是类似权益结合法的处理，非同一控制下企业合并的处理就是类似购买法的处理。

四、现行的二分法

如前所述，现行企业会计准则将企业合并的会计处理分为同一控制下企业合并和非同一控制下企业合并，但如果按照合并方式进行分类的话，并购会计又要解决吸收合并和控股合并这两类合并业务的问题。把企业合并会计处理的分类与企业合并方式的分类组合后便得出四种情况：同一控制下的吸收合并、同一控制下的控股合并、非同一控制下的吸收合并、非同一控制下的控股合并。这四种情况就形成了我们在处理一项企业合并业务时的基本思路，即先判断是同一控制下企业合并还是非同一控制下企业合并，再判断是吸收合并还是控股合并。

1. 同一控制下企业合并的要点

同一控制下的企业合并，指参与合并的企业在合并前后均受同一方或相同多方最终控制的合并，而且该控制是非暂时性的。实务中，实施最终控制的一方通常为集团的母公司；相同多方指通过协议约定在行使表决权时采用相同意思表示的两个或两个以上的法人或其他组织；非暂时性要求合并前后的时间为 1 年或以上（合并后未满 1 年的需按非同一控制下企业合并追溯调整）。

对同一控制下企业合并的判断需要遵循实质重于形式原则的要求，即依据经济实质判断最终控制与否，而不能仅仅根据法律形式作出判断。实践中，同一控制下企业合并指发生在同一企业集团内部各成员企业之间的合并。特别值得一提的是，依据《企业会计准则第 36 号——关联方披露》的要求，同受国家控制的企业间发生的合并，不应仅仅因为参与合并各方在合并前后均受国家控制而将其作为同一控制下的企业合并。

同一控制下的企业合并采取了类似于前述权益结合法的处理，即本质上不视为购买，而作为两个或两个以上会计主体权益的整合。合并方在合并中确认取得的被合并方的资产、负债仅限于被合并方账面上原已确认的资产和负债，合并中不产生新的资产和负债，自然亦不产生商誉（言外之意，非同一控制下企业合并可能会产生新的资产和负债）。合并方在合并中取得的被合并方各项资产、负债按其在被合并方的账面价值入账。合并方在合并中取得的净资产的份额（入账价值）相对于为进行合并而支付的对价账面价值之间的差额，不作为资产损益处理，不影响合并当期的利润，该差额首先调整资本公积（资本溢价），资本公积（资本溢价）不够的，冲减留存收益。为合并发生的审计、法律服务、评估咨询等直接相关费用计入当期损益（管理费用）。合并报表层面，合并资产负债表应调整期初数，同时应调整比较报表的相关项目，视同合并后的报告主体在以前期间一直存在；合并利润表和合并现金流量表均反映的是由母公司构成的报告主体自合并当期期初至合并日实现的损益及现金流量情况；合并资产负债表的留存收益项目，应反映母公司如果一直作为一个整体运行至合并日应实现的盈余公积和未分配利润的情况。

需要注意的是，同一控制下的吸收合并按照上述账面价值和差额处理原则进行处理就可以了，因为合并后只存续一个法律主体（同时也是一个会计主体），因而不涉及合并财务报表编制的问题；同一控制下的控股合并，合并方需要通过"长期股权投资"账户核算其对被合并方的投资，合并方和被合并方形成母子关系，因合并后存续两个法律主体（同时也是两个会计主体），因而需要编制合并财务报表（形成第三个会计主体，但不是法律主体）。

2. 非同一控制下企业合并的要点

非同一控制下的企业合并，指参与合并的企业在合并前后不受同一方或相同多方最终控制的合并。从前面提及的会计分类的完整性和互斥性要求看，除了属于同一控制下的企业合并外的合并都是非同一控制下的企业合并。

非同一控制下的企业合并采取了类似于前述购买法的处理，即本质上将企业合并视为一项购买行为，而不是作为两个或两个以上会计主体权益的整合。

因为将企业合并视为一项购买行为，所以非同一控制下的企业合并需要先确订购买方（合并方）在购买日的合并成本，企业合并成本包括购买方为进行企业合并支付的现金或非现金资产、发生或承担的债务、发行权益性证券等在购买日的公允价值。现阶段，企业为合并发生的审计、法律服务、评估咨询等直接相关费用计入当期损益（管理费用），不计入合并成本，这点与同一控制下的企业合并一致。

合并成本确定后，要将合并成本在取得的可辨认资产和负债之间分配。这点往往不太好理解，因为取得的被合并方的资产、负债不都有账面价值在那吗？干吗要分配呢？所谓分配，其实并非真的——分配去确定各项资产和负债的价值，而是在强调购买法的精神实质。购买法的精髓是把企业合并看作是一个全新的购买行为，所以要重新确认各项资产和负债，实际上是重新确定被合并方各项资产、负债的公允价值并加以确认和计量。其中还有一些特殊事项需要注意，无形资产只要满足无形资产的定义和公允价值可计量的要求就需要确认；或有事项产生的预计负债只要满足公允价值能够可靠计量就需要确认。注意，这里的确认条件放宽了，这意味着非同一控制下的企业合并可能确认新的资产和负债。此外，对于被合并方在合并前已经确认的商誉和递延所得税项目，合并方在确定合并成本和确认资产、负债时不予确认，因为商誉和递延所得税项目要把合并业务作为一个全新的业务，整体处理时需要通盘考虑。

合并成本与合并中取得的被合并方可辨认净资产公允价值份额之间差额的处理。第一，合并成本大于合并中取得被合并方可辨认净资产公允价值份额的差额，应确认为商誉。值得注意的是，这是现行会计准则下，唯一确认商誉的业务。即依据现行企业会计准则的要求，只有非同一控制下的企业合并才会确认商誉。其中，吸收合并下，商誉反映在合并方个别财务报表中；控股合并下，商誉反映在合并财务报表中。商誉确认后，不再按期摊销，而是每年做减值测试，当可回收金额低于其账面价值时，计提商誉减值准备。第二，合并成本小于合并中取得被合并方可辨认净资产公允价值份额的差额，应确认为营业外收入。也就是说，我国现行会计准则用确认当期损益的做法替代了西方会计准则中确认负商誉的做法。其中，吸收合并下，营业外收入反映在合并方个别利润表中；控股合并下，营业外收入反映在合并利润表中。

第二节　典型案例分析

如前所述，我国现行会计准则将企业合并区分为同一控制下的企业合并和非同一控制下的企业合并，区分的标准是交易双方是否最终属于同一方或相同多方控制，不同的合并性质对应不同的会计计量方式，并导致不同的经济后果。会计实务中有一类并购业务其交易双方同受国务院国资委或地方国资委控制，国资委代表国家履行出资人职责，指导推进国有企业的改革和重组。但不同层级的国资委在实际履行职责时又存在区别，有的只是负责行政监管和审批，有的却参与到下属企业的具体管理中。此时判断"是否最终属于同一方控制"就变得不那么重要，只需要分析国资委在具体的并购重组业务中到底扮演何种角色，因此，研究国资背景下企业合并性质的认定具有重要的实践价值。

本案例研究了 2014 年北京市海淀区国资委下属上市公司翠微股份对海淀国资中心的两家全资子公司当代商城和甘家口大厦进行并购重组的交易事项，以此阐明国资企业的并购重组业务在认定是否属于同一控制下企业合并时的诸多考虑。

一、交易背景

（一）上市公司基本情况

2003 年，北京翠微大厦股份有限公司由翠微国资作为主发起人联合六家单位共同设立。2012 年经证监会核准，在上交所挂牌交易，证券简称"翠微股份"，证券代码"603123"。翠微股份自设立以来采取稳步扩张的发展战略，实现了由单店经营向连锁经营的转变，已成为以百货业态为主，超市、餐饮多种业态协同发展的大型现代化商业连锁企业，是海淀区区属商业龙头企业，也是北京著名大型百货零售企业。据统计，翠微股份的企业销售额在北京地区长期稳定在行业前三名。

（二）标的资产基本情况

本次交易的标的为海淀国资中心持有的当代商城和甘家口大厦各 100% 的股权。

当代商城拥有两家门店，主要经营模式包括联营、自营和租赁。在经营中统筹"商品、服务、环境、便捷、安全"五大商业元素，建设有特色的高档精品零售企业，市场竞争力、影响力和知名度迅速提升，已成为北京乃至全国知名的商业品牌。

甘家口大厦主营业务为百货零售，是一座以购物为主，集餐饮、娱乐、休闲、服务、写字楼于一体的社区商业服务中心。经过多年发展，甘家口大厦通过不断创新社区商业经营模式、服务模式、营销模式，持续延伸"亲朋式服务"内涵，坚持诚信经营、精细管理、追求卓越，促进了企业和谐稳定发展。

由于北京百货零售业竞争日益激烈、行业集中度逐步提高，较早建立连锁化和多元化经营模式的百货企业的竞争优势越发明显，而当代商城和甘家口大厦已经失去了快速扩张的先发优势，遇到了发展瓶颈。为了进一步增强连锁经营的协同效应，降低综合运营成本，当代商城和甘家口大厦拟通过此次重组，借助资本市场平台，进一步完善法人治理结构，为后续发展提供持续动力。

（三）并购交易动机

1. 增强上市公司竞争实力和抗风险能力

通过此次重组，当代商城和甘家口大厦将成为翠微股份的全资子公司，并纳入合并报表范围，至此，翠微股份将拥有9家门店，门店数量上升50%。当代商城和甘家口大厦良好的区位优势将与现有门店形成良性互补，使得翠微股份的经营规模、市场份额和辐射范围进一步扩大，有利于提升公司整体的商业形象、市场地位、品牌知名度，进一步增加公司的竞争实力和抗风险能力。

2. 通过协同效应，提升上市公司持续盈利能力

在达成有效整合的基础上，重组当代商城和甘家口大厦有利于翠微股份降低综合运营成本、改善资产结构、提高资产周转率，有利于应对日益激烈的市场竞争；同时，对翠微股份优化发展战略，完善业务管理架构也起到积极促进作用。此外，融资渠道的拓宽，也为公司未来取得低成本的财务资源提供保障。

3. 解决潜在同业竞争，实现海淀区属百货零售企业的整合

翠微股份的控股股东和实际控制人是翠微集团，当代商城和甘家口大厦的控股股东和实际控制人为海淀国资中心，翠微股份与标的公司同受海淀区国资委最终控制。本次交易是海淀区政府区属百货零售企业的一次重要整合部署。通过此次交易，有效地解决了翠微股份和企业区属百货企业的潜在同业竞争和后续发展问题，实现海淀区属零售百货企业的产业整合，为公司做大做强奠定了基础。

二、交易过程

（一）方案设计

本次交易方案包括发行股份及支付现金购买资产和非公开发行股份募集配套资金两部分。

1. 标的公司最近三年及一期的财务数据

当代商城和甘家口大厦2011年、2012年、2013年及2014年1～3月经审计

的财务情况如表 2-1、表 2-2 所示。

表 2-1 当代商城三年及一期主要财务数据　　　单位：万元

项目	2014 年 3 月	2013 年 12 月	2012 年 12 月	2011 年 12 月
总资产	96935.03	100412.62	113763.53	109416.27
总负债	44253.56	48570.50	56614.75	54800.58
所有者权益	52681.48	51842.11	56682.78	54176.68
营业收入	33569.87	148201.23	164874.49	166616.71
营业利润	797.23	2914.09	4198.82	2802.41
净利润	839.36	3409.55	3032.79	2503.88

表 2-2 甘家口大厦三年及一期主要财务数据　　　单位：万元

项目	2014 年 3 月	2013 年 12 月	2012 年 12 月	2011 年 12 月
总资产	57331.87	61510.31	72343.44	69186.00
总负债	23180.10	27935.44	30428.89	29151.74
所有者权益	34151.77	33574.86	41913.55	40034.26
营业收入	16160.40	69768.34	67052.74	68991.23
营业利润	727.65	3022.16	2599.672	2563.93
净利润	576.91	2465.07	2028.89	1975.02

2. 标的资产估值

根据翠微股份公布的交易方案，标的资产的评估采用成本法，评估基准日为 2013 年 10 月 31 日。由于百货商业企业最重要的资产是卖场，在北京商业地产价格稳步上升的背景下，致使百货商业企业的不动产公允价值的增幅显著高于企业收益增长的幅度，也显著高于资本保值增值的幅度。具体评估情况如下：

（1）当代商城评估结果。在持续经营的前提下，当代商城账面资产总额为 103835.12 万元，负债总额为 51974.71 万元，净资产为 51860.42 万元；评估后的资产总额为 193879.15 万元，负债总额为 51974.71 万元，净资产价值为 141904.45 万元，评估增值 90044.03 万元，增值率为 173.63%。其中固定资产增值率达到 438.66%。

（2）甘家口大厦评估结果。在持续经营的前提下，甘家口大厦账面资产总额为 57945.36 万元，负债总额为 24528.43 万元，净资产为 33416.93 万元；评估后的资产总额为 132898.36 万元，负债总额为 27971.26 万元，净资产价值为

104927.11 万元，评估增值 71510.18 万元，增值率为 213.99%。其中固定资产增值率为 215.13%。

3. 具体方案和股权变动

根据上述评估结果，经海淀区国资委核准，本次交易的成交价格为评估值 246831.56 万元。其中翠微股份向海淀国资中心发行股份购买资产的金额为 210261.60 万元，并支付现金对价 36569.96 万元。同时向不超过 10 名特定投资者非公开发行股份募集配套资金，募集资金总额不超过 5.2 亿元。并购完成后，当代商城和甘家口大厦成为翠微股份的全资子公司。相应的股权变动情况和过程如表 2-3、图 2-1 所示。

表 2-3　并购重组前后股权变动情况

股东名称	重组之前		重组之后	
	持股数量（股）	持股比例（%）	持股数量（股）	持股比例（%）
北京翠微集团	169576900	55.06	169576900	32.35
海淀国资中心	—	—	155749333	29.71
四名特定投资者	—	—	60394889	11.53
兴源房地产	27258000	8.85	27258000	5.20
华纺房地产	22029900	7.15	22029900	4.20
公众股	89135200	28.94	89135200	17.01
合计	308000000	100	524144222	100

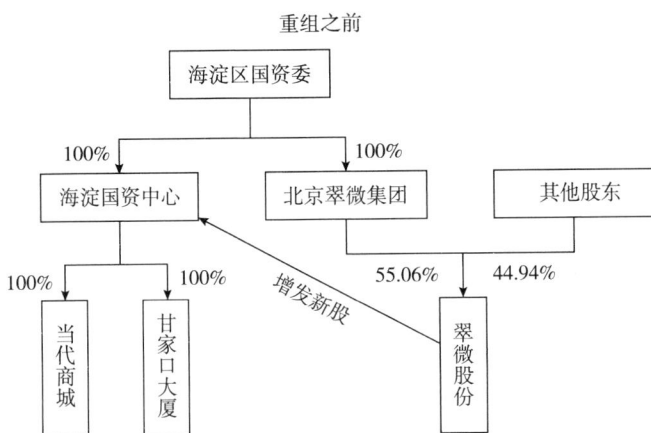

图 2-1　重组过程和股权变动情况

重组之后

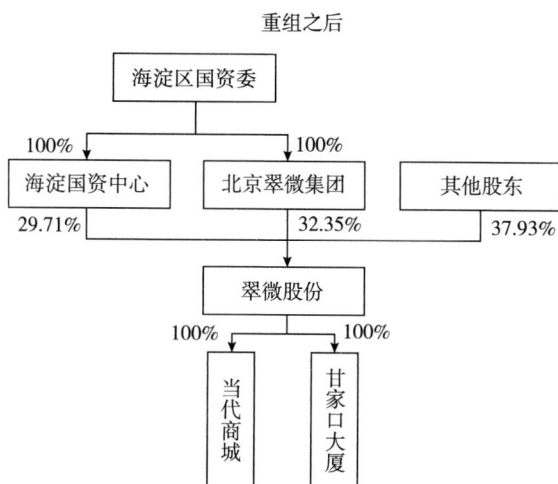

图 2-1　重组过程和股权变动情况（续）

（二）主要决策过程和审批程序

2013 年 9 月 17 日，翠微股份（603123）发布《重大资产重组停牌公告》，经过两次延期公告，公司董事会于 2013 年 12 月 13 日通过《关于公司发行股份购买资产及支付现金并募集配套资金暨关联交易预案的议案》及其他相关议案，公司股票于 2013 年 12 月 16 日起复牌。但重组过程并不顺利，2014 年 7 月 2 日证监会重组委员会否决了翠微股份的重组方案，理由是备考财务信息披露不准确、不完整。但并购方翠微股份并没有放弃推进该重组计划，于 9 月 11 日第二次向证监会提请审核。9 月 18 日后，证监会无条件通过了翠微的重组方案。主要过程和审批事项如表 2-4 所示。

表 2-4　主要决策过程和审批事项

日期	事项
2013 年 9 月 17 日	根据《上市公司重大资产重组管理办法》，公司股票第一次停牌
2013 年 11 月 16 日	初步拟定购买海淀区国资中心持有的北京当代商城有限责任公司和北京甘家口大厦有限责任公司 100% 股权
2013 年 12 月 13 日	董事会通过《关于公司发行股份购买资产及支付现金并募集配套资金暨关联交易预案的议案》
2013 年 12 月 14 日	公司发布增发预案
2013 年 12 月 16 日	公司股票复牌，连续两个交易日收盘价格涨幅偏离值累计超过 20%，属于股票交易价格异常波动
2014 年 3 月 4 日	公司发布股东权益变动的提示性公告

续表

日期	事项
2014 年 3 月 24 日	北京市国资委原则通过公司重大资产重组方案
2014 年 4 月 11 日	公司收到证监会关于重大资产重组申请材料补正通知
2014 年 5 月 9 日	重大资产重组申请材料获证监会受理
2014 年 6 月 25 日	证监会将审核重组方案，公司股票第二次停牌
2014 年 7 月 2 日	公司发行股份及支付现金购买资产并配套募集资金的重大资产重组事项未获得通过（重组委 2014 年第 31 次会议）
2014 年 7 月 16 日	证监会下发不予核准翠微股份发行股份购买资产并募集配套资金申请的决定
2014 年 7 月 18 日	董事会决定继续推进本次重大资产重组事项，公司将对申请材料进行补充、修订和完善，并尽快重新提交证监会审核
2014 年 9 月 11 日	因重组委员会审核公司重大资产重组事项，公司股票第三次停牌
2014 年 9 月 18 日	公司发行股份及支付现金购买资产并配套募集资金的重大资产重组事项获得无条件通过（重组委 2014 年第 50 次会议），公司股票次日第三次复牌
2014 年 10 月 16 日	证监会核准北京翠微大厦股份有限公司向北京市海淀区国资中心发行股份购买资产并募集配套资金
2014 年 10 月 30 日	公司完成标的资产 100% 股权的过户手续和相关工商登记，当代商城和甘家口大厦成为公司子公司

三、关注问题：国资背景下企业合并类型的认定

（一）相关规定和理论基础

1. 关于企业合并类型认定及不同合并类型下会计处理的规定

《企业会计准则第 20 号——企业合并》将企业合并分为同一控制下的企业合并和非同一控制下的企业合并。当参与合并的企业在合并前后均受同一方或相同的多方最终控制且该控制并非暂时性时，为同一控制下的企业合并；反之，为非同一控制下的企业合并。同一控制下的企业合并和非同一控制下的企业合并在会计计量基础上存在本质差异，由此导致二者不同的会计处理方式。

在同一控制下的企业合并中，合并方取得的资产和负债，应按照合并日在被合并方的账面价值计量，合并方取得的净资产账面价值和支付的合并对价账面价值（或发行股份面值总额）的差额，应调整资本公积。合并利润表应当包括参与合并各方自合并当期起初至合并日所发生的收入、费用和利润。

在非同一控制的企业合并中，合并成本为购买日购买方为取得被购买方的控制权而付出资产、发生或承担的负债以及发行的权益性证券的公允价值，公允价值与账面价值的差额计入当期损益。合并成本大于被购买方可辨认净资产公允价值份额的差额，确认为商誉。在编制合并报表时，应以购买日确定的各项可辨认净资产、负债及或有负债的公允价值为基础对子公司的财务报表进行调整。

2. 关于关联方关系的规定

《企业会计准则第 36 号——关联方披露》第六条规定："仅仅同受国家控制而不存在其他关联方关系的企业，不构成关联方。"同时，《公司法》第十三章附则，第二百一十六条规定："……（四）关联关系，是指公司控股股东、实际控制人、董事、监事、高级管理人员与其直接或者间接控制的企业之间的关系，以及可能导致公司利益转移的其他关系。但是，国家控股的企业间不仅因为同受国家控股而具有关联关系……"

（二）案例做法

1. 证监会的认定

根据《企业会计准则第 36 号——关联方披露》，翠微股份和当代商城、甘家口大厦自始至终都是国有控股企业，虽有最终同一控制方，但其最终控制方应认定为国家而非某个企业，故不应被认定为关联方。正是基于上述规定和判断，证监会并购重组委在第一次审核时，有的委员主张上述交易应按照非同一控制下的企业合并进行会计处理。

2. 交易双方的处理

翠微股份认为，从股权控制关系的角度，合并方翠微股份以及当代商城和甘家口大厦自始至终都由海淀区国资委最终控制，且该股权控制关系在本次重组前后一直稳定存在。也就是说，重组双方在股权关系上符合同一控制下的企业合并的判定条件。据此，翠微股份主张此次并购重组应认定为同一控制下的企业合并，正如其在 2014 年的财务报告中所披露的："本次交易中，翠微股份将标的公司纳入合并报表范围的会计政策为同一控制下的企业合并，依照会计准则的规定，相关的会计处理为：在企业合并中取得的资产和负债，按合并日其在被合并方的账面价值计量。合并方取得的净资产账面价值与支付的合并对价的账面价值的差额调整资本公积中的股本溢价，股本溢价不足冲减的调整留存收益。为进行企业合并发生的各项直接费用，于发生时计入当期损益。"

第三节　进一步讨论和思考

一、两种会计处理方式的经济后果

若本案例的重组交易按照非同一控制下的企业合并进行会计处理，此时合并方翠微股份将陷入尴尬的局面，也是所有股东所不愿意看到的。按照准则的规定，在编制合并报表时应以购买日确定的各项可辨认净资产、负债及或有负债的公允价值为基础对子公司的财务报表进行调整。根据实施情况报告，本次交易评估净资产的公允价值是 246831.56 万元，账面价值 85277 万元，评估增值率 189.45%。在资产负债表日编制合并报表时，应以子公司在购买日的公允价值为基础，调整资产和负债的账面价值。假设资产平均按 10 年的时间计提折旧，在编制调整分录时，应补提的折旧就高达 16100 万元。而 2014 年财务报表中披露的合并净利润为 16600 万元，仅补提折旧一项，就近乎将整个集团一年的利润吞噬。倘若如此，从财务会计的角度看，重组非但没有增加企业的盈利能力和发展潜力，反而在业绩上拖了整个集团的后腿。

而按照翠微股份主张的会计处理方式，上述并购重组仅仅为海淀区国资委下属企业之间的权益结合，不涉及当期和以后期间资产折旧对利润的调整。对于卖场为主的零售企业，固定资产的增值也不会影响未来的盈利能力。

此案例生动地诠释了会计准则所具有的经济后果。采用非同一控制的企业合并和同一控制下的企业合并，对合并财务报表的编制将产生质的影响，这种"质"的影响不是盈利多少的差异，而是盈利与亏损的差异，是投资人和市场的好与坏评价的差异，是决定这个重组业务能否成功推进的差异。

我们认为，辩证地看，制度往往没有好坏之分，也没有对错之分，只有适合与不适合之别。会计准则作为一种既定的制度是客观存在的，但它应适应社会经济发展对其所提出的新的要求。无论如何，会计准则都不能妨碍正常交易的进行，更不能阻碍经济社会的发展。另外，在会计实践中，准则的制定还可能会有滞后性，如果在准则的框框里束缚住了手脚，机械地执行准则，也会带来不当的后果。

二、合并中国资委的不同角色

分析海淀区国资委在该并购重组事项中扮演的角色，是判断此次合并属于同一控制下企业合并还是非同一控制下企业合并的关键。

1. 并购重组的提出和方案制定

在 2013 年 9 月的第一次停牌公告上，翠微股份这样披露：本公司接到北京翠微集团通知，为加快海淀区国有企业的改革发展，海淀区国资委拟将区属百货商业资产注入到本公司，该事项对本公司构成了重大资产重组。1 个月后，在延期复牌公告中，又进一步披露：经相关方研究，初步确定本次重组拟注入的资产为北京市海淀区国有资本经营管理中心所持有的北京当代商城有限责任公司 100%股权和北京甘家口大厦有限责任公司 100%股权。第一则公告强调了海淀区国资委的意图，而第二则公告中的"注入"则多少体现了翠微股份被动吸收的过程。

2. 并购价格的非市场化

在 2013 年 12 月 14 日发布的交易预案中，有这样的描述：本次标的资产的评估值为 24.5 亿元，而净资产的账面价值近 8.4 亿元，评估增值率 191.9%，向海淀国资中心定增的股价 13.68 元/股，较根据《上市公司重大资产重组管理办法》计算的发行底价 7.74 元/股溢价 76.74%。海淀国资中心以如此高的价格认购翠微的股份让市场大为震惊，这相当于海淀国资将标的资产打折出售。看似吃亏，实则暗藏玄机：其一，由于标的资产评估值过高，抬高定增股价可以避免翠微股份发行过多股份造成每股收益摊薄；其二，海淀国资中心并没有对翠微股份要支付的 3.65 亿元现金让利；其三，由于配资的总额不超过本次交易总金额的 25%，抬高认购价格也能让配资的金额实现最大化。"三赢"的局面，海淀区国资委是幕后"操盘手"。

3. 并购交易的具体安排

在翠微股份 2014 年的年报上，有这样的描述：本次交易是海淀区人民政府关于区属国有经济"十二五"规划中，"利用市场化手段，推进区属国有百货企业整合重组"指导思想的具体实践。海淀区国资委对于本次交易采取的一系列安排，确实体现出其作为本次交易的主导者和推动者的地位和作用，以及其对上市公司和标的公司能够实现最终控制的特征，具体表现在：

（1）本次交易的主要目的是海淀区对区属百货零售企业整合；

（2）海淀区国资委牵头制定了本次重组的整体框架方案，对翠微集团和海淀国资中心分别发出通知，启动本次重组工作，上市公司通过翠微集团收到通知后停牌；

（3）海淀区国资委全程推动本次重组事项，定期召集举行汇报会，由交易各方代表组成的筹备组向海淀区国资委汇报工作进展及有关重要事项，接受海淀区国资委指导；

（4）本次交易方案的制定、上市公司发行股份及支付现金购买资产对价的确定、盈利预测补偿协议的签署以及作为交易必要前置程序的标的公司国有非主业资产无偿划转和离退休、内退人员安置等一系列重要工作，均在海淀区国资委的协调和推动下完成。

综上所述，海淀区国资委能够通过全资控股翠微集团及海淀国资中心，对翠微股份与标的公司实施最终控制，且该股权控制关系在本次交易前后一直稳定存在。本次交易属于同一国资监管机构内部经济资源整合、促进协同发展的重要战略部署，本质是最终控制人海淀区国资委内部下属企业之间的资产、权益转移，更多体现最终控制人的目的和意愿。海淀区国资委对于本次重组交易筹划、方案制定、协议确定和工作协调等方面采取的一系列安排，体现出其作为本次交易主导者和推动者的地位和作用。

也正是基于以上的分析和判断，证监会重组委在第二次审核时，认可了本案例涉及的合并属于同一控制下的企业合并，并最终让该项并购重组交易得以无条件通过。

4. 国资委和国有资产经营公司

本案例的关键之处在于对《企业会计准则第 36 号——关联方披露》的恰当解读。该准则规定："仅仅同受国家控制而不存在其他关联方关系的企业，不构成关联方"，此处的国家控制是不是仅仅狭义地指向国务院国资委呢？如果是的话，那么地方国资委对于关联方的认定便可不受此准则的限制而有较大的自由度。我们经过对比研究发现，不同层级的国资委确实在其下属国有企业的管理中扮演着不同的角色。

笔者对比了近 20 个地方国资委下属企业的组成，发现凡是地方国资委都存在一个"国有资产经营公司"的下属单位，比如"北京市国有资产经营有限责任公司""武汉国有资产经营公司"扮演的角色类似于本案例的主角之一——海淀国资中心。它们的主要职能是以资本运营为手段，致力于国有经济的战略性调整和国有企业的战略性重组，这与本案例不谋而合。而国务院国资委的下属机构中是找不到类似单位。这一现象反映了地方国资委和国务院国资委在职能属性上的不完全一致，换句话说，国务院国资委更像是执行审批职能的行政单位，而地方国资委更像是一个地区国有控股资产的母公司。所以按照这个逻辑，把海淀国资中心当作是代替海淀区国资委进行战略重组的母公司，一切就显得更好理解了。

5. 经济实质重于法律形式

通过以上分析可以看出，翠微股份对甘家口大厦和当代商城的并购重组是顺应海淀区国资委对国有资产重新部署的大局之举，是提升百货零售业在全市竞争力的一部分，而非重组企业之间按照市场原则自愿谈判达成的结果。海淀区国资委在此项交易中实施了有效的控制，是整个交易的发起人和推动者，而并非仅仅作为国有资产的监督者履行了其审批职能。虽然在会计准则中规定仅仅因受国家控制的企业合并不能被视为同一控制下的合并，但根据实质重于形式原则，该项合并更多的是因为非市场因素而达成，采用同一控制下的企业合并能更好地反映此项业务的经济实质。

另外，《上市公司执行新会计准则协调小组工作小组会议纪要》（2007 年第 2 期）中的一段话也为此次重组的合理性和合规性提供了强有力的支撑："……对同一控制条件下的企业合并的认定应当把握从严控制原则，公司通常应将同一企业集团内部所进行的企业合并认定为同一控制条件下的企业合并；对于国家或地方国资委控制下的企业间发生的企业合并，通常按照个案实际情况认定。"

　　在会计实践中，法律形式是唯一的或者说是法律及准则给定的，既定的准则表述如何适用于丰富多彩的实际业务，就不得不强调经济业务实质的重要性了。本案例最后能够成功落地，离不开中介机构和重组委委员对该项交易经济实质的判断，也为之后重组委的审核提供了重要的参考。

第三章　并购会计中的商誉

第一节　因并购而生的商誉

一、商誉的源起

一般而言，商誉指一个企业因地理位置、环境、服务、品牌等形成的超额的获利能力，看不见摸不着但却真实存在。商誉本不是一个会计学的概念，因为会计学讲究的是确认和计量，看不见摸不着怎么计量呢？

"商誉"一词是 16 世纪中后期作为商业上的一个词汇出现的，当时人们把商誉界定为是企业生产经营活动中所取得的一切有利条件；换言之，相较于同行而言，企业自身的一切有利条件都可以称为商誉。因为过于笼统，所以早期的商誉并未引起会计界的重视。19 世纪中后期，商誉概念逐步演变为"商誉是指业主与顾客之间的友好关系"且能为业主带来竞争上的优势甚至能为业主的盈利作出贡献，至此，商誉开始引起学术界尤其是会计学术界的普遍关注和广泛讨论。20世纪初，随着社会经济的发展，企业组织形式变得日益复杂，企业间的竞争异常激烈，企业的优势已不仅仅取决于业主与顾客之间的友好关系，而要从内部管理、生产组织、销售环节等方面努力，以取得在这些方面的优势，从而获得超额利润。因为超额利润是一个需要计量也可以计量的概念，此时要回答超额利润是怎么来的，答案便是商誉，即一切决定超额利润的因素都是商誉，这便是会计学中商誉的由来。

超额利润这一概念确立后，人们开始将企业的利润分为正常利润和超额利润两部分，正常利润是由企业经营有形资产或有形资源带来的，超额利润是由企业的无形资源尤其是商誉带来的，这便是商誉的超额利润观。随着会计界对超额利润观的深入研究，大家开始尝试从未来经济利益现值的视角认识和计量商誉，认为商誉是一个企业超过正常投资报酬率而产生的预期未来收益的现值。由于短期的超额收益通常被认为是偶然所得，因而不能确认为商誉，所以商誉指企业在较长时期内能够获得比同行业平均盈利水平更高的盈利。由于超额利润是商誉对企业收益影响的结果，因而商誉是企业的一项特殊的经济资源，即能够给企业带来未来经济利益的资源，所以满足会计上对资产内涵的界定。由于超额利润观是从企业整体的视角认识和考量商誉的，因而为商誉的会计确认、计量、记录和报告提供了可行的路径。

随着会计学术界对商誉理论和实践研究的进一步拓展，20 世纪 40 年代以来，学者们对商誉的定义还形成了两种有代表性的观点，即无形资源观和剩余价值观。

无形资源观认为，商誉是由优越的地理位置、良好的企业声誉、广泛的社会关系、卓越的管理团队和优秀的员工等构成，而这些是看不见摸不着，且又无法入账记录其金额的，故商誉实际上指企业上述各种未入账的无形资源。很显然，无形资源观是基于形成商誉的各项因素来界定商誉的，研究者们认为，一个企业之所以存在商誉，肯定有理由和原因，但构成商誉的各种因素很难明确界定和单独计价，因此商誉必须依赖于企业整体资产。换言之，脱离了企业整体商誉便不复存在，因而商誉代表了对上述各项无形因素共同作用效果的计量。

剩余价值观认为，商誉的确认应先确认单项有形资产和可辨认无形资产的未来现金净流量的贴现值，再计算企业总体价值与这一价值的差额，该差额即商誉。很显然，剩余价值观认为商誉不是一项独立可辨认的资产，它在本质上是会计计量的一个兜底账户。剩余价值观是对前述超额利润观的一种修正，研究者们认为将超额利润全部作为商誉是不妥的，因为不仅商誉能为企业带来超额利润，企业的其他资产如未入账的商标权、非专利技术、特许经营权等也能够为企业带来收益，所以商誉应该是企业总体价值与单项有形资产和可辨认无形资产公允价值的差额。从会计计量的角度看，当一个企业净资产的价值大于其可辨认净资产的公允价值时，会计上必须有一个保持账户平衡的兜底账户，而这个兜底的账户正是商誉。

从上述关于商誉的三种观点看，超额利润观使人们对商誉的特性有了更深刻的认识，但这种观点只提供了计量商誉价值的方法，而没有说明商誉的本质；剩余价值观虽然说明了商誉的计量方法，但没有正面去定义商誉，而且企业总体价值的估计误差，单项资产的低估或高估都会影响商誉价值计量的准确性；无形资源观从资产的角度定义商誉，抓住了商誉最本质的会计特性，即商誉是一种企业的经济资源，但该观点认为商誉仅仅作为一种未入账的无形资源是不妥当的，因为商誉是一种能够为企业带来未来经济利益且能够在某种程度上衡量其价值的资产。总而言之，以上三种关于商誉的观点给我们在会计上确认和计量商誉提供了重要的理论基础，但单独来看，每一个定义都存在各自的缺陷，这或许也是当今商誉会计一直存在诸多争论的原因吧。

二、现行准则的规定

如前所述，商誉在理论上很难有一个准确的定义，如果要把各种观点综合起来给商誉下一个定义的话，那么这个定义无疑要有很多的定语。一个相对准确和全面的定义可能是，商誉指企业拥有或控制的、由企业整体协同效应导致的、能为企业带来未来超额收益的不可辨认的无形经济资源。换个角度讲，如何定义商誉或许没有那么重要，重要的是商誉在会计上究竟应该如何落地？笔者早期在研究国际比较会计时，一直有个困惑，为什么很多经典的国际会计教材在讲述国别会计时，都要提到各个国家会计在商誉处理上的异同。今天这个答案似乎有了，都是商誉的特殊性使然，商誉会计一直未曾有一个大家都能接受和认可的规则。

2006年2月15日，财政部发布了我国会计准则国际趋同背景下的会计准则体系，其中，《企业会计准则第20号——企业合并》结合我国国情，对商誉会计作出了新的规定，即将非同一控制下企业合并中购买方在购买日合并成本大于确认的各项可辨认资产、负债公允价值净额的差额定义为商誉。从该界定看，商誉的要点主要有两个：一是非同一控制下的企业合并；二是合并成本大于确认的各项可辨认资产、负债公允价值净额的差额。同时，《企业会计准则第6号——无形资产》将无形资产定义为：企业拥有或者控制的没有实物形态的可辨认非货币性资产。由于商誉是不可辨认的，所以根据《企业会计准则第6号——无形资产》的要求，商誉不再属于无形资产。此外，《企业会计准则第8号——资产减值》指出，本准则规定的资产减值涉及的资产包括：①对子公司、联营企业和合营企业的长期股权投资；②采用成本法进行后续计量的投资性房地产；③固定资产；④生产性生物资产；⑤无形资产；⑥商誉；⑦探明石油天然气矿区权益和井及相关设施等。也就是说，商誉的减值遵从《企业会计准则第8号——资产减值》的规定处理。以下依据《企业会计准则第20号——企业合并》《企业会计准则第6号——无形资产》《企业会计准则第8号——资产减值》的相关规定，并结合美国《财务会计准则公告第141号——企业合并》的有关内容，分别对商誉的计量、商誉与无形资产的关系以及商誉的减值作进一步的阐述和分析。

1. 商誉的计量

如前所述，我国现行企业会计准则《企业会计准则第20号——企业合并》将商誉界定为非同一控制下企业合并中购买方在购买日合并成本大于确认的各项可辨认资产、负债公允价值净额的差额。在第二章我们曾经提出，企业合并从会计处理的角度可以分为两类，即同一控制下的合并和非同一控制下的合并，其中同一控制下的合并不会产生商誉，商誉仅仅产生于非同一控制下的合并；商誉是购买方在购买日合并成本大于确认的各项可辨认资产、负债公允价值净额的差额，对于买方在购买日合并成本小于确认的各项可辨认资产、负债公允价值净额的差额，现行准则将其直接计入营业外收入。

同一控制下的企业合并之所以不产生商誉，是因为其认为合并在本质上是两个企业在持续经营假设前提下权益的结合，而这种权益的结合是不应该产生和确认新的资产和负债的，也不该改变报告主体历史成本计量的基础，这便是权益结合法的内核。因此，同一控制下的企业合并使用的是资产、负债的账面价值，对于付出对价与确认资产、负债账面价值的差额则用资本公积（资本溢价）调整，不足部分再用留存收益调整。由于权益结合法对合并双方在合并交易中评估确认的价值视而不见，因而不符合市场交易的法则；又由于其会计处理不是基于真实合并业务来进行的，因而也不符合会计原理基于业务特点进行核算的要求。因此，很多国家的会计准则都对权益结合法的应用设置了诸多的限制条件，美国会计原则委员会（APB）1970年发布的第16号意见书就对权益结合法的运用提出了12项限制性条件；2001年美国财务会计准则委员会（FASB）发布的第141号会计准则干脆废止了权益结合法。

关于商誉的构成内容，美国财务会计准则委员会（FASB）发布的《财务会计准则公告第141号——企业合并》是从合并方支付对价高于被合并方净资产账面价值（注意，此处是账面价值而不是公允价值）的视角开始阐述的，该准则认为，支付对价高于被合并方净资产账面价值的部分由六项内容组成：①并购日被合并方已确认净资产的公允价值超过其账面价值的部分（被合并方已确认净资产的评估增值）。②并购日被合并方未能确认的其他净资产的公允价值部分（被合并方由于不满足确认条件等原因而未确认的无形资产）。③被合并方在持续经营前提下自身净资产协同效应产生的公允价值（在持续经营假设下，资产整体盈利能力大于单项之和）。④合并方与被合并方净资产和业务因并购产生协同效应以及其他利益的公允价值（此处指双方合并后的协同效应）。⑤合并方支付对价的高估误差（计算误差，如用合并方现实股价计算并购增发股票的对价可能产生的误差等）。⑥合并方的过高支付或过低支付（交易误差：如果被合并方是竞价交易的，价格可能过高；如果被合并方是在清算时被迫交易的，价格可能过低）。

在上述合并方支付对价高于被合并方净资产账面价值的六项内容中，第（1）项内容属于被合并方已确认净资产的一部分，即使被合并方未作增值处理，但它在本质上是被合并方已确认净资产中尚未被确认的资本利得，在概念内涵上不属于商誉。正因如此，国际惯例及我国现行企业会计准则在规定商誉的计量时，都将其直接界定为是合并方支付对价高于被合并方净资产公允价值（注意，此处是公允价值而非账面价值）的差额。第（2）项内容属于被合并方应单独辨认和确认的无形资产，所以在概念内涵上也不属于商誉。这项内容也是证监会并购重组审核委员会在审核诸多案例时经常关注的事项，要求上市公司和中介机构对被合并方未确认的无形资产进行复核，以确定该项内容不存在，以便让商誉的计量更严谨和谨慎。第（5）项内容是并购企业的计量误差，既不是资产，也和被合并方无关，所以不是商誉。第（6）项内容仅和合并方有关，这类交易误差在本质上属于合并方的利得或损失，因而不属于商誉。排除了第（1）、（2）、（5）、（6）项内容后，只有第（3）、（4）项内容在概念内涵上属于商誉的范畴（胡玄能，2018）。第（3）项内容与被合并方相关，反映了被合并方净资产的超额整合价值，代表被合并方内部的"自创商誉"。第（4）项内容既与被合并方相关，也与合并方相关，反映的是因并购而产生的超额整合价值，是真正意义上的"并购商誉"。

在现行会计准则中，由于上述第（1）、（2）项内容已经或者应该反映在被合并方净资产的公允价值中，所以这两项内容是明确不会被确认为商誉的，只是第（2）项内容往往需要审核把关，以对其作充分的确认。在此基础上，商誉被定义为购买方在购买日合并成本大于确认的各项可辨认资产、负债公允价值净额的差额，加之计量平衡和兜底的需要，商誉实际上包括了上述第（3）~（6）项的全部内容。

再进一步回到我国的会计实践中，同一控制下企业合并的相关规定到底需不需要呢？事实上，我国会计界对这个问题的讨论从未停止过，问题的关键在于公允价值的确定和商誉的计量。首先，要明确的是，同一控制下的企业合并强调的是"同一控制"，所以我们不能仅仅从会计处理差别这个层面讨论问题，而要牢记"同一控制"这个前提。其次，要注意的是，会计是服务社会经济发展的，它理应有其适应的环境和土壤。我国的现实情况是国有企业大量存在，国有集团内部的并购重组时有发生，很多同一集团旗下公司的并购重组在本质上是权益的结合，交易的本质是从左口袋放到右口袋，如果按照非同一控制下企业合并（购买法）对这类并购重组交易进行处理，除了资产、负债公允价值的评估难以监管外，新增的资产和新确认的商誉都会给并购重组后的报告主体带来成本费用上的负担和管理上的风险。

2. 商誉与无形资产

在商誉会计前，无形资产会计一直是会计理论和实务中的重点和难点。从我国会计实践看，整个计划经济时代，会计上是没有无形资产的，皆因其"无形"

而不应该被认定为资产。改革开放后，特别是沿海省份的外商投资企业创立后，有外商直接拿专利权、商标权等无形资产投资入股，无形资产的确认、计量和入表问题才真正开始在我国会计实践中被提上日程。

早期我国会计法规中的无形资产主要强调的是其"没有实物形态"，而没有过多的其他定语对其进行界定。如1992年11月财政部发布的《企业会计准则》（实为基本准则）将无形资产定义为："企业长期使用而没有实物形态的资产，包括专利权、非专利技术、商标权、著作权、土地使用权、商标权、商誉等。"这几乎是迄今为止对无形资产最简单最直接的一个定义，而且明确指出商誉属于无形资产。

由于无形资产会计在市场经济条件下的重要性，特别是随着我国社会主义市场经济的深入发展，知识创新步伐不断加快，无形资产在企业资产中所占的比重越来越大，加强对无形资产的会计核算和信息披露显得日益重要。此外，随着以高新技术创新为原动力的新经济浪潮对全球经济影响的不断扩大，国际会计界纷纷要求加强对无形资产会计核算和披露的国际协调。因此，以我国已有的关于无形资产会计核算和披露规范为基础，吸收借鉴国际会计准则研究的最新成果，研究和制定我国无形资产会计的单项准则显得非常迫切和必要。

1994年12月，财政部发布了《企业会计准则——无形资产（征求意见稿）》，对外广泛征求意见。在吸收各方面反馈的合理建议的基础上，1996年12月形成了《企业会计准则——无形资产（草案）》。随后两年间，在无形资产会计规范方面，国际会计准则和其他国家的会计准则均有较快发展。1998年9月，国际会计准则委员会（IASC）正式公布了《国际会计准则第38号——无形资产》；1997年，英国会计准则委员会发布了《财务报告准则第10号——商誉和无形资产》；此外，美国财务会计准则委员会也在加紧研究制定无形资产会计准则。在充分吸收借鉴无形资产国际会计准则及其他国家相关会计准则的基础上，财政部对无形资产会计准则草案作了相应的调整，并于2001年1月18日正式发布了《企业会计准则——无形资产》。

2001年版的《企业会计准则——无形资产》将无形资产定义为："无形资产，是指企业为生产商品、提供劳务、出租给他人，或为管理目的而持有的、没有实物形态的非货币性长期资产。无形资产可分为可辨认无形资产和不可辨认无形资产。可辨认无形资产包括专利权、非专利技术、商标权、著作权、土地使用权、特许权等；不可辨认无形资产是指商誉。"很明显，这一定义较1992年基本准则中对无形资产的定义有了较大的变化，不但强调了无形资产没有实物形态，而且指出了其非货币性的特征。但是，在无形资产是否包含商誉这个问题上，2001年版的定义与1992年基本准则是一致的，而且还进一步强调了商誉属于不可辨认的无形资产。

对于将商誉作为无形资产进行规范，财政部在该准则的制定背景中作了如下说明：在本准则制定过程中，我们曾就商誉应否纳入无形资产范围进行核算和披露广泛地征求社会各界的意见。从反馈的意见看，绝大多数意见认为商誉应作为无形资产的组成部分进行核算和反映，只有极少数意见持不同观点。赞同将商誉作为无形资产的一部分进行核算的主要理由在于，在我国，商誉一直是作为无形资产对待的，实务中也没有出现什么问题；反对者认为，我们应该与国际会计准则协调一致，既然国际会计准则将商誉排除在无形资产核算范围，我国无形资产会计准则也应将其排除。本准则认为，商誉符合资产的定义，与其他无形资产具有相似的特征，而且长期以来我国会计实务中就是将商誉作为无形资产来进行核算和反映的，因而无须将其与其他无形资产分开来核算；另外，虽然会计实务中商誉主要与企业合并联系在一起（自创商誉不予确认），但这与将商誉作为无形资产的一部分并无矛盾之处，因为将商誉视作无形资产的一部分的同时，可以将其排除在无形资产准则规范的范围。

从上述准则制定背景的说明中可以看出，2001年版的无形资产准则依然将商誉纳入无形资产，但因为商誉是与企业合并联系在一起的，所以可以将其排除出无形资产准则规范的范围。不过，从准则的具体规定看，所谓将商誉排除出无形资产准则规范的范围，只是强调商誉的初始确认来源于企业合并，至于其后续的处理依然要遵循无形资产会计准则的相关规定。商誉要按期摊销，且在合同没有规定受益年限、法律也没有规定有效年限的情况下，商誉（无形资产）的摊销年限不应超过10年。

2006年12月，为了实现与国际财务报告准则的实质性趋同，财政部发布了《企业会计准则第6号——无形资产》，该准则是整个国际趋同准则体系的一部分。《企业会计准则第6号——无形资产》规定，无形资产指企业拥有或者控制的没有实物形态的可辨认非货币性资产。这次定义在以往无形资产定义的基础上加上了"可辨认"这一定语，由于商誉是不可辨认的，因而将商誉排除在无形资产之外。依据我国最新企业会计准则的相关规定，商誉不再属于无形资产，商誉在资产负债表中单独列报，商誉不再按期摊销，商誉遵循《企业会计准则第8号——资产减值》的规定进行减值的计提。

3. 商誉的减值

如前所述，商誉的初始确认和计量遵循《企业会计准则第20号——企业合并》的规定，商誉的减值则遵循《企业会计准则第8号——资产减值》的要求。根据《企业会计准则第8号——资产减值》的要求，企业合并形成的商誉不再按期摊销，所以至少应在每年年度终了时进行减值测试。

从理论上讲，商誉不能独立于企业而存在，皮之不存，毛将焉附？这就意味着，我们无法单独计算确定一个企业的商誉未来可能产生的现金流量。前面我们在讨论商誉初始确认和计量时曾经提到，现行会计准则在商誉的计量上因其特殊性而不得不采取兜底的策略，即为了计量上的平衡来确定商誉的入账价值。但是，对一项资产计提减值却要基于该项资产预期未来经济利益的减少与否来作判断，那么问题来了，对一个无法单独确定其未来经济利益（现金流量）的资产如何计提减值呢？

商誉不能单独贡献现金流量，如前所述，现行会计准则中的商誉来自于因并购而产生的协同效应；协同效应最终落脚在企业各项资产的组合之上。正因如此，《企业会计准则第8号——资产减值》规定，如果有迹象表明一项资产可能是发生减值的，那么企业应以单项资产为基础估计其可回收金额并计提减值准备；难以对单项资产的可收回金额进行估计时，企业应以该资产所属的资产组为基础确定可收回金额。因此，商誉应结合与其相关的资产组或者资产组组合进行减值测试。为了资产减值测试的目的，对于因企业合并形成的商誉的账面价值，应自购买之日起按照合理的方法分摊至相关的资产组；难以分摊至相关资产组的，应将其分摊至相关的资产组组合。从操作上讲，把被并购方作为一个整体，看作一个资产组组合来承接因并购而产生的商誉终归是切实可行的。

什么是资产组和资产组组合呢？资产组是企业可以认定的最小资产组合，其产生的现金流入应基本上独立于其他资产或资产组；资产组应由创造现金流入相关的资产组成。由此可见，能否独立产生现金流入是认定资产组最关键的因素之一，如果企业的某个业务部门、营业网点乃至某条生产线能够独立（或者绝大部分独立）地创造收入、产生现金流量，那么这个业务部门、营业网点和生产线就可以认定为一个资产组；另一个关键因素是"最小"，即小到最小，强调的是在一个特定的企业中可以认定的最小的资产组合，其原理类似于资产减值计提应首选单项计提，假如不考虑成本因素的话。把上述两个因素结合起来，我们便可以在实践中确定会计准则所要求的资产组了。

资产组组合，指由若干个资产组组成的最小资产组组合，包括资产组或者资产组组合，以及按合理方法分摊的总部资产部分。以上是财政部会计司《企业会计准则第8号——资产减值》讲解中关于资产组组合的定义，很显然，这个定义用"资产组组合"来定义资产组组合，实际上是循环定义。简而言之，资产组组合是几个资产组或者几个资产组和几项资产组合在一起形成的组合，和资产组一样，确定资产组组合时同样要强调"独立产生现金流量"和"最小"两个关键因素，其目的是合理承接商誉、总部资产等不能独立产生现金流量但又需要通过预计其未来现金流量来计提减值准备的资产。

资产组或者资产组组合应是能够从企业合并的协同效应中受益的资产组或者资产组组合，但不应大于按照《企业会计准则第35号——分部报告》和《企业会计准则解释第3号》所规定的分部。

企业在认定资产组和资产组组合时，应充分考虑管理层对生产经营活动的管理方式和对资产的持续使用或者处置的决策方式等；资产组和资产组组合一经确定，在各个会计期间应保持一致，不得随意变更。

商誉的减值仍然要遵循出现减值迹象的原则，即与商誉相关的资产组或者资产组组合存在减值迹象的，对包含商誉在内的相关资产组或者资产组组合进行减值测试。商誉的减值分三个步骤进行：

第一步，对不包含商誉的资产组或者资产组组合进行减值测试，计算可收回金额，并与相关账面价值进行比较，确认相应的减值损失。

第二步，对包含商誉的资产组或者资产组组合进行减值测试，比较这些相关资产组或者资产组组合的账面价值（包括分摊商誉的账面价值）与其可收回金额，如相关资产组或者资产组组合的可收回金额低于其账面价值的，应就其差额确认减值损失，减值损失金额应首先抵减分摊至该资产组或者资产组组合中商誉的账面价值。

第三步，对抵减商誉之后的减值损失，根据资产组或者资产组组合中除商誉外的其他各项资产的账面价值所占比重，按比例抵减其他各项资产的账面价值。抵减后的各项资产的账面价值不得低于以下三者之中最高者：该资产的公允价值减去处置费用后的净额（如可确定的）、该资产预计未来现金流量的现值（如可确定的）和零。因此而导致的未能分摊的减值损失金额，应按照相关资产组或者资产组组合中其他各项资产的账面价值所占比重进行分摊。

商誉的减值，一方面计入利润表的资产减值损失，进而影响当期损益的计算；另一方面计入商誉减值准备，作为商誉的备抵项目列报。

在控股合并下，因企业合并所形成的商誉是母公司根据其在子公司所拥有的权益而确认的商誉，子公司中归属于少数股东的商誉并没有在合并财务报表中予以确认，因此，为了使减值测试建立在一致的基础上，企业应调整资产组的账面价值，并在此基础上进行商誉减值的计提。首先，按少数股东权益所占比例推算出归属于少数股东权益的商誉，将该部分商誉加计至相关资产组或资产组组合中，得出调整后的资产组账面价值；其次，测算包含商誉的相关资产组或者资产组组合的可收回金额，将该可收回金额与前述调整后的资产组账面价值进行比较，以确定包含商誉的资产组是否发生了减值；最后，如果上述资产组发生了减值，应先抵减商誉的账面价值，确定商誉的减值损失，并将商誉减值损失在可归属于母公司和少数股东权益之间进行分摊，以进一步确认归属于母公司的商誉减值损失。之所以要对商誉减值损失进行分配，是因为根据上述方法计算的商誉减值损失包括了应由少数股东权益承担的部分，而少数股东权益拥有的商誉价值及其减值损失都不在合并财务报表中反映，合并财务报表只反映和列报归属于母公司的商誉减值损失。

第二节　典型案例分析

我国现行会计准则将企业合并区分为同一控制下的企业合并和非同一控制下的企业合并，两种合并类型的会计处理我们在第二章已经作了详细的阐述。本章所讨论的商誉产生于非同一控制下的企业合并，依据现行企业会计准则的相关规定，商誉在资产负债表中单独列报，不再属于无形资产，不再按期摊销，企业每年年末要对商誉进行减值测试。

由于商誉不能独立创造现金流量，因此商誉的减值应结合与其相关的资产组或者资产组组合进行。为了资产减值测试的目的，企业应将合并形成的商誉自购买日起按照合理的方法分摊至相关的资产组；难以分摊至相关资产组的，应将其分摊至相关的资产组组合。本案例聚焦商誉的减值，以山西证券并购格林期货为例，探讨商誉减值测试中资产组确定的相关问题。

一、交易背景

（一）上市公司基本情况

山西证券股份有限公司（以下简称"山西证券"）是由山西省证券公司发展而来的。1988 年，山西证券公司成立；2010 年 10 月经过中国证监会的批准，山西省证券公司上市，当年 11 月 2 日，公开发行 39950 万股人民币普通股，15 日在深交所正式挂牌；24 日完成变更手续和工商登记。山西证券目前的注册资本为 359000 万元。公司的经营范围主要包括证券投资咨询业务、代销基金、与证券有关的财务顾问、资产管理、证券自营、期货业务等。

在并购格林期货之前，山西证券期货业务的各项财务指标显示，其在整个期货行业处于中下游的水平，虽然并购前两年其期货业务相比之前有了飞速的进展，但自身的市场竞争力相对较薄弱，迫切需要改善期货业务的发展现状。然而，尽管期货业务亟待拓展，但是就期货行业的特点看，山西证券如果单单依靠自身的势力发展期货业务，并在短时间内取得质的飞跃还是比较困难的。因为就期货行业而言，其对于客户资源的积累、口碑的树立以及专业人才的培训等，这些都需要花费较长的时间。另外，由于期货行业自身的特点，该行业一直是一个受监管比较严格的行业，这也是造成目前期货公司营业部数量以及境外牌照等短缺的原因。就监管而言，在期货行业中，无论是对于产品的开发、经营范围的扩大，还是经营地域的变化等，都需要经过层层严格的审批程序。正因如此，山西证券如果仅仅依靠自身积累是很难在较短的时间内实现比较大的突破。

（二）标的公司基本情况

格林期货有限责任公司（以下简称"格林期货"）是由格林商务咨询发展而来的。格林期货于1993年成立，当年2月8日取得《企业法人营业执照》；格林期货自1993年2月成立以来，始终坚持"公平、公正、公开"的三公原则，被中国证监会确定为全国15家重点联系期货单位之一，也是中国期货业协会首届理事单位，在业界享有较高的声誉。

二、交易过程

2013年，山西证券通过支付现金及发行股份相结合的方式，向河南安融地产、郑州热力公司、上海捷胜公司、北京玺萌公司收购其合计持有的格林期货100%股权；同时，格林期货作为存续公司对山西证券子公司大华期货进行吸收合并。这是国内证券行业首例通过上市公司资本运作平台发起的跨行业并购案例。

根据方案，山西证券通过向河南安融地产、郑州热力公司、上海捷胜公司及北京玺萌公司支付现金和非公开发行股份购买其持有的格林期货全部股权，其中，向河南安融地产、郑州热力公司、上海捷胜公司及北京玺萌公司合计支付16816.17万元现金，并以8.15元/股的价格合计发行1.19亿股股份。

在山西证券收购格林期货全部股权的同时，格林期货作为存续公司吸收合并大华期货。格林期货将承继和承接大华期货全部资产、负债、业务和人员，大华期货作为被合并方将依法注销法人资格。存续公司名称变更为"格林大华期货有限公司"。

本次交易完成后，山西证券将直接持有格林大华期货100%股权。河南安融地产、郑州热力公司、上海捷胜公司及北京玺萌公司将成为上市公司的直接股东。交易完成前后股东出资情况如表3-1所示。

表3-1　格林期货合并前后股东出资情况

序号	股东名称	变更之前		变更之后	
		出资额（万元）	出资比例（%）	出资额（万元）	出资比例（%）
1	河南省安融房地产开发有限公司	15578	55.6	—	—
2	郑州市热力总公司	6220	22.2	—	—

序号	股东名称	变更之前		变更之后	
		出资额（万元）	出资比例（%）	出资额（万元）	出资比例（%）
3	上海捷胜环保科技有限公司	3110	11.1	—	—
4	玺萌融投资控股有限公司	3110	11.1	—	—
5	山西证券股份有限公司	—	—	58018	100
	合计	28018	100	58018	100

山西证券对格林期货的并购，是近年来发生在资本市场上的一起典型的企业并购案例，山西证券通过支付现金对价与股权交易相结合的方式实现与格林期货的合并，这与当前资本市场上并购活动所采取的通常做法相同。同时，由于山西证券的本次并购不具有关联方交易和重大资产重组的背景，使得合并案例更具有代表性和普遍性。另外，由于本次合并活动还引入了合并后的格林期货与山西证券的全资子公司大华期货的合并吸收，使案例又具有一定程度的典型性。山西证券收购格林期货合并路径如图3-1所示。

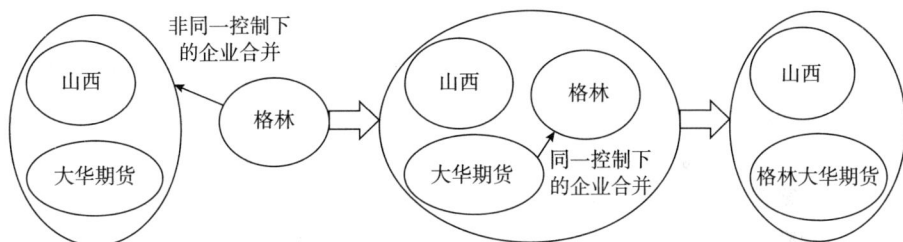

图3-1　山西证券收购格林期货合并路径

对山西证券并购前后的财务数据进行分析后发现，相比2011年和2012年，2013年山西证券并购格林期货之后，其主营业务收入增长率、总资产增长率都有较大幅度的提高，一改此前低迷的趋势。其主要原因是通过并购格林期货，获得了格林期货在期货业务的牌照、公司资质、团队实力，且山西证券期货业务资质并购前是C类CCC级，在并购后2014年跻身A类期货公司行列，取得A类AA级的评级，不但在国内期货业务市场上的地位得到大幅提升，而且获取了境外期货市场的经营资格。山西证券并购格林期货弥补了山西证券在期货业务市场下滑的业务负担，公司主营业务收入在期货方面实现了大幅增长，2014年增长为22723.31万元，增幅为142%。山西证券2011~2013年财务报表部分数据如表3-2所示。

表 3-2 山西证券 2011~2013 年财务报表部分数据 单位：元

项目	2013 年	2012 年	2011 年
总资产	17515102875	12797608840	13101380995
总负债	10189219660	6416663468	6804595993
营业收入	1321203859	1048016031	1098085408
税前利润	351521257	191679183	272618357

三、关注问题：合并商誉会计处理

（一）相关规定和理论基础

纵观国内外关于合并商誉会计处理方法的发展历程，我们不难发现，对于将合并价差作为确认被并购企业商誉的计量基础，这一处理方法并没有发生明显的变化。关于合并商誉初始确认方面的讨论，其底层逻辑还是集中在对并购业务的处理是采用权益结合法还是购买法上，如若采用权益结合法，则合并过程不确认商誉；如若采用购买法，则合并过程需要确认商誉。从国际上看，包括美国财务会计准则和国际财务报告准则在内的流行做法是取消权益结合法，或者对权益结合法的使用采取严格的限制。其原因主要在于：

首先，权益结合法本身存在固有的缺陷，其所隐含的假设基础缺乏现实性。权益结合法的假设基础是企业合并只是合并双方所有者之间的股权对等交换，而不是经营管理者的投资行为或经营行为，合并前被合并企业的股东权益在合并后的企业中继续存在并且不会发生变化，合并前后股东面临的风险和报酬也不会发生变化。很显然，在现实生活中这种假设是难以成立的，因为即便在合并中双方所有权均得以保留，但一方面由于对合并前企业资产的控制已经因为股权的稀释而降低，另一方面同时获得了对其他资产的控制，所以合并前后的所有权其实有着本质的区别。

其次，权益结合法会使企业合并前产生的损益被确认为合并后的收益，并且相应的收入和费用可能会由此被多计或少计，从而导致合并年度报表的当期盈利可能与事实相反。尤其是合并前被并购方可能存在会计处理不当或会计记录有误的现象，这些会计处理则会随企业合并而延续到合并后报告主体的财务报表中，并随着合并主体业务的复杂化而更加难以被发现。

最后，采用账面价值的做法虽然可以节省净资产评估的费用，但通常会增加其他的额外成本，包括审计单位为判断其符合使用权益结合法的标准而产生的成本，以及报表使用者为了按权益结合法编制的财务报表与其他基于购买法处理的财务报表进行横向对比而产生的额外成本等。

综上所述，来自理论界和实务界对权益结合法的概念基础及其对经济资源不合理配置的质疑，是导致美国财务会计准则委员会、国际财务报告准则理事会等准则制定机构取消权益结合法或限制权益结合法使用的根本原因。

我国《企业会计准则第 20 号——企业合并》从我国国有企业相对占比较大、同一集团下企业合并时常发生等实际情况出发，将企业合并划分为同一控制下的企业合并和非同一控制下的企业合并两种类型进行会计处理，其中，同一控制下的企业合并采用权益结合法的思路进行处理；非同一控制下的企业合并采用购买方的思路进行处理。所以，在我国并购重组实践中，同一控制下的企业合并不会产生商誉，而非同一控制下的企业合并则可能会产生商誉，其中，吸收合并商誉反映在并购方个别财务报表中，控股合并商誉反映在合并后合并财务报表中。

根据《企业会计准则第 6 号——无形资产》的要求，商誉不再属于无形资产；根据《企业会计准则第 8 号——资产减值》的要求，商誉不再按期摊销，但至少应在每年年度终了时进行减值测试。由于商誉不能单独产生现金流量，所以商誉的减值测试必须结合资产组或者资产组组合进行，与商誉直接相关的资产组或者资产组组合是商誉减值计提的基础。

（二）案例做法

基于山西证券和格林期货在并购过程中实际采取的做法，山西证券在合并格林期货时按非同一控制下企业合并的处理方法确认合并商誉，而格林期货在合并大华期货时按同一控制下的企业合并处理，不确认合并商誉。所以在合并年度以及以后的每一个会计年度，山西证券就本次合并所产生商誉的减值测试对象均仅限于山西证券与原格林期货合并所产生的商誉。参考山西证券《2011 年度及截至 2012 年 8 月 31 日止八个月期间备考合并财务报表及审计报告》中披露的信息，该合并商誉的金额约为 8.9 亿元。

然而，由于格林期货与大华期货的合并属于吸收合并，合并后组成格林大华期货，合并前两家公司的相关业务已经进行了整合，根据合并中公开披露的信息，原本属于大华期货的经营分部也并入合并后主体格林大华期货统一经营管理，故其产生的现金流已无法和应归属于原格林期货经营分部的现金流相分离。根据企业会计准则对资产组的认定，以资产组产生的主要现金流入是否独立于其他资产或者资产组的现金流入为依据，则格林大华期货公司整体应视为一个资产组。然而，由于会计准则规定企业在对商誉的减值测试是结合相关的资产组或资产组组合进行，由于格林期货与大华期货在吸收合并后已经形成了新的资产组（或资产组的组合），故对于山西证券与格林证券合并时确认的约 8.9 亿元的合并商誉，其在年底进行减值测试的时候，计算可回收金额的基础则变成了格林大华期货这个资产组（或资产组组合）。但是，从理论上讲，8.9 亿元合并商誉的初始确认只是基于格林期货自身的超额盈利能力进行评估和交易而得出的金额，而在合并后做减值测试时，却要以格林大华期货的整体可回收金额作为判断的基准，这便是案例企业最现实可行的做法。

第三节　进一步讨论与思考

目前，国际会计惯例包括美国财务会计准则、国际财务报告准则和我国的企业会计准则等，都放弃了曾经使用的对商誉进行系统摊销的做法，而代之以每年减值测试的方法对其进行后续处理。很显然，如果采用系统摊销法进行会计处理，则上述案例中揭示的问题就并不会十分突出。按期摊销法下，企业在确定合并商誉的具体金额后，就按照事先在企业会计政策中统一确定的摊销方法对该合并商誉金额进行系统的摊销，只要被合并企业能够持续经营，则其具体的经营状况就与商誉的摊销金额完全无关。所以，就本案例而言，如果山西证券对合并后的商誉采用按期摊销的方法，则其只需按规定在每年年末对商誉金额进行摊销即可，后续格林期货和大华期货的合并对这一进程并无实质性影响。当然，如果摊销之后在出现减值迹象的情况下再作减值测试，那么，按照格林大华期货这个新的主体对商誉进行减值测试和计提也无可厚非。

然而，从理论上讲，摊销法并不是真正解决了上述案例所提出的问题，而是从一开始就回避了这个问题。从会计计量的角度看，"以不变应万变"恰恰是摊销法本身固有缺陷的表现。按照学界普遍接受的"超额获利观"，商誉代表的是企业的超额获利能力，而摊销法却不问企业实际的盈利状况就对其进行无条件的摊销处理，因此这实际上相当于把确认的合并商誉完全当成了合并交易中的对价差额，之所以采用分期摊销法而没有在合并当期直接列支，只是为了平滑其对合并当期利润的影响而已，商誉"超额获利能力"的本质完全没有在这种方法中得到体现。

从企业经营的实际情况看，企业间所以愿意进行合并，最重要的目的是为了进一步提升整合后的盈利能力，而这种盈利能力的提升绝不是在合并当期或者短期内能够实现的。恰恰相反，并购的协同效应及其对企业盈利能力的提升是一个长期过程，它是通过合并后报告主体在其内部不断磨合的过程中一步步优化自身的资源配置而逐步实现的。从这一角度而言，摊销法的理论假设本身就存在重大缺陷。因此，要寻求对这一问题更好的解决途径，我们还是要回到只做减值测试这个框架中。而一套完善的减值测试方法应包括三个关键要素，即测试单元，计量基础和操作程序。

就当前准则的规定而言，我国减值测试法的测试单元是与商誉相关的能够从企业合并的协同效应中受益的，同时不大于按照《企业会计准则第 35 号——分部报告》所确定的报告分部的资产组或者资产组组合。

计量基础是该资产组或组合的可回收金额与账面价值孰低，其中可收回金额根据资产的公允价值减去处置费用后的净额与资产预计未来现金流量的现值两者之间较高者确定。

操作程序按照两个步骤进行：首先，对不包含商誉的资产组或者资产组组合进行减值测试，计算可收回金额，并与相关账面价值相比较，确认相应的减值损失；其次，对包含商誉的资产组或者资产组组合进行减值测试，比较这些相关资产组或者资产组组合的账面价值（包括所分摊的商誉的账面价值部分）与其可收回金额，如相关资产组或者资产组组合的可收回金额低于其账面价值的，应就其差额确认减值损失，减值损失金额应首先抵减分摊至资产组或者资产组组合中商誉的账面价值，再根据资产组或者资产组组合中除商誉外的其他各项资产的账面价值所占比重，按比例抵减其他各项资产的账面价值。

在本案例中，8.9 亿元商誉是山西证券合并格林期货时产生的，其减值测试的资产组或资产组组合理应是格林期货。但从合并后整合情况看，原先的格林期货已经不复存在，所以其后续的减值测试只能基于格林大华期货这个新的主体来进行。显然，这样的会计处理和减值测试单元的确定方式，是与会计信息的配比原则和权责发生制要求背道而驰的，然而当前的会计准则却并没有针对这一情况的具体规定。因此，在类似山西证券合并格林期货这类并购重组交易中，当被合并方与合并方原有的同类业务高度整合后，我们在对商誉进行减值测试时，资产组或资产组组合究竟如何界定，是会计实践中需要特别注意和把握的问题，否则，商誉减值测试中的计量基础和操作程序就无从谈起。

第四章　购买何以反向

第一节　购买何以反向

一、反向购买界定

反向购买是会计理论和实践中一个相对复杂的问题，何谓反向购买呢？顾名思义，这个概念主要有两个关键词：一是购买；二是反向。

首先是购买，购买不同于合并。正如我们在前面讨论合并会计处理所提及的那样，合并从其会计处理的角度分为同一控制下的合并和非同一控制下的合并，其中，同一控制下的合并采用的是权益结合法的处理思路，非同一控制下的合并采用的是购买法的处理思路。因此，对于同一控制下的企业合并，其会计处理过程均不能用"购买"一词；换言之，"购买"只存在于非同一控制下的企业合并。在非同一控制下的企业合并中，合并方又称为购买方，被合并方又称为被购买方。

其次是反向，反向具体指会计上对购买方和被购买方的认定与法律上的认定是相反的。众所周知，在非同一控制下的企业合并中，当合并以发行权益性证券交换股权的方式进行时，通常发行权益性证券的一方为购买方，这也是法律上对购买方的认定。然而，在某些非同一控制下的企业合并中，发行权益性证券的一方因其生产经营决策在合并后被参与合并的另一方所控制，此时虽然发行权益性证券的一方为法律上的购买方（母公司），但会计上依据经济实质重于法律形式的原则，却将其认定为被收购方（子公司），进而形成了会计与法律的悖论，这便是"反向"的由来。

值得注意的是，确定购买方是非同一控制下企业合并会计处理的首要步骤，因为只有确定了购买方和被购买方，才能明确会计处理的主体，进而明确站在谁的立场如何进行相应的核算和列报。在非同一控制下的企业合并中，购买方指通过合并取得对另一方或者多方控制权的一方。通常情况下，哪一方是企业合并中的购买方是显而易见的，但实务中也存在难以确定购买方的情形。如前所述，通过权益互换实现的企业合并，通常发行权益性证券的一方为购买方，但是，会计上对购买方的认定并非一定是发行权益性证券的一方。再如，当参与合并的两家企业规模相当时，判断购买方时需要考虑很多具体的因素，以支付现金、转让非现金资产或承担债务的方式进行的企业合并，通常支付现金、转让非现金资产或承担债务的一方为购买方；参与合并一方的公允价值远大于另一方的，公允价值较大的一方很可能是购买方；企业合并是通过以有表决权的股份换取另一方的现金及其他资产的，则付出现金及其他资产的一方很可能是购买方；等等。

二、反向购买的会计问题

依据《企业会计准则第 20 号——企业合并》的相关规定，在反向购买中，被购买方（通常为上市公司）构成业务的，购买方（通常为非上市公司）应按照非同一控制下企业合并的原则进行处理；被购买方不构成业务的，购买方应按照权益性交易的原则进行处理，不得确认商誉或当期损益。

所谓业务，指企业内部某些生产经营活动或者资产的组合，该组合具有投入、加工处理过程和产出的能力，能够独立核算其成本费用或者产生的收入。也就是说，构成业务通常有三个必备的要素：投入、加工处理过程和产出，其中，是否有实际的产出有时候可以不是判断一项组合能否构成业务的必要条件，关键是我们能判断出被合并的加工处理过程是实质性存在的。实践中，有关组合是否构成业务，应结合所取得生产经营活动或资产的内在联系及加工处理过程等进行综合判断；判断的视角是市场参与者的角度，而不应是被合并方的经营历史或合并方的管理者意图。集中度测试是判断被合并的组合是否构成业务的有效方法，例如，被合并的组合仅有一项可辨认的资产，则说明资产过于集中，因而难以构成业务。

明确了被购买方构成业务后，反向购买的会计问题主要包括合并成本的确定、合并财务报表的编制、每股收益的计算和少数股东权益的列报四个方面。

1. 合并成本的确定

首先要明确的是，此处的合并成本指会计上购买方的合并成本，但是，会计上的购买方是法律上（实际上）的被购买方，所以，从买卖关系上讲，这个购买方（卖方）并未在实际中付出成本。那么，问题来了，一个在买卖交易中并未实际付出成本的卖方，如何计算确定其合并成本呢？对此，现行企业会计准则采用了一种假定推算的办法。根据《企业会计准则讲解》的要求，反向购买中，企业合并成本指法律上的子公司即卖方（会计上的购买方）如果以发行权益性证券的方式为获取在合并后报告主体的股权比例，应向法律上的母公司即买方（会计上的被购买方）的股东发行的权益性证券数量乘以其公允价值计算的结果。其中，发行权益性证券的数量根据其现有的股份数和在合并后报告主体中所占的比例进行推算。发行权益性证券的公允价值遵循以下原则确定：购买方的权益性证券在购买日存在公开报价的，通常应以公开报价作为其公允价值；购买方的权益性证券在购买日不存在可靠公开报价的，应参照购买方的公允价值和被购买方的公允价值二者之中有更为明显证据支持的作为基础，确定购买方假定应发行权益性证券的公允价值。

为了清晰地说明问题，我们看一个具体的案例。2024 年 1 月 1 日，珠江公司（上市公司）以 1∶4 的比例向淮海公司原股东黄河公司定向发行 34000 万股普通股，取得淮海公司 100% 股权，假定有关股份登记和股东变更手续于当日完成；同日，珠江公司、淮海公司的董事会进行了改选，黄河公司开始控制珠江公司，珠江公司开始控制淮海公司，形成了两层控制关系，其中黄河公司对珠江公司的控制形成了反向购买。2024 年 1 月 1 日，珠江公司和淮海公司普通股每股面值均为 1 元；珠江公司普通股的公允价值为每股 10 元，淮海公司普通股的公允价值为每股 2.5 元。珠江公司向黄河公司定向发行新股 34000 万股后，总股本变更为 40000 万股（即原股本为 6000 万股）；淮海公司在企业合并前股本为 136000 万股。

在这个具体的案例中，珠江公司是法律上的购买方，淮海公司是法律上的被购买方，但由于合并后淮海公司原股东黄河公司控制了珠江公司（控制比例为 34000/40000＝85%），所以会计上依据实质重于形式的原则，认定珠江公司是被购买方，淮海公司是购买方。明确了会计上对购买方和被购买方的认定后，如何计算确定购买方淮海公司的合并成本呢？因为淮海公司并没有实际上发行股份和支付资产，所以只能采取假设推定的方法。假设企业合并是以淮海公司发行额外的股份来交换珠江公司原股东持有的珠江公司股份的形式进行，为了使淮海公司发行普通股后在合并主体中享有同样的股权比例，则淮海公司应发行的股份数为 136000/85%－136000＝24000（万股）。其背后的数学含义为，假设淮海公司在现有 136000 万股的基础上增发 24000 万股，即可达到让 136000 万股现有股份占比 85% 的目的。注意，此处淮海公司增发 24000 万股纯粹是按照数学的比例关系模拟推算的，并非其真实发行的股份数。其背后的经济含义为，从权益等价互换的立场看，原本是珠江公司发行 34000 万股与淮海公司原股东黄河公司按 1∶4 的比例换股，获得淮海公司 136000 万股，即 34000×4＝136000（万股）；现将其视为淮海公司发行 24000 万股（珠江公司原股本 6000 万股×4）与珠江公司原股东按 4∶1 的比例换股，获得珠江公司 6000 万股。因此，作为购买方，淮海公司虚拟发行的权益性证券数量为 24000 万股。

购买方淮海公司发行权益性证券的数量模拟确定后，其合并成本用该数量乘以公允价值即可确定，公允价值的确定原则前面已经提及，即购买方的权益性证券在购买日存在公开报价的，通常应以公开报价作为其公允价值；购买方的权益性证券在购买日不存在可靠公开报价的，应参照购买方的公允价值和被购买方的公允价值二者中有更为明显证据支持的作为基础，确定购买方假定应发行权益性证券的公允价值。本例中，淮海公司普通股的公允价值为每股 2.5 元，通常用此公允价值计算合并成本即可，故购买方淮海公司的合并成本为 24000×2.5＝60000（万元）。

2. 合并财务报表的编制

首先要明确谁编合并财务报表的问题，依据《企业会计准则第 20 号——企业合并》的相关规定，法律上的母公司是编报合并财务报表的主体。由于法律上的母公司是会计上的子公司，又因为编制合并财务报表是一项会计准则的要求，即会计准则要求母公司编制合并财务报表，所以法律上的母公司要站在对方（会计上的购买方或母公司）的角度编制合并财务报表，即法律上的母公司在编制合并财务报表时，要把对方看作母公司、把自己看作子公司，通过角色互换来完成合并财务报表的编制。基于上述原理，加之反向购买是非同一控制下企业合并中的一项并购业务，所以编制反向购买合并财务报表时，法律上的母公司要把自己可辨认的资产、负债以公允价值进行合并，而把对方（会计上的购买方或母公司）的资产、负债以账面价值进行合并。具体而言，反向购买合并财务报表的编制要遵循的原则如下：

第一，合并财务报表中，法律上子公司（会计上的购买方或母公司）的资产、负债应以其在合并前的账面价值进行确认和计量。也就是说，基于企业会计准则的要求，非同一控制下企业合并的合并财务报表中，母公司的资产、负债是不用调整账面价值的。

第二，法律上母公司（会计上的被购买方或子公司）的有关可辨认资产、负债在并入合并财务报表时，应以其在购买日确定的公允价值进行合并，企业合并成本大于合并中取得的法律上母公司（被购买方）可辨认净资产公允价值的份额体现为商誉，小于合并中取得的法律上母公司（被购买方）可辨认净资产公允价值的份额确认为合并当期损益（营业外收入）。也就是说，基于企业会计准则的要求，非同一控制下企业合并的合并财务报表中，子公司的资产、负债是要进行公允价值调整的，并将调整后的公允价值反映在合并报表中；商誉或营业外收入都是根据合并成本与子公司可辨认净资产公允价值份额的差额确定的。

第三，合并财务报表中的留存收益和其他权益余额应当反映的是法律上子公司（会计上的购买方或母公司）在合并前的留存收益和其他权益余额。

第四，合并财务报表中的权益性工具的金额应当反映法律上子公司（会计上的购买方或母公司）合并前发行在外的股份面值以及假定在确定该项企业合并成本过程中新发行的权益性工具的金额。但在合并财务报表中的权益结构应反映法律上母公司的权益结构，即法律上母公司发行在外权益性证券的数量及种类。

第五，合并财务报表的比较信息应是法律上子公司（会计上的购买方或母公司）的比较信息，即法律上子公司（会计上的购买方或母公司）的前期合并财务报表。

3. 每股收益的计算

合并财务报表的每股收益＝归属于普通股股东的合并净利润/发行在外普通股的加权平均数。由于反向购买的特殊性，每股收益的分母"发行在外普通股的加权平均数"在计算时也有特殊的要求：发生反向购买当期，用于计算每股收益的发行在外普通股加权平均数为：

（1）自当期期初至购买日，发行在外的普通股数量应假定为在该项合并中法律上母公司向法律上子公司（会计上的购买方或母公司）股东发行的普通股数量；

（2）自购买日至期末，发行在外的普通股数量为法律上母公司实际发行在外的普通股股数。

反向购买后，对外提供比较合并财务报表的，其比较前期合并财务报表中的基本每股收益，应以法律上子公司（会计上的购买方或母公司）的每一比较报表期间归属于普通股股东的净损益除以在反向购买中法律上母公司向法律上子公司（会计上的购买方或母公司）股东发行的普通股股数计算确定。

4. 少数股东权益

反向购买中，若法律上子公司（会计上的购买方或母公司）的有关股东在合并过程中未将其持有的股份转换为对法律上母公司股份的，该部分股东享有的权益份额在合并财务报表中应作为少数股东权益列示。

因法律上子公司（会计上的购买方或母公司）的部分股东未将其持有的股份转换为法律上母公司的股权，其享有的权益份额仍仅限于对法律上子公司（会计上的购买方或母公司）的部分，该部分少数股东权益反映的是少数股东按持股比例计算享有法律上子公司（会计上的购买方或母公司）合并前净资产账面价值的份额。

第二节　典型案例分析

如前所述，反向购买中合并成本的计算是其会计处理的首要环节，它既涉及会计上报告主体的确定，又涉及后续商誉的计算和合并财务报表的列报。根据现行会计准则的规定，反向购买中企业合并成本指法律上的子公司（会计上的购买方或母公司）如果以发行权益性证券的方式为获取在合并后报告主体的股权比例，应向法律上的母公司（会计上的被购买方或子公司）的股东发行的权益性证券数量乘以其公允价值计算的结果。其中，发行权益性证券的数量根据其现有的股份数和在合并后报告主体中所占的比例进行推算。公允价值则遵循以下原则确定：购买方的权益性证券在购买日存在公开报价的，通常应以公开报价作为其公允价值；购买方的权益性证券在购买日不存在可靠公开报价的，应参照购买方的公允价值和被购买方的公允价值二者中有更为明显证据支持的作为基础，确定购买方假定应发行权益性证券的公允价值。但是，在会计实践中，反向购买企业合并成本的计算则有较大的选择空间，本案例以九芝堂并购友搏药业为例，对反向购买中企业合并成本的计算和商誉的计量进行探讨。2015 年，九芝堂（000989）向友搏药业的九名股东（李振国、辰能风投、绵阳基金、杨承、盛锁柱、高金岩、万玲、倪开岭、黄靖梅）非公开发行股份，购买其所持友搏药业 100% 的股权；与此同时，九芝堂的控股股东九芝堂集团向友搏药业的控股股东和实际控制人李振国转让 28.06% 的九芝堂股份。交易完成后，友搏药业股东李振国持有九芝堂（000989）42% 的股份，成为上市公司的实际控制人。上述发行股份购买资产和股份转让分两步操作，友搏药业成功实现了对上市公司九芝堂（000989）的反向购买。

一、交易背景

（一）上市公司基本情况

1. 公司发展历程

九芝堂（000989）是一家于 1999 年 5 月 12 日经湖南省人民政府以湘政函〔1999〕193 号文批准，由九芝堂集团、国投兴业有限公司、海南湘远经济贸易公司、湖南省医药公司、湖南长沙友谊（集团）有限公司等五家发起人以发起设立方式成立的股份有限公司，公司设立时股本总数为 8862 万股。2000 年 6 月，经中国证监会证监发行字〔2000〕66 号文批准，公司在深交所采用网上定价及向二级市场投资者配售相结合的方式，向社会公开发行 4000 万股人民币普通股。发行完成后，公司股本总数增至 12862 万股。2000 年 6 月 28 日，此次发行的 A 股在深交所挂牌上市。2003 年 8 月，经中国证监会证监发行字〔2003〕80 号文批准，公司增发股份，公司股本总数增至 21821 万股。2006 年股权分置改革后，公司开始实施回购社会公众股方案，2007 年 7 月 31 日，回购股份在中国证券登记结算有限责任公司深圳分公司完成注销，注销回购股份后公司股本总额变更为 24800 万股。

截至 2015 年 6 月，九芝堂集团为公司控股股东、陈金霞为公司实际控制人。公司与控股股东、实际控制人之间的股权控制关系如图 4-1 所示。

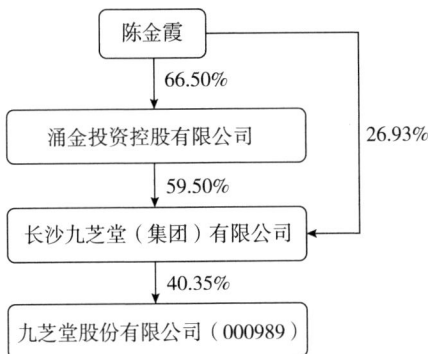

图 4-1　九芝堂股权控制关系

2. 主营业务情况

公司主要从事中成药、生物药品的研制、生产、销售及药品的批发、零售业务，产品中以驴胶补血颗粒为代表的补血和以六味地黄丸为代表的补肾两大品类在同行业中拥有较大的品牌优势。

3. 收购动机

首先，九芝堂作为昔日的中药双雄之一，素来有"南有九芝堂，北有同仁堂"之说。但是，2014 年年报显示，同仁堂营业收入为 96.86 亿元，净利润为 7.64 亿元；九芝堂营业收入为 14.05 亿元，净利润仅有 2.46 亿元，两者差距明显。

其次，反向购买前，九芝堂的业务一直没有什么突破，依赖着几款知名商品创收，但却未能取得明显的业绩增长，其他产品一直没有市场竞争力，这一发展境况给了友搏药业收购契机。友搏药业的并购计划是反向购买九芝堂，从而达到拓宽生产线、募集生产经营资金和控制上市公司的目的；而九芝堂由于业绩不理想，也希望通过此次并购实现业务整合的目的，由此双方达成了初步一致的并购意向。

（二）标的资产基本情况

1997 年 6 月，牡丹江市铁岭镇人民政府出具《关于成立牡丹江市友搏制药厂的批复》(牡铁政发〔1997〕31号),批准设立友搏制药厂。

友搏药业多年来专注于中药创新药物的开发,主要产品疏血通注射液、复方降脂片均为心脑血管疾病类中药制剂。友搏药业虽然总体上发展得很好,但也有个问题,就是产品线过于单一,为了得到更好的可持续发展,急需拓宽生产线,同时大量募集生产经营所需的资金。

截至九芝堂发行股份购买友搏药业100%股权时点,友搏药业股东及股权结构如表4-1所示。

表4-1 友搏药业股东及股权结构情况

股东名称	持股数量(股)	持股比例(%)
李振国	232174415	51.59
辰能风投	144575291	32.13
绵阳基金	66690523	14.82
杨承	1639941	0.36
高金岩	983966	0.22
万玲	983966	0.22
盛锁柱	983966	0.22
倪开岭	983966	0.22
黄靖梅	983966	0.22
合计	450000000	100.00

从表4-1中可以看出,自然人李振国持有友搏药业51.59%的股份,为公司实际控制人。2012~2015年,友搏药业实际控制人没有发生变化,其股权结构如图4-2所示。

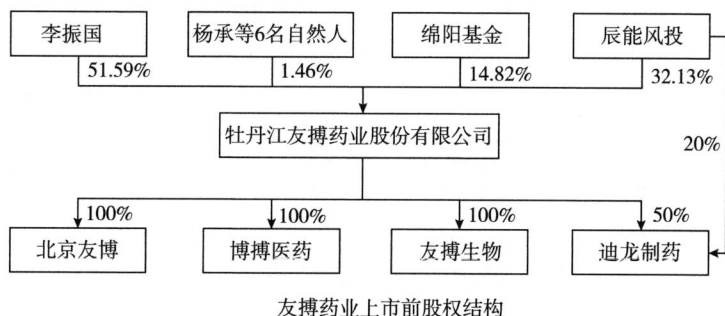

友搏药业上市前股权结构

图4-2 友搏药业股权结构

二、交易过程

（一）方案设计

2015 年 5 月 25 日，九芝堂（000989）召开第六届董事会第五次会议，会上提出了关于发行股份购买友搏药业 100%股权这一议案，该议案最终得到了全体股东的一致同意。此后九芝堂开始紧锣密鼓地筹备发行股票事宜。2015 年 11 月 30 日，九芝堂向友搏药业的九名股东发行了 4.86 亿股普通股，以每股 14.22 元的价格取得了友搏药业 100%的股权。

与此同时，九芝堂集团以 15 亿元的价格将 28%的股权转让给李振国，使得李振国总共拥有了 42%的九芝堂股份，成为上市公司实际控制人。友搏药业反向购买九芝堂的方案设计和交易过程如图 4-3、图 4-4 所示。

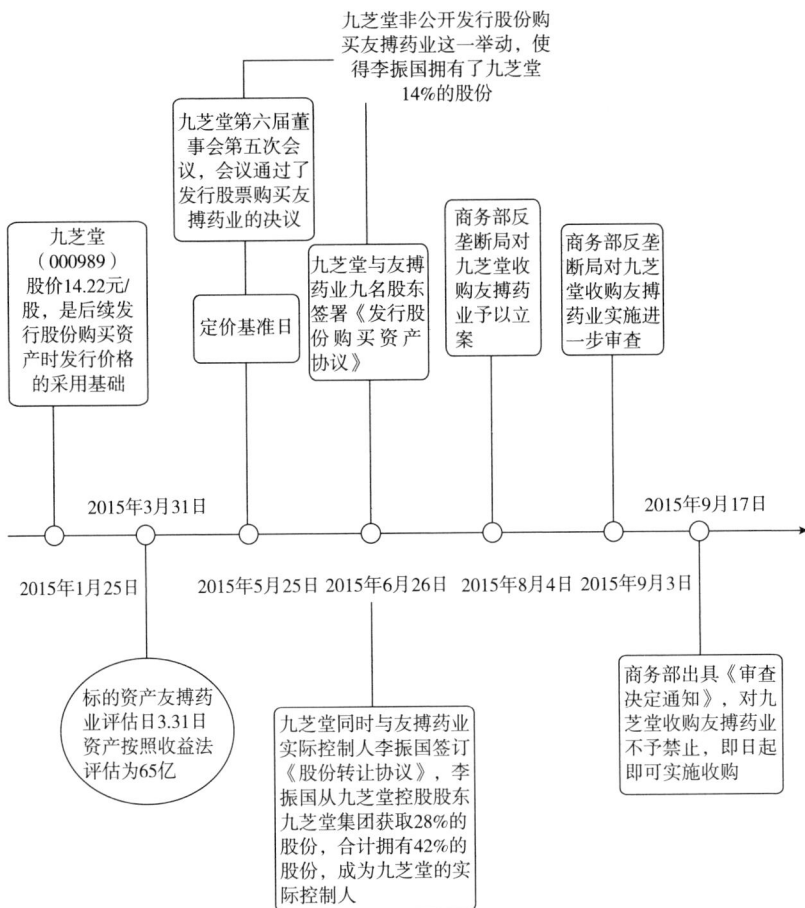

图 4-3　九芝堂并购友搏药业的方案设计和交易过程

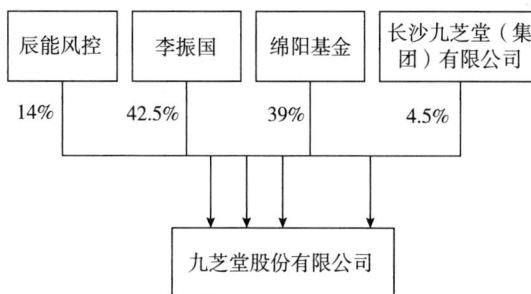

图 4-4　并购完成后九芝堂股权情况

(二) 并购前两年一期主要财务指标

并购前,九芝堂两年及一期经审计的主要财务数据及财务指标如表 4-2 所示。

表 4-2　九芝堂两年及一期财务数据　　　　　　　单位:万元

资产负债项目	2015 年 3 月 31 日	2014 年 12 月 31 日	2013 年 12 月 31 日
资产总计	215415.64	214933.72	189108.43
负债合计	50659.42	54014.70	34877.20
归属于母公司所有者权益合计	164674.25	160821.29	154103.55
收入利润项目	2015 年 1~3 月	2014 年度	2013 年度
营业收入	35449.29	140535.04	121184.41
营业利润	4535.92	20420.10	24726.82
利润总额	4622.41	29424.22	27048.43
归属于母公司所有者的净利润	3852.97	24574.06	22483.05
现金流量表项目	2015 年 1~3 月	2014 年度	2013 年度
经营活动产生的现金流量净额	5782.36	11859.27	2845.42
投资活动产生的现金流量净额	-32488.62	2776.98	-8088.52
筹资活动产生的现金流量净额	—	-17906.65	-5975.71
现金及现金等价物净增加额	-26706.26	-3270.40	-11218.80
主要财务指标	2015 年 1~3 月	2014 年度	2013 年度
综合毛利率(%)	52.21	54.69	55.66
基本每股收益(元/股)	0.13	0.83	0.76
资产负债率(%)	23.52	25.13	18.44

并购前,友搏药业两年及一期经审计主要财务数据如表 4-3 所示。

表 4-3　友搏药业两年及一期经审计主要财务数据　　　单位：万元

资产负债项目	2015 年 3 月 31 日	2014 年 12 月 31 日	2013 年 12 月 31 日
资产总额	158802.37	153990.64	122723.08
负债总额	17152.15	13557.94	18622.04
净资产	141650.22	140432.69	104101.04
归属于母公司所有者的净资产	141650.22	140432.69	104101.04
资产负债率（%）	10.80	8.80	15.17
收入利润项目	2015 年 1~3 月	2014 年	2013 年
营业收入	19871.67	79759.87	70435.25
营业利润	12497.10	47041.59	42574.27
利润总额	13189.84	47265.93	42421.70
净利润	11217.52	40331.65	36400.60
归属于母公司所有者的净利润	11217.52	40331.65	36400.60
扣除非经常性损益后的归属于母公司所有者的净利润	10628.69	40138.19	36530.30
现金流量表项目	2015 年 1~3 月	2014 年度	2013 年度
经营活动产生的现金流量净额	8525.12	39963.26	42632.11
主要财务指标	2015 年 1~3 月	2014 年度	2013 年度
毛利率（%）	78.99	79.69	77.28
基本每股收益（元/股）	0.25	0.90	0.81

对比两家公司两年一期的财务数据不难发现：2013 年，九芝堂的营业利润为 2.4 亿元，友搏药业已经达到 4.3 亿元；2014 年，九芝堂营业利润 2 亿元，友搏药业稳步增长到 4.7 亿元；2015 年，九芝堂营业利润继续下跌，友搏药业仍然呈稳步增长的趋势。九芝堂并购前三年的毛利率一直在 50% 左右，而友搏药业一直接近 80%。由此可见，虽同处制药行业，友搏药业的财务状况要明显好于九芝堂，九芝堂年年下跌的利润也为它被反向收购埋下了伏笔。

三、关注问题：反向购买中合并成本的确定和商誉的计量

（一）相关规定和理论基础

1. 标的资产评估方法的选择

依据资产评估准则的规定，企业价值评估可以采用收益法、市场法、资产基

础法三种方法：

（1）收益法：基于企业整体资产预期获利的能力进行估值，强调的是企业整体预期盈利能力。

（2）市场法：以现实市场上的参照物来评价估值对象的现行市价，它的估值数据直接取材于市场，估值结果说服力较强。

（3）资产基础法：在合理评估企业各项资产价值和负债义务的基础上，进而确定评估对象的价值。

2. 关于合并成本的确定

根据《企业会计准则第 20 号——企业合并》的规定，反向购买中，法律上的子公司（购买方，本案例中的友博药业）的合并成本指其如果以发行权益性证券的方式为获取在合并后报告主体的股权比例，应向法律上母公司（被购买方，本案例中的九芝堂）的股东发行的权益性证券数量与其公允价值计算的结果。

购买方的权益性证券在购买日存在公开报价的，通常应以公开报价作为其公允价值；购买方的权益性证券在购买日不存在可靠公开报价的，应参照购买方的公允价值和被购买方的公允价值两者中有更为明显证据支持的一个作为基础，确定购买方假定应发行权益性证券的公允价值。

从内容上看，企业合并成本包括购买方在购买日支付的下列项目的合计金额：

（1）作为合并对价的现金及非现金资产的公允价值。

（2）发行的权益性证券的公允价值。确定所发行权益性证券的公允价值时，对于购买日存在公开报价的权益性证券，其公开报价提供了确定公允价值的最好证据，除非在非常特殊的情况下，购买方能够证明权益性证券在购买日的公开报价不能可靠地代表其公允价值，并且用其他的证据和估价方法能够更好地计量公允价值时，可以考虑其他的证据和估价方法。如果购买日权益性证券的公开报价不可靠或购买方发行的权益性证券不存在公开报价，则该权益性证券的公允价值可以参考其在购买方公允价值中所占权益份额，或者参照在被购买方公允价值中获得的权益份额，按两者中有明确证据支持的一个进行估计。

（3）因企业合并发生或承担的债务的公允价值。

（4）当企业合并合同或协议中提供了根据未来或有事项的发生而对合并成本进行调整时，购买日如果判断有关调整很可能发生并且能够可靠计量的，应将相关调整金额计入企业合并成本。

（5）合并中发生的各项直接相关费用，如会计审计费用、法律服务费用、咨询费用等，不包括与为进行企业合并发行的权益性证券或发行的债务相关的手续费、佣金等。

3. 关于商誉的确认

关于商誉的确认，我国企业会计准则要求需要同时具备两个条件：是否为非同一控制下的企业合并以及被收购企业是否构成业务。也就是说，只有对非同一控制下的企业合并且被收购方构成业务的情形，当合并成本大于被购买方可辨认净资产公允价值的份额时才确认商誉。

在实践中，对于想要通过借壳上市的企业来说，如何避免确认大额商誉，是一个重要的问题。有的企业利用"被合并方不构成业务"这一条，去避免通过购买法确认商誉，这种做法往往使得交易中应通过商誉表现的经济实质未能得到充分披露；而在非同一控制下的企业合并中，一旦构成业务，往往就避免不了要确认商誉。企业合并中商誉确认的路径如图4-5所示。

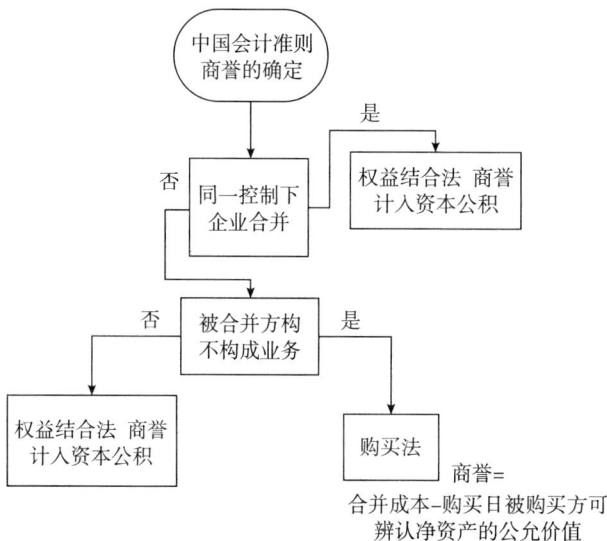

图4-5　商誉确认的路径

（二）案例做法

1. 资产评估方法的选择：收益法

此次重组，友搏药业委托中联资产评估公司对公司的价值进行评估，中联评估给出的评估报告中联评报字〔2015〕第473号《资产评估报告》中，认为本次评估的目的是重大资产重组，资产基础法从企业购建角度反映了企业的价值，为经济行为实现后企业的经营管理及考核提供了依据，可以作为一种方法使用。同时，友搏药业历史年度经营收益逐年递增，未来年度预期收益与风险可以合理地估计，因此可以选择收益法进行评估。但是，本次评估不适于选择市场法。因为市场法中常用的两种方法是参考企业比较法和并购案例比较法，由于难以收集到与被评估单位类似的参照企业，所以不具备可操作性。

综上所述，中联评估采用资产基础法和收益法对友搏药业进行了估值。评估结果如下：采用资产基础法评估，截至评估基准日，友搏药业总资产账面价值16亿元，评估值25亿元，评估增值9亿元，增值率为55%；其中负债无增减值；净资产评估值增值9亿元；采用收益法评估，截至评估基准日，友搏药业合并资产负债表归属于母公司的所有者权益账面值为14亿元，评估后的股东全部权益价值（净资产价值）为65亿元，评估增值51亿元，增值率360.13%。

中联评估认为，收益法考虑了企业账面上不存在但对企业未来收益有重大影响的资产和因素，如拥有的专利、专有技术、稳定的客户资源、科学的生产经营管理水平、雄厚的产品生产和研发队伍等。综合考虑了企业各盈利因素，反映了企业整体资产的预期盈利能力。因此，本次收益法评估结果有较大的增幅，建立在科学合理的预测基础之上，收益法与资产基础法的差异反映了评估对象账面未记录的企业品牌、人力资源、营销网络、管理等无形资产以及医药行业本身的优势带来的价值，因此两个评估结果的差异是合理的，收益法相对于资产基础法而言，更能够全面合理地反映被评估企业的整体价值。本次评估采用收益法的评估结果作为最终评估结论。

从此次交易的可操作性上来看，友搏药业的评估值越高，对标的资产的股东越有利，反向购买的成功率越高。因为评估值越高，意味着九芝堂（000989）购买资产时发行的股份更多，并购完成后，友搏药业的股东占九芝堂（000989）的股比更大，这对于在并购交易中相对强势的友搏药业一方来说，后续反向收购九芝堂也就相对更加容易。收益法下，友搏药业评估值高达65亿元，而资产基础法下的估值仅为25亿元，所以，收益法下的估值正是友搏药业的股东们想看到的结果。

2. 合并成本的确定和商誉的计量

友搏药业反向收购九芝堂属于非同一控制下的企业合并，应遵循构成业务的反向购买的商誉计量方式，即按照购买法确认商誉，此时商誉等于合并成本减去购买日九芝堂可辨认净资产的公允价值。被购买日，第三方评估机构给出的九芝堂的可辨认净资产是18.7亿元，这一数据较为客观，不易被操纵。因此，最终决定商誉大小的是友搏药业对合并成本的处理了。

由于友搏药业自身没有公开的报价，为了客观地反映此次反向购买中商誉的实际价值，剔除资本市场的估值溢价，友搏药业最终选择通过合理的评估技术，采用收益法，确定九芝堂于购买日确认的原有业务公允价值20.1亿元作为此次反向购买的合并成本，在此基础上，将其与可辨认净资产18.7亿元的差额确认为商誉。经计算，最终商誉确认为1.4亿元。

如果按照现行企业会计准则规定的商誉计量方式，在法律上的子公司（购买方，本案例中的友博药业）没有公开报价的情况下，本次反向购买的合并成本，应该是九芝堂在购买日的公开报价与友博药业模拟发行股数的乘积。为此，九芝堂在本次并购备考合并财务报表中曾以其公开报价14.22元/股为基础计算，列报的商誉为239370.26万元，与其最终确认的商誉1.4亿元相差近22.54亿元。当然，如果以2015年12月30日购买当天九芝堂的股票报价20.19元/股为基础计算，则合并财务报表中列报的商誉会更高。

第三节 进一步讨论和思考

本案例中，在购买方友博药业没有公开报价的情况下，未采用被并购方九芝堂的公开报价作为反向购买的企业合并成本，而采用其他适当的估值技术确定企业合并成本。那么，这种做法有什么依据呢？是否可行呢？

从会计理论和实践的角度来看，有以下方面的思考：

一、关于以九芝堂公开市价为基础确定商誉的合理性问题

基于九芝堂公开市价通过倒挤法计算的商誉中，包含上市公司流动性溢价、重组预期与壳资源的稀缺性等因素所造成的巨大差价，这些差价并不符合商誉的基本定义和经济实质，与上市公司原有的业务也并没有直接的联系，无法为公司带来任何预期可流入的经济利益，不应划分为商誉，也不属于公司的资产。

基于我国上市公司壳资源的稀缺性，上市公司的市盈率普遍偏高，市值同上市公司主营业务的估值存在一定偏差。正如上述计算过程所述，如直接以九芝堂在购买日的股票市场上的公开报价计算合并成本，与九芝堂实际原有业务的估值相差巨大，这个差距一部分是由于其股份可在活跃市场上交易而导致的估值溢价，这种股票流通更多体现的是一种融资机会，是一种流通溢价，也不一定能够为企业带来未来的经济利益，因此不符合商誉的定义，也不符合会计准则中关于资产的定义。

二、关于以收益法评估上市公司的公允价值为基础确定商誉的合理性问题

采用收益法评估上市公司的公允价值作为合并成本，在现有会计准则下也是

符合规定的，其合规性的依据体现在以下两个方面：

首先，企业会计准则讲解中指出，反向购买中的购买方的权益性证券在购买日不存在可靠公开报价的，应按照购买方的公允价值和被购买方的公允价值两者中有更为明显证据支持的作为基础。在本案例中，购买方友搏药业作为非上市公司，其股权在购买日不存在公开报价，因此可以采用被购买方的公允价值作为基础计算合并成本。但因为被购买方股票的公开市场价格中有上市公司自身内在业务的公允价值、流动性溢价以及控制权溢价等多重影响因素，如果按照上市公司股票的公开市场价格来确定合并成本，其得到的商誉包含流动性溢价及控制权溢价，而这两个部分不形成反向购买后上市公司的资产，所以不符合企业会计准则中的资产定义。因此，根据企业会计准则确认的商誉，应将这两部分不属于商誉的溢价剔除。

其次，根据证监会的相关规定，如果上市公司的董事会对企业合并决议的公告日与购买日之间间隔较长，且股票价格在这个时间间隔中发生了剧烈波动的情况下，企业可以对其公司发行的股票进行估值，采用适当的估值技术，确定上市公司所发行的权益性证券的价值，而不采用当日的公开报价作为合并成本的计量基础。这一规定表明，在非同一控制下的企业合并中，除了用上市公司股票的公开报价确认合并成本，也可以采用适当的估值技术。反向购买属于非同一控制的企业合并，因此会计实践中可以采用适当的估值技术来确定合并成本。

综上所述，相较于企业会计准则中的原则性规定，友搏药业采用收益法确定九芝堂于购买日原有业务的公允价值，并以此作为反向购买的合并成本去计算商誉，能更加真实地反映商誉的本质，规避了巨额商誉带来的减值风险，也不违反会计准则和监管的相关规定，可以为反向购买中商誉如何准确地计量提供一种切实可行的参考。

总体来看，我国现行会计准则对反向购买中商誉的计量仍存在着一些有待完善的地方，主要体现在：反向购买若以上市公司市价为基础计算形成的巨额商誉中，有很大一部分来自上市公司作为壳资源的溢价，根据商誉的经济本质，这一部分应从商誉金额中剔除，但现行倒挤式的商誉计算方法，将本不应该属于商誉的溢价部分都计算在内，不仅为企业后续经营带来巨大风险，也不符合交易的经济实质。比如，此案例中九芝堂对商誉的两种处理方式，差异竟达到20多亿元，可见商誉的计量确实需要选择合适的方法去处理，否则可能产生严重的偏差。通过友搏药业反向购买九芝堂这一典型案例中对商誉确认和计量的处理，为反向购买的商誉计量问题提供了一种全新的解决思路。

如前所述，商誉等于合并成本减去被购买方可辨认净资产公允价值的份额。如果通过调增可辨认净资产公允价值去避免大额商誉的计量，未来可辨认净资产将有很大的风险面临大额减值的侵蚀。因此，可以通过改变以往对合并成本的计量方式，剔除上市公司流动性溢价的影响，进而更加真实地反映合并时产生的商誉，这不失为一种科学且合理的选择。我国会计准则应该更加积极地汲取实务操作中的创新点，对于那些既能够达到可靠计量的目的又符合经济实质的方法，我们应该积极鼓励并大力推崇。

第五章　并购会计中的股份支付

第一节　规避股份支付的缘起

一、股份支付及其分类

1. 股份支付的含义

顾名思义，股份支付即是以股份为基础的支付，《企业会计准则第 11 号——股份支付》规定，股份支付，指企业为获取职工和其他方提供服务而授予其权益工具或者因此而承担以权益工具为基础确定的负债的交易。

在会计实践中，是否以股份为基础的支付都是企业会计准则所界定的股份支付呢？其实不然。为什么要首先讨论这个问题呢？笔者有一个观点叫作报表决定论。所谓报表决定论，指财务报表是财会工作的最终产品，我们之所以关注企业会计准则对一项业务的规定和处理，本质上是因为不同的规定和处理最终会对财务报表产生不同的影响。也就是说，讨论企业会计准则对股份支付的界定和准则的适用性，是因为适用《企业会计准则第 11 号——股份支付》与否会对财务报表产生不同的影响。确定一项交易是否适用股份支付会计准则的规定，通常要满足一些基本特征，这些特征包括：

第一，股份支付是企业与职工或其他方间发生的交易。在实务中，以股份为基础的支付可能发生在企业与股东之间、合并交易中的合并方与被合并方之间以及企业与其职工之间，其中，只有发生在企业与其职工或向企业提供服务的其他方之间的交易，才可能符合股份支付的定义。

第二，股份支付是以获取职工或其他方服务为目的的交易。这一特征有两个方面的含义：一是企业在股份支付交易中旨在获取其职工或其他方提供的服务

（费用）或取得这些服务的权利（资产），股份支付是一项有特定目的的交易；二是企业获取这些服务或权利的目的是用于其正常生产经营，不是以投机为目的而转手获利等。

第三，股份支付交易的对价或其定价与企业自身权益工具未来的价值密切相关。我们知道，有交易必然有对价或定价，那么，股份支付交易的对价或定价是如何确定的呢？股份支付交易与企业与其职工间其他类型交易的最大不同，是其交易对价或定价与企业自身权益工具未来的价值密切相关。在股份支付交易中，企业要么直接向职工支付其自身权益工具，要么向职工支付一笔现金，而支付现金金额的高低取决于结算时企业自身权益工具的公允价值。上述对价或定价的特殊性，是股份支付定义中最突出的特征。值得注意的是，这里的企业自身权益工具既包括会计主体本身的权益工具，也包括其母公司以及同一集团内其他会计主体的权益工具。

上述定义和三个基本特征构成了会计上股份支付的完整内涵，这是我们在会计实践中认定股份支付的主要遵循。

2. 股份支付的会计分类

股份支付可以按照多种方式进行分类，现行会计准则采取的二分法的思路，依据最终用什么对股份支付合约进行结算，将其划分为以权益结算的股份支付和以现金结算的股份支付两大类。其中，以权益结算的股份支付可进一步分为限制性股票和股票期权两小类；以现金结算的股份支付可进一步分为模拟股票和现金股票增值权两小类。在前面有关章节的论述中，笔者曾经提及，会计是一门分类的科学，分类要遵循完整性和互斥性的原则，横要到边，竖要到底，关于对股份支付会计分类的理解，仍然要遵循这一原则，两大分类，非此即彼。

（1）以权益结算的股份支付。以权益结算的股份支付，指企业为获取服务而以股份或其他权益工具作为支付手段进行结算的交易。以权益结算的股份支付最常用的工具有两类：限制性股票和股票期权。

限制性股票指职工或其他方按照股份支付协议规定的条款和条件，从企业获得一定数量的本企业股票。由于职工出售股票要受到持续服务期限条款或业绩条件的限制，即需要一个确定的等待期后或在满足特定业绩指标之后才能出售，故称为限制性股票。限制性股票在解除限制前不得用于转让、担保或者偿还债务；限制性股票是已经现实持有的、归属受到限制的收益，因而能够起到激励人和吸引人的作用；限制性股票通常适用于成熟型企业或者对资金投入不是非常高的企业。按照规定，我国企业在授予激励对象限制性股票时，应当在股票激励计划中明确诸多具体的条款，如获取股票的业绩条件、禁售期限、授予价格等。

股票期权是期权的一种，指企业授予职工或其他方在未来一定期限内以预先确定的价格和条件购买本企业一定数量股票的权利。激励对象有权行使或放弃这种权利，但通常也不得用于转让、担保或者偿还债务；从企业的角度讲，如果激励对象最终行使这种权利，则企业有义务按照合约的要求以股票进行结算。股票期权的特点是高风险和高回报，通常适用于处于成长初期的企业或扩张期的企业。

（2）以现金结算的股份支付。以现金结算的股份支付，指企业为获取服务而承担的以股份或其他权益工具为基础计算的交付现金或其他资产的义务的交易。一项股份支付如果不是以权益结算的股份支付，就应划分为以现金结算的股份支付；以现金结算的股份支付最常用的工具有两类——模拟股票和现金股票增值权。

模拟股票指企业授予激励对象一种虚拟的股票，激励对象可以根据被授予模拟股票的数量参与公司的分红并享受股价升值的收益，但因为该股票是模拟的，所以通常没有所有权和表决权，也不能转让和出售，且在激励对象离开公司时会自动失效。从基本特征和操作方法上看，模拟股票和股票期权较为类似，但模拟股票不是实质性的股票认购权，由于最终用现金进行结算，因此模拟股票在本质上可以看作是奖金的延期支付，其资金通常来源于企业的激励基金。因为模拟股票模拟的特点，一些非上市公司可以将公司的净资产折算成若干数量的股份，通过模拟股票的方式进行股权激励。

现金股票增值权指企业授予激励对象在未来一定时期和约定条件下，获得规定数量的股票价格上升所带来收益的权利；被授予人在约定条件下行权，公司按照行权日与授权日二级市场股票差价乘以授予股票数量，发放给被授予人相应的现金，所以其在分类上属于以现金结算的股份支付。会计实践中，现金股票增值权的行权期一般会超过激励对象的任职期限，这样有助于约束激励对象的短期行为，此类股份支付工具通常适用于现金流量充裕、发展相对稳定的公司。

综上所述，模拟股票和现金股票增值权都是一种用现金支付模拟的股权激励机制，简单地说，模拟股票和现金股票增值权都与股票相挂钩，但最终均用现金实际支付。除不需实际行权和持有股票外，现金股票增值权的运作原理与股票期权是一样的，都是一种增值权形式的与股票价值挂钩的薪酬工具；除不需实际授予股票和持有股票外，模拟股票的运作原理与限制性股票也是一样的。

二、影响业绩的股份支付会计处理

关于股份支付的会计处理，国际上曾经有两种代表性的观点：一是利润分配观，即认为股份支付本质上是对利润的分配，应作为利润分配处理；二是成本费用观，即认为股份支付是企业生产经营活动过程中发生的一项成本费用，应作为成本费用处理。两种观点各有其理论依据和优缺点，现行会计准则普遍采用成本费用观，特别是在将股份支付定义为一项获取职工和其他方提供服务而授予其权益工具或者因此而承担以权益工具为基础确定的负债的交易时，成本费用观的理论依据相对来说更为充分，监管部门和准则制定者也更倾向于采用这一观点。但事物都是相对的，采用成本费用观进行股份支付会计处理的一个直接后果是影响企业的业绩，而这一定会遭到那些自身利益和企业业绩紧密相关的报表使用者的抵触或规避。我国现行《企业会计准则第 11 号——股份支付》采用的就是成本费用观，但由于我国的股份支付不包括为获取存货、固定资产等发生的股份支付，成本费用观就变成了单纯的费用观，即无论权益结算的股份支付还是现金结算的股份支付，其会计处理借方通常都计入管理费用，区别只是贷方所使用的账户不同。依据《企业会计准则第 11 号——股份支付》的规定，股份支付会计处理的基本原则和具体做法分述如下：

1. 基本原则

（1）权益结算股份支付的确认和计量原则。

对于换取职工服务的股份支付，企业应以股份支付所授予的权益工具的公允价值计量。企业应在等待期内的每个资产负债表日，以对可行权权益工具数量的最佳估计为基础，按照权益工具在授予日的公允价值，将当期取得的服务计入相关资产成本或当期费用，同时计入资本公积中的其他资本公积。

对于授予后立即可行权的换取职工提供服务的权益结算的股份支付（如授予限制性股票的股份支付），应在授予日按照权益工具的公允价值，将取得的服务计入相关资产成本或当期费用，同时计入资本公积中的股本溢价。

对于换取其他方服务的股份支付，企业应以股份支付所换取的服务的公允价值计量。企业应按照其他方服务在取得日的公允价值，将取得的服务计入相关资产成本或费用。如果其他方服务的公允价值不能可靠计量，但权益工具的公允价值能够可靠计量时，企业应按照权益工具在服务取得日的公允价值，将取得的服务计入相关资产成本或费用。

在极少数情况下，授予权益工具的公允价值无法可靠计量，企业应在获取服务的时点、后续的每个资产负债表日和结算日，以内在价值计量该权益工具，内在价值的变动应计入当期损益。同时，企业应以最终可行权或实际行权的权益工具数量为基础，确认取得服务的金额。内在价值指交易对方有权认购或取得的股份的公允价值，与其按照股份支付协议应当支付的价格间的差额。

（2）现金结算股份支付的确认和计量原则。

企业应在等待期内的每个资产负债表日，以对可行权情况的最佳估计为基础，按照企业承担负债的公允价值，将当期取得的服务计入相关资产成本或当期费用，同时计入负债，并在结算前的每个资产负债表日和结算日对负债的公允价值重新计量，将其变动计入损益。

对于授予后立即可行权的现金结算的股份支付（如授予虚拟股票或业绩股票的股份支付），企业应在授予日按照企业承担负债的公允价值计入相关资产成本或费用，同时计入负债，并在结算前的每个资产负债表日和结算日对负债的公允价值重新计量，将其变动计入损益。

2. 具体做法

股份支付的会计处理必须以完整、有效的股份支付协议为基础。除立即可行权的股份支付外，无论是权益结算的股份支付，还是现金结算的股份支付，企业在授予日均不作会计处理。在等待期内，每个资产负债表日以及可行权日之后，权益结算的股份支付与现金结算的股份支付会计处理存在差异，在等待期内的每个资产负债表日，企业应将取得职工或其他方提供的服务计入成本费用，同时确认所有者权益或负债。对于附有市场条件的股份支付，只要职工满足了其他所有非市场条件，企业就应确认已取得的服务。在等待期内的每个资产负债表日，企业应根据最新取得的可行权职工人数变动等后续信息作出最佳估计，修正预计可行权的权益工具数量。在可行权日，最终预计可行权权益工具的数量应与实际可行权权益工具的数量一致。企业根据上述权益工具的公允价值和预计可行权的权益工具数量，计算截至当期累计应确认的成本费用金额，再减去前期累计已确认金额，作为当期应确认的成本费用金额。具体会计处理如下：

（1）权益结算股份支付的具体处理。

在等待期内每个资产负债表日，对于权益结算的涉及职工的股份支付，应按照授予日权益工具的公允价值计入成本费用和资本公积（其他资本公积），不确认其后续公允价值变动，并按照每年分摊的成本费用金额，借记"管理费用"等科目，贷记"资本公积——其他资本公积"科目。

对于权益结算的股份支付，在可行权日后不再对已确认的成本费用和所有者权益总额进行调整。企业应在行权日根据行权情况，确认股本和股本溢价，同时结转等待期内确认的资本公积（其他资本公积）。在行权日，按照行权收到的价款，借记"银行存款"科目，按照增加的股本数量，贷记"股本"科目，按照差额，贷记"资本公积——股本溢价"科目。

（2）现金结算股份支付的具体处理。

在等待期内每个资产负债表日，对于现金结算的涉及职工的股份支付，企业应按照每个资产负债表日权益工具的公允价值重新计量相关成本费用和应付职工薪酬，并按照每年分摊的成本费用金额，借记"管理费用"等科目，贷记"应付职工薪酬"科目。

对于现金结算的股份支付，企业在可行权日后不再确认成本费用，负债（应付职工薪酬）公允价值的变动应当计入当期损益（公允价值变动损益）。按照公允价值的变动，借记"公允价值变动损益"科目，贷记"应付职工薪酬"科目，或作相反的会计分录。企业应在行权日根据行权情况，按照实际支付的价款，借记"应付职工薪酬"科目，贷记"银行存款"科目。

三、股份支付的认定

如前所述，总体来说，股份支付的认定要符合前述股份支付的定义和基本特征，同时要契合股份支付分类中提及的相关类型。但是，在我国资本市场实践中，公司首发上市或通过并购重组上市，往往会涉及一些特殊的股份支付的认定问题，一些公司为了满足首发上市或并购重组中的监管要求，抑或是为了美化其财务数据，往往以股份代持等为由而规避股份支付的会计处理。对此，需要明确的是，发行人报告期内为获取职工和其他方提供服务而授予股份的交易，在编制申报会计报表时，应严格按照《企业会计准则第 11 号——股份支付》相关规定进行处理。

根据《首发业务若干问题解答（2020 年 6 月修订）》，对于报告期内发行人向职工（含持股平台）、客户、供应商等新增股份，以及主要股东及其关联方向职工（含持股平台）、客户、供应商等转让股份，均应考虑是否适用《企业会计准则第 11 号——股份支付》。对于报告期前的股份支付事项，如对期初未分配利润造成重大影响的，也应考虑是否适用《企业会计准则第 11 号——股份支付》。有充分证据支持属于同一次股权激励方案、决策程序、相关协议而实施的股份支付事项的，原则上一并考虑适用。

对于为发行人提供服务的实际控制人或老股东以低于股份公允价值的价格增资入股事项，如果根据增资协议，并非所有股东均有权按各自原持股比例获得新增股份，对于实际控制人或老股东超过其原持股比例而获得的新增股份，应属于股份支付；如果增资协议约定，所有股东均有权按各自原持股比例获得新增股份，但股东间转让新增股份受让权且构成集团内股份支付，导致实际控制人或老股东超过其原持股比例获得的新增股份，也属于股份支付。对于实际控制人或老股东原持股比例，应按照相关股东直接持有与穿透控股平台后间接持有的股份比例合并计算。

通常情况下，解决股份代持等规范措施导致股份变动，家族内部财产分割、继承、赠与等非交易行为导致股权变动，资产重组、业务并购、持股方式转换、向老股东同比例配售新股等导致股权变动等，在有充分证据支持相关股份获取与发行人获得其服务无关的情况下，一般无须作为股份支付处理。

第二节 典型案例分析

依据我国现行《企业会计准则第 11 号——股份支付》的相关规定，无论权益结算的股份支付还是现金结算的股份支付，其会计处理都采用成本费用观，即借方都记入管理费用等账户，从而影响相关企业利润的计算。在并购重组实践中，有一些标的资产为了美化业绩、提高估值等目的，往往会采用股份代持等方式规避股份支付的认定和会计处理。本案例以神州泰岳并购天津壳木为例，具体探讨并购重组中股份支付的相关问题。

一、交易背景

（一）上市公司基本情况

1. 公司情况介绍

北京神州泰岳软件股份有限公司（以下简称"神州泰岳"，股票代码：300002）成立于 2001 年，2009 年成为深圳证券交易所创业板首批上市公司之一。此后经过多年发展，神州泰岳目前总资产规模 70 亿元左右，拥有控股子公司和分公司 50 余家，成为国内领先的综合类软件产品及服务的提供商。公司现有员工 3600 余人，是"国家规划布局内重点软件企业""国家级企业技术中心"。

神州泰岳的主要客户对象是电信运营商、金融机构、能源企业和政府。其业务构成重点是运维管理和互联网运营，同时涉及电子商务和物联网。神州泰岳在着重发展自身原本重点业务的基础上，近些年通过积极并购整合其他互联网相关业务，为自身相关多元化的发展战略助力。神州泰岳坚持"价值引导，创新驱动"的发展理念，目前已形成了包括人工智能和大数据、物联网与通信、ICT 运营管理和手机游戏在内的四大业务板块，致力于持续用信息技术推动行业发展和社会进步。

2. 收购目的

2011 年后，移动互联网在全球范围内迅速扩展，移动游戏产业前景日益广阔。硬件方面，智能设备的性能和续航能力持续提高；软件方面，游戏产品的创新性和趣味性也有了较大跃升。从市场角度来看，移动游戏的商业模式越发成熟，市场规模也持续保持着极大的增长潜力，移动游戏市场越来越成为我国网络游戏市场中增速最快的细分市场。

伴随着移动游戏产业的蓬勃发展，国内资本市场于 2013 年出现了游戏产业并购热潮。其中，除了传统企业对游戏企业的并购、游戏企业之间的同业并购以外，更多的是互联网相关领域的企业通过并购拥有良好游戏产品和研发实力的游戏企业，为自身相关多元化发展服务，获取互联网开发运营等方面的协同效应，例如本案例涉及的并购方神州泰岳。此外，在并购溢价方面，2013 年游戏企业并购的平均溢价率高达 1860.88%，充分体现了资本市场对游戏产业发展的乐观态度，以及并购方对于优质游戏资产的追逐热情。

（二）标的资产基本情况

1. 标的资产情况介绍

天津壳木软件有限责任公司（以下简称"天津壳木"）成立于 2012 年 12 月 21 日，由自然人李毅和陈炯梅共同出资设立，注册资本为人民币 500 万元。天津壳木的业务范围包括应用软件服务、基础软件服务、计算机系统服务及技术开发推广服务等。天津壳木除了百分百控股北京壳木软件有限责任公司（以下简称"北京壳木"）以外，没有其他业务。

天津骆壳科技信息咨询合伙企业（有限合伙）（以下简称"天津骆壳"）成立于 2013 年 7 月 24 日，是由北京壳木的中高层管理人员及骨干员工投资设立的合伙企业。2013 年 7 月 30 日，李毅和陈炯梅与天津骆壳、戴志康、高宇扬、李章晶签订股权转让协议转让天津壳木部分股权。转让后，李毅持股 74%，天津骆壳持股 12%，戴志康持股 5%，高宇扬持股 5%，李章晶持股 4%。

2. 标的资产经营状况

北京壳木成立于 2011 年 7 月，作为天津壳木的业务经营实体，主要经营移动游戏的开发和运营。自 2011 年至并购前，天津壳木的营收增长迅速，年均营收增长率分别为 2816.88% 和 195.51%。其收入来源的产品非常单一，绝大部分的营收来自同一款移动游戏产品《小小帝国》。

二、交易过程

神州泰岳 2013 年并购时三年一期的财务数据如表 5-1 所示。

表 5-1　神州泰岳主要财务数据　　　　单位：万元

项目	2013 年 6 月	2012 年	2011 年	2010 年
资产总额	368400.75	351695.40	327183.98	274295.68
负债总额	35056.85	30398.47	42105.38	18918.06
净资产	333343.90	321296.93	285078.61	255377.62
归属于母公司股东的所有者权益	331407.82	319237.37	283207.08	255077.62
营业收入	95558.56	140951.29	115725.81	84162.90

续表

项目	2013 年 6 月	2012 年	2011 年	2010 年
利润总额	31974.04	44510.45	38418.91	36540.77
净利润	26745.48	42690.92	35119.65	32717.76
归属于母公司股东的净利润	26868.97	42902.89	35319.28	32791.56

2013 年 8 月 21 日，神州泰岳与天津壳木所有股东签订了《发行股份及支付现金购买资产协议》，约定通过发行股份及支付现金购买李毅等持有的天津壳木全部股权，本次交易已于同年 9 月 24 日经神州泰岳临时股东大会审议通过，并于 2014 年 3 月获中国证监会核准。具体交易情况如表 5-2 所示。

表 5-2　天津壳木股东持股情况

天津壳木股东	持有天津壳木股份的比例（%）	神州泰岳取得天津壳木股权的支付方式		交易后持有神州泰岳股份数（股）
		现金对价占应取得对价的比例（%）	非公开发行股份支付对价占应取得对价的比例（%）	
李毅	74	30	70	37579802
天津骆壳	12	30	70	6094022
戴志康	5	100	0	0
高宇扬	5	100	0	0
李章晶	4	30	70	2031340

经专业评估机构的评估，上述股权的预估值约 12.17 亿元，神州泰岳与李毅等交易对方协商后约定标的公司股权交易的价格为 12.15 亿元。为了实现此次交易，神州泰岳需要向天津壳木所有股东发行 45705164 股股份并支付现金共计人民币 42750 万元。交易完成后，天津壳木将变为神州泰岳的全资子公司，北京壳木作为天津壳木的业务经营实体，成为神州泰岳的孙公司。李毅将持有神州泰岳 5.7% 的股份，成为公司的关联方；天津骆壳和李章晶持有的股份比例分别为 0.92% 和 0.31%。

在股份发行方面，非公开发行以神州泰岳第五届董事会第七次会议的决议公告日为定价基准日，发行价 17.23 元/股是按照定价基准日前 20 个交易日公司股票的交易均价来确定的。此后，根据公司 2013 年资本公积转增股本和利润分配的情况，发行价调整为 8.49 元/股，股份发行数量因此对应调整为 92756183 股，其中向李毅发行 76266195 股，向天津骆壳发行 12367491 股，向李章晶发行 4122497 股。

在现金对价方面，神州泰岳采取了分期支付的方式。由于天津壳木原股东持股比例、未来承担的风险和责任等存在差异，神州泰岳对天津壳木的原股东分期支付现金的金额也相应不同。分期支付现金的时间点分别是证监会核准文件颁布10日内，事务所出具天津壳木2014年度审计报告后10日内，以及事务所出具天津壳木2015年度审计报告后10日内。

三、关注问题：标的资产给予高管的股份是否属于股份支付

（一）相关规定和理论基础

如前所述，我国现行《企业会计准则第11号——股份支付》对股份支付有较为严格的界定，根据该准则的规定，股份支付指企业为获取职工和其他方提供服务而授予权益工具或者承担以权益工具为基础确定的负债交易。这一定义揭示了股份支付在交易目的、交易对象和结算方式三个方面的基本特征。股份支付分为以权益结算的股份支付和以现金结算的股份支付，其中，以权益结算的股份支付指企业为获取服务以股份或其他权益工具作为对价进行结算的交易；以现金结算的股份支付指除权益结算股份支付之外的股份支付，或具体指企业为获取服务承担以股份或其他权益工具为基础计算确定的交付现金或其他资产义务的交易。

关于股份支付的会计处理，我国现行《企业会计准则第11号——股份支付》采用的是成本费用观，即无论是权益结算的股份支付还是现金结算的股份支付，其借方列支的账户通常都是管理费用等账户。股份支付会计处理的基本原则前面已经述及，此处不再赘述；股份支付会计处理方法示例如表5-3所示。

表5-3　股份支付会计处理方法示例

时间	以权益结算的股份支付	以现金结算的股份支付
授予日（除了立即可行权的股份支付外，均不进行会计处理）	借：管理费用 　　贷：资本公积——股本溢价	借：管理费用 　　贷：应付职工薪酬
资产负债表日（等待期内）	借：管理费用 　　贷：资本公积——其他资本公积	借：管理费用 　　贷：应付职工薪酬
可行权日后	不再对已确认的成本费用和所有者权益总额进行调整	借：公允价值变动损益 　　贷：应付职工薪酬
行权日	借：银行存款 　　　资本公积——其他资本公积 　　贷：股本 　　　资本公积——股本溢价	借：应付职工薪酬 　　贷：银行存款

（二）案例做法

壳木软件初创时，受限于资金实力等因素，公司股东李毅曾与北京壳木的部分员工约定了股权激励计划，以提高团队的稳定性和积极性。主要约定内容包括：①依据员工工作年限、工作表现分年度授予一定比例的股权，工作满一年后根据当年获授的股权享受相应表决权和收益权；②员工获授股权暂不进行公司章程、股东名册的变更及工商登记手续，工作时间达到三年再办理所获股权的工商变更登记；③员工在上市之前离职的，解除所获授股权。此后，李毅与上述在职员工共同设立了天津骆壳，将股权激励的权益转至天津骆壳并解除了上述约定。该股权出让于 2013 年 8 月 7 日完成，出让价格以出让时天津壳木的出资额为定价依据。由于李毅在天津骆壳的出资比例为 12.96%，出让完成后，天津骆壳除李毅外的其他合伙人直接和间接持有天津壳木 14.44% 的股份，这也就是此次股权激励对天津壳木的股权影响数。

然而，神州泰岳关于此次以现金及发行股份购买资产的申请显示，天津壳木并未将此次股份激励作为股份支付处理。对此，天津壳木给出的理由包括：公司成立之初，股权激励缺乏系统规范的文件，难以按照股份支付会计准则处理；股权激励对象签署协议的时间不同，难以取得各自的公允价值；历史上没有对进行股权激励的股份进行变更登记以确定权利义务；获得股权激励的人员及其所获得的股份数与其间接持有天津壳木股权的比例不相同等。

上述股权激励事项中，天津壳木的实际控制人李毅同时是天津骆壳的一名有限合伙人，而天津骆壳的合伙人又是北京壳木的高管及核心员工，而且员工与北京壳木签订的《赠股协议书》明确了赠股的时间和比例，根据实质重于形式的原则，此次股权激励事项应依照《企业会计准则第 11 号——股份支付》的有关规定作股份支付处理。此次股权转让协议签订于 2013 年 7 月 30 日，转让于 2013 年 8 月 7 日完成，此后不久神州泰岳便与天津壳木签订了收购协议。

2014 年 1 月 17 日，经证监会并购重组委第 4 次会议审核，神州泰岳发行股份购买资产方案获"有条件通过"，条件为"请申请人补充披露标的资产股权激励安排对报告期和盈利预测期间的损益影响"。此后神州泰岳在落实材料中以标的资产账面净资产为参考确认了股份的公允价值，以该账面净资产值为基础测算了股权激励安排对损益的影响。针对神州泰岳的反馈落实情况，重组委委员认为，以标的资产账面净资产为参考确认股份的公允价值并不合理，要求标的资产管理层和审计师进一步披露以历史上与独立第三方股权交易的价格为基础调整的公允价值确认股份支付费用对损益的影响。针对重组委的要求，神州泰岳在第二次落实材料中以标的资产 2011 年发生的股份转让价格为参考确认公允价值，以该股份转让价格为基础测算了股权激励安排对损益的影响。对此，重组委委员认为，标的资产股权激励安排发生在 2013 年 8 月，以标的资产 2011 年发生的股权转让价格为参考确认公允价值仍然不合理，两年前标的资产正式业务尚未开始，为此进一步要求标的资产比照 2013 年 8 月前后与独立第三方股权交易价格测算股份支付费用对损益的影响。显然，重组委委员与发行股份购买资产申请人在如何确认股份支付公允价值上存在分歧。

第三节　进一步讨论和思考

从上述案例中可以看出，股权激励安排中股份支付的会计处理是上市公司并购重组中一个较为重要的问题，同时是一个相对普遍的问题。并购重组审核中关注的内容主要有三个：股权激励中的股份支付如何认定；是否应按照会计准则的要求将股份支付确认为费用；股份支付中股份的公允价值如何计量？

一、关于股权激励中股份支付的认定问题

针对这一问题，我们在前面已经有过初步的讨论，即总体上应该依据《企业会计准则第 11 号——股份支付》中关于股份支付的定义及其揭示的三个基本特征作出判断。但是，在我国资本市场实践中，公司首发上市或通过并购重组上市，往往会涉及一些特殊的股份支付的认定问题，如我们在本章第一部分提及的股份代持规避股份支付、IPO 中发行人向职工（含持股平台）、客户、供应商等新增股份，以及主要股东及其关联方向职工（含持股平台）、客户、供应商等转让股份，为发行人提供服务的实际控制人或老股东以低于股份公允价值的价格增资入股事项等。

此外，会计实践中，还有一些特殊问题需要结合具体情况作出判断。例如，关于实际控制人回购持股平台股份是否构成股份支付的判断问题。甲公司设立持股平台用于激励核心骨干人员，甲公司实际控制人为合伙企业的普通合伙人与执行事务合伙人。2017 年，持股平台激励核心骨干，以 5 元/股价格向持股平台发行股份，同时要求持股平台合伙人服务 3 年。2020 年，持股平台某有限合伙人离职，以约定的转让价格 6 元/股将其所持有的合伙份额转让给普通合伙人，甲公司拟将该部分合伙份额以 6 元/股价格再次授予其他员工，是否构成股份支付？实践中该问题往往要作个案判断。在甲公司这个案例中，持股平台普通合伙人受让离职员工的份额是否构成股份支付的关键是对股份代持的判断。如果有充分的证据表明是代持，则回购不作为新的股份支付。充分的证据包括但不限于：①回

购前应当明确约定回购股份将再次授予其他员工；②对再次授予其他员工有相对明确合理的时间安排；③在再次授予其他员工之前的持有期间，回购所形成合伙份额相关的利益安排（如股利等）与代持未形成明显的冲突。

再如，关于"大股东兜底式"员工持股计划是否属于股份支付问题。乙上市公司以设立信托计划的形式实施员工持股计划，信托计划在成立时从二级市场上购买上市公司股票，价格公允，上市公司的员工并没有直接获益。同时约定上市公司控股股东对信托计划所持股票的后续价格变动进行兜底的条款，若股票价格上涨，信托计划收益归员工所有；若股票价格下跌，损失由上市公司的控股股东承担。从上市公司控股股东合并报表来看，为获取员工的服务，上市公司控股股东额外支付了对价，承诺承担股票价格下行风险带来的损失。乙上市公司针对"大股东兜底式"的员工持股计划，是否应作为股份支付？实践中，该问题具有一定的代表性。结合股份支付准则分析，员工获得的利益与上市公司股票价格上行收益有关，表明交付现金的金额与上市公司权益工具未来的价格相关，应属于"为获取服务承担以股份为基础计算确定的交付现金的交易"，控股股东在合并报表层面应作为现金结算的股份支付。乙上市公司没有结算义务，应将该股份支付交易作为权益结算的股份支付处理。

二、关于是否将股份支付确认为费用问题

前文已经提及，理论界和实务界关于股份支付是否确认为费用问题一直都存在争议，主要有两种主流观点——成本费用观和利润分配观。成本费用观认为，股份支付是企业为补偿员工将来要提供的服务而发生的一项经济利益的让渡。根据配比原则，应将股份支付金额在员工提供服务的期间确认为企业的一项成本费用列入利润表。利润分配观认为，按照现代企业理论，股份支付的经济实质是员工参与企业剩余索取权的分享，行权前的员工实际上成为企业的非股东所有者。因此，应将股份支付确认为企业的利润分配，从而不对损益构成影响。

目前，国际上对股份支付的会计处理以成本费用观为基础，我国也采取国际通行的做法，即对股份支付采取费用化处理。然而，由于股份支付金额直接计入损益，势必对公司业绩产生较大的影响，从而会在资本市场形成一定的负向效应。因此，很多 IPO 企业或重组中的标的企业都采取各种手段去规避股份支付的处理，如把原本属于股份支付的业务说成是股份代持的还原或认为股份激励缺乏有效的文件支持等。对此，监管层要求申报企业要严格遵循股份支付会计准则的相关规定，进而在此基础上，合理规划股份支付的份额与幅度，对费用进行准确摊销，降低股份支付计划对业绩造成的影响。另外，由于股权激励着眼于企业的长期发展，其激励效果的发挥需要一个较为漫长的过程，难以在短期内改变企业

的经营状况，相比之下，无论是以权益结算的股份支付还是以现金结算的股份支付，都会有一笔庞大的费用计入当期损益。因此，执行股份支付的企业前期很可能面临利润大幅下滑的后果，甚至出现由盈转亏的现象。财务报表使用者在对其进行财务分析时应理性看待这种现象，重点关注企业披露的股份支付执行情况，关注费用化处理对当期利润可能造成的影响，并且在剔除这一影响后去分析企业的经营状况，切莫只看表面盈亏而忽略业务实质。

正因为股份支付确认费用对业绩的影响，在本案例神州泰岳通过现金和股份支付方式收购天津壳木 100% 股权那段时间，IPO 项目关于股份支付会计处理的实践中，主板和中小板企业均按照股份支付确认费用处理，但创业板却未按照股份支付确认费用处理。这也是我国资本市场发展的阶段性特征和不同板块在一些特殊事项会计处理上所呈现出的各自的特点。

三、关于股份支付中股份公允价值确定问题

依据《企业会计准则第 11 号——股份支付》的规定，企业换取职工服务的权益结算的股份支付，应以股份支付所授予的权益工具的公允价值计量；换取其他方服务的权益结算的股份支付，应以股份支付所换取服务的公允价值计量；以现金结算的股份支付，应按照企业所承担负债的公允价值计量。总之，股份支付按公允价值计量是其会计处理的基本要求，但公允价值如何取得和确定呢？

我们先看两个上市公司股份支付中公允价值确定的具体问题。第一个案例涉及股份支付中授予日的确定。丙公司于 2020 年 8 月 1 日至 9 月 10 日从二级市场回购股份 500 万股，回购均价为 10 元/股。披露回购股份方案时已说明该回购方案已经公司董事会、股东大会审议通过，并已明确未来所回购股份的用途包括用于员工持股计划以及用于员工持股计划的具体数量。2020 年 10 月 15 日，丙公司股东会决议通过员工持股计划，将回购的 500 万份股票全部转让给员工持股计划，转让价格为 6 元，公司股票收盘价格为 12 元/股，持股计划拟授予的激励对象及具体股份数量尚未确定。2020 年 12 月 1 日，公司确定了具体激励对象及股份数量，当日股票收盘价格为 14 元/股。丙公司在确定股份支付时，用于支付的股份的公允价值如何确定？该问题具有一定的代表性。根据《〈企业会计准则第 11 号——股份支付〉应用指南》（财会〔2006〕18 号）的规定，授予日指股份支付协议获得批准的日期。其中"获得批准"指企业与职工或其他方就股份支付的协议条款和条件已达成一致，该协议获得股东大会或类似机构的批准。在丙公司这个案例中，根据实质性判断，授予日应是丙公司确定了具体激励对象及股份数量且相关协议获得股东会批准孰晚的日期，即 2020 年 12 月 1 日，所以用于支付的股份的公允价值应为 14 元/股。

第二个案例涉及股份支付中"第二类限制性股票"的处理。丁科创板上市公司选择采用"第二类限制性股票"的方式对部分员工进行股权激励。第二类限制性股票在流程上不需要相关员工在授予日（或靠近授予日的某一个时点）即出资并获得股票，而是等到相关员工满足可行权条件后，再由其实际出资获得相应股票。公司在第二类限制性股票的股权激励计划中还规定，满足可行权条件后，激励对象可以以授予价格购买公司向激励对象增发的公司 A 股普通股股票，即满足可行权条件后，员工可以选择按照授予价格购买股票，也可以选择不缴纳认股款，放弃取得相应股票。对于第二类限制性股票，如何确定股份支付的公允价值？该问题具有普遍性和代表性。我们认为，在丁公司这个案例中，第二类限制性股票实质上是一项股票期权，员工通过提供服务获得在某个时点或时段以约定的授予价格购买一定数量公司股票的权利。因此，公司应按照股票期权的估值方法确定授予日股票期权的公允价值，并以此为基础计算股份支付的费用。

让我们再回到神州泰岳通过现金和股份支付方式收购天津壳木这个案例中，从这个案例可以看出，并购重组实践中，标的资产往往是一家未上市的企业，此时对股份支付公允价值的确定可能有多种选择，或者对股份支付所涉及的权益工具公允价值和所承担负债的公允价值可能有不同的确定方法。

在天津壳木确定权益工具的公允价值时，作为本次企业合并独立财务顾问的中信证券认为，与本次交易估值受到业绩承诺及控制权溢价等多重因素影响相比，在 2014 年 1 月 A 股重启 IPO 的情况下，按照同行业企业 IPO 平均市盈率计算的公允价值更为合理。财务报表显示，天津壳木 2012 年归属于母公司股东的净利润为 1566.83 万元，实收资本为 100 万元；根据 Wind 资讯统计数据，2014 年 1 月信息技术行业企业 IPO 平均静态市盈率（按 2012 年净利润计算）为 34.9。如果按此市盈率计算，天津壳木应确认的股权激励费用应为 1566.83×14.44%×34.9−100×14.44%＝7881.69（万元）。根据股份支付会计准则的要求，该项费用应作为经常性损益确认，并减少同期净利润，这无疑会对标的资产的过往业绩产生重大影响。

第六章 并购会计中的估值

第一节 估值与业绩承诺

一、估值的三种方法

估值是一切投资决策的灵魂，在并购交易中，它涉及对并购企业价值的评估、对被并购企业的价值评估和对并购后企业的价值评估三方面内容。对并购企业的价值进行评估，其目的在于选择适当的并购策略，明确一项并购交易可能给企业价值带来的变化；对被并购企业的价值进行评估，其目的在于明确并购交易的必要性和可行性，并让并购双方最终达成并购交易的价格；对并购后企业的价值进行评估，其目的在于科学地评价并购的协同效应，研判并购方案实施的效率和效果。上述三方面的价值评估各自独立，又彼此联系，构成了并购交易价值评估的完整闭环。但是，从一项并购交易的实际操作层面来看，对并购企业的价值评估和对并购后企业的价值评估，并非是并购交易过程的"规定动作"。相较而言，对被并购企业即标的资产的价值评估不同，只有科学合理地评估被并购企业的价值，才能为并购交易的定价奠定基础。

国内上市公司在并购重组中普遍使用的评估标的公司价值的方法通常有三种，分别是市场法、收益法和成本法。在具体确定使用哪种评估方法时，要结合本次评估的目的、评估对象、标的资产属性、被评估资产在公开市场上的可比性、相关数据的可获得性等多重因素综合考虑。评估方法的不同对评估后果和并购成本有很大的影响。在并购重组中，原则上应该选择两种方法对同一资产进行评估，并最终选择其中一种方法作为评估结论。

（一）市场法

1. 理论基础

市场法的理论基础是在一个竞争充分、交易活跃的市场上，相同或相似的资产的交易价格应该是相同或相似的。这类方法将评估对象与可比参照物进行比较，以可比参照物的市场价格为基础，对价值影响因素和交易条件存在的差异做出合理修正后，确定评估对象价值。正因如此，市场法也称作比较法或市场比较法。例如，企业价值评估中的交易案例比较法和上市公司比较法，单项资产评估中的直接比较法和间接比较法等，都属于市场法的范畴。

从理论上讲，市场法的运用需要具备两个条件：一是要有一个充分发育和活跃的市场；二是作为参照物的资产和被评估的资产两者之间的差异，以及可供比较的相关指标和技术参数能够收集并在价值形态上予以量化。相较而言，市场法是一种简单有效、直观明了的评估方法，特别是在我国资本市场的并购重组业务中，由于大多数标的资产都是非上市公司，如果可比公司有活跃市场交易的话，会极大地降低评估的复杂程度和提高估值的说服力。

在资本市场并购重组实践中，市场法通常是以交易活跃的同类企业的股价和财务数据为依据，计算出一些主要的财务比率，然后用这些财务比率作为乘数，计算出非上市公司和交易不活跃的上市公司的价值。

2. 核心概念

市场法的中心理念是可比性，当可比企业确定后，合理运用可比的乘数概念便可计算得出标的资产的价值。所以，市场法的核心概念本质上应该是一个乘数。当然，这个乘数可以是基于市场价格的乘数，也可以是基于企业价值的乘数。

（1）市盈率。市盈率是一个典型的基于市场价格的乘数，该指标为衡量股票投资价值或标的资产价值的一种动态指标。市盈率指在一个考察期（通常为1年）内，股票的价格和每股收益的比例。投资者通常利用该比率作为乘数估算某股票或标的资产的投资价值，或者用该指标在不同公司的股票之间进行比较。市盈率通常用"P/E"表示，分子P代表"Price Per Share"，表示每股的股价；分母E代表"Earnings Per Share"，表示每股收益。在具体计算标的资产估值时，用可比公司股票的价格与该股上一年度每股税后利润之比（P/E），得出一个倍数值，用该倍数值作为乘数，乘以标的资产的税后净利即可。

市盈率有历史市盈率和预测市盈率两种，前者是用过去1年的收益或若干期的平均收益计算得出的市盈率，后者是用未来1年的预测收益计算得出的市盈率。由于估值在本质上是对评估对象未来价值的评估，或者说并购交易中并购企业更关注的是被并购企业未来的收益，所以评估时通常选择预测市盈率。此外，如果用历史市盈率，考虑到收益的可持续性，一般要将过去收益中的非经常性损益扣除掉。

（2）企业价值倍数。企业价值倍数是一个典型的基于企业价值的乘数，该指标是企业价值与息税前利润或息税折旧摊销前利润的比率。投资者一般用该比率作为价值乘数估算标的资产的价值。企业价值倍数通常用"EV/EBIT"或"EV/EBITDA"表示，分子 EV 代表"Equity Value"，表示企业的价值；分母 EBIT 代表"Earnings Before Interest and Tax"，表示息税前利润，EBITDA 代表"Earnings Before Interest，Tax，Depreciation and Amortization"，表示利税折旧摊销前利润。

与市盈率从股东的角度出发进行的估值不同，企业价值倍数是从全体投资人的角度出发进行估值的。在企业价值倍数方法下，如果想要最终得到对股票市值或权益价值的估计，还必须减去债权的价值。如果缺乏活跃的债权市场，一般可以使用债务的账面价值作近似估计。在具体运用中，企业价值倍数法和市盈率法的使用前提一样，都要求企业预测的未来收益水平能够体现企业未来的收益流量和风险状况的主要特征，该要求体现在可比公司选择的各项假设和具体做法上。倘若没有这些前提条件，企业倍数法就失去了合理估值的功能。

3. 具体做法

首先，选择可以参照的企业。通常而言，市场法下可以参照的企业会是同一行业的企业，处在同一行业是可比性的基础。行业确定后，接下来要看企业的规模、具体的业务范围、市场占有率、财务绩效表现等，这些指标与被评估企业越接近，评估结果就越可靠。当然，在价值评估实践中，有时候很难找到与上述指标十分匹配的理想的可比企业，此时可以选出一组参照的企业，其中一部分具有经营上的可比性，另一部分具有财务上的可比性，在分组的基础上确定可以参照的企业。

其次，明确和确定市场法下的乘数。如前所述，市场法主要通过可比企业间的"乘数"落地，乘数可分为两大类：一类是基于市场价格的乘数；另一类是基于企业价值的乘数。前文已经述及，基于市场价格的乘数最典型的是市盈率，基于企业价值的乘数最典型的是 EV/EBITDA，两者的基本原理相同，但处理思路有别。当然，除这两个典型的乘数外，还可以选择计算其他能够恰当体现可比性的指标作为乘数，如价格收入比率（P/R），价格净现金流比率（P/CF），价格净资产比率（市净率，P/B）；企业价值息税前利润比率（EV/EBIT），企业价值自由现金流比率（EV/FCF）等。

再次，计算被评估企业的价值估计数。乘数确定后，接下来用这些不同的乘数与被评估企业经过调整后对应的财务数据相乘，计算得出一个被评估企业价值的估计数。需要注意的是，基于市盈率等乘数计算出的是股权价值的估计数，基于企业价值倍数等乘数计算出的是包括股权和债权在内的整体价值的估计数。不同乘数计算出的同一价值的估计数越接近，评估结果越可靠。

最后，加权平均确定被评估企业的价值。通常根据不同乘数计算得出的企业的价值是不一样的，由于每个乘数的内涵不同，所以需要对各个乘数计算出的被评估企业的价值赋予不同的权重，最终确定被评估企业的价值。权重的赋值没有统一标准，应根据被评估企业的具体情况和每一个乘数的实际影响而定。

4. 利弊辨析

市场法的关键词是"可比"，适用条件是评估对象的可比参照物具有公开市场和活跃交易，并且可以获得有关交易的必要信息。运用市场法对被并购企业价值进行评估时，评估过程直观清晰，简单高效，评估技术便于理解，评估结果易于被投资者、监管层和参与交易的各方所接受。在资本市场的投资分析中，特别是基于市盈率和市净率等乘数进行估值的方法，因其计算简单、模型浅显、数据易得而在实践中得到广泛应用。此外，对于那些资产较轻且未来经营业绩不稳定的公司，如期货公司等，由于成本法和收益法的运用受到很大限制，往往只能首选市场法进行评估。

市场法的局限性在于，现实生活中我们往往很难找到完全相同或者相近的可比公司，具体交易指标和财务数据上的匹配难度更大；市场法要求可比信息要来源于市场，而真实的市场总是千差万别、瞬息万变的。此外，尽管可比公司处于同一行业，但每个公司都有其自己的"个性"，企业文化、公司治理、技术路径、模式创新、管理层认知、员工素养等都决定了不存在真正意义上的可比。因此，我们对市场法在上市公司并购重组中的运用要有辩证和客观的认识。

（二）收益法

1. 理论基础

收益法的理论基础是资产未来收益决定资产的现实价值，未来收益高的资产，其现实价值就应该高，我们可以通过预期收益的多少来计量资产的现实价值。1906 年，美国耶鲁大学的费雪（Irving Fisher）在其专著《资本与收入的性质》中系统地论述了收入与资本的关系；1930 年，费雪在《利息理论》中更是形成了完整的关于运用收益法进行价值评估的框架，认为资产的价值是其未来现金流量的折现值。然而，费雪资产评估理论的不足是，其认为未来现金流量是无风险的，因而采用无风险的市场利率作为折现率。1958 年，莫迪格莱尼（Modigliani）和米勒（Miller）在《美国经济评论》上发表了《资本成本、公司融资和投资理论》一文，第一次论述了在不确定性情况下，企业价值与资本结构的关系，提出了企业价值的定义和评估方法。1961 年，莫迪格莱尼和米勒教授在

《商业杂志》上又发表了《股利政策、增长以及股票价格评估》一文，论证了股利政策对企业价值的影响，归纳和总结了企业价值的评估方法，大大促进了收益法的应用。1963 年，莫迪格莱尼和米勒教授又提出了存在企业所得税条件下的企业价值评估模型。上述经典的经济学论述和模型构成了收益法估值的理论基础。

收益法的关键词是"预期"，在并购重组业务中，其适用条件通常包括三个方面：一是评估对象的未来收益可以合理预期并能够用货币进行计量；二是预期收益所对应的风险能够度量；三是收益期限能够确定或者合理预期。企业价值评估中的现金流量折现法、股利折现法，无形资产评估中的增量收益法、超额收益法、节省许可费法等，都属于收益法的范畴。

收益法是目前并购市场上应用最为广泛的评估方法，其主要通过估算被评估企业未来的经济收益，并以一定的折现率折现计算出其评估价值。收益法包含了大量的未来信息，需要专业人员结合宏观经济环境、行业发展趋势、标的公司特点等诸多方面做出一系列的预测和假设，进而合理确定未来收益和折现率。由收益法的特点可知，采用此种方法对标的公司进行评估时，考虑的因素要多于报表信息，故而在对一些具有"轻资产"特征的公司进行估值时往往使用收益法。在此情形下，评估方需提供交易完成后标的公司三个会计年度的盈利预测数据。按照规定，交易对方应就盈利预测不足的情况签订明确可行的业绩补偿协议。因此，在使用收益法对并购重组的标的资产进行评估的情况下，估值、盈利预测和业绩对赌是三个密切联系且环环相扣的问题，这三个问题既是各个时期并购重组制度规范的重点，也是并购重组审核委员会在审核过程中关注的要点。

2. 核心概念

收益法是将评估对象的预期收益资本化或者折现，确定评估对象的价值。因此，预期收益和折现率的确定是收益法运用中的两个关键问题，其核心概念是自由现金流量和折现率。

（1）自由现金流量。自由现金流量折现作为一种企业价值评估的理论体系和方法体系，最早由美国西北大学拉巴波特（Rappaport）、哈佛大学詹森（Jensen）等于 20 世纪 80 年代提出的。经历了近 40 年的发展，自由现金流量已经成为企业价值评估领域使用最为广泛，理论体系最为健全的指标。

顾名思义，自由现金流量（Free Cash Flow，FCF），指企业可自由运用的现金流量，是由生产经营活动产生的现金流量扣减维持现有营运所需的资本支出和税金后的余额构成。企业可以用这些现金为公司的成长补充资金，也可以给股东发放现金股利，还可以用来清偿负债或是预留下来以备不测之需。

自由现金流量又分为企业股权自由现金流量和企业整体自由现金流量。其中，股权自由现金流量是指扣除所有开支、税收支付、投资需要以及还本付息支出之后的剩余现金流量，用于计算评估企业股权的价值；企业整体自由现金流量指企业扣除了所有经营支出、投资需要和税收之后的，在清偿债务前的剩余现金流量，用于计算评估企业的整体价值。

（2）折现率。折现率指将未来有限期预期收益折算成现值的比率。折现率是特定条件下的收益率，说明资产取得该项收益的收益率水平。在收益一定的情况下，收益率越高，意味着单位资产增值率高，所有者拥有资产价值低，因此收益率越高，资产评估值越低。

折现率的确定是收益法评估企业价值时一个极其关键的因素，折现率的微小误差，会带来评估值数以亿计的差异；相比较折现率高估时对评估值的影响，折现率低估时对评估值的影响更大。折现率不同于利率，如果说利率是资金的报酬的话，那么折现率更倾向于是管理的报酬；利率通常仅表示资金本身的获利能力，而折现率则与资金本身以及占有和使用资金的效果紧密相关。

一般而言，折现率应包含无风险利率、风险报酬率和通货膨胀率。无风险利率指将资金投资于一项没有任何风险的标的资产而能得到的报酬率，它是一种理想的投资收益比率；风险报酬率指投资者因承担风险而获得的超过时间价值的那部分额外报酬率，即风险报酬额与原投资额的比率，通常用风险报酬系数（β）乘以标准离差率（V）求得；通货膨胀率是反映通货膨胀程度的比率，指一般物价总水平在一定时期（通常为一年）内的上涨率。

3. 具体做法

首先，确定详细预测的期间。收益法在预测未来现金流量时，通常需要人为确定一个详细预测的期间，详细预测期后的现金流量不再逐年进行估计。详细预测期间指在这一期间的现金流量需要逐年进行预测。详细预测期间的长短取决于标的资产所在的行业背景、相应的监管政策、税收减免政策以及交易双方的约定和并购的环境等因素。由于不同期间段的折现现金流量对企业价值的贡献不同，越是接近评估基准日的年份，其现金流量的影响越大，且随着时间的推移影响逐步减弱。因此，在我国并购重组实践中，通常选择 5~10 年作为详细预测期间，而 5 年又是大多数案例的做法，5 年后作为永续期处理。

其次，计算未来现金流量。如前所述，预测未来现金流量通常采用两阶段模型，即详细预测期现金流量加永续期现金流量。详细预测期现金流量需要逐年进行详细预测，以 5 年期为例，需要对前 5 年的现金流量逐年计算。但在实际操作时，多数案例都是先预测计算第 1 年，再按照不同的增长率外推其余 4 年。永续期现金流量可假设详细预测期后随即进行处置所能够获得的现金流量，或者详细预测期后按正常增长速度永续增长所能够获得的现金流量。当然，关于现金流量的内涵还应区分股权自由现金流量和整体自由现金流量，在此不再赘述。

再次，确定折现率。折现率的内涵前文已有初步的论述，我国现行资产评估准则要求，收益法的折现率应使用加权平均资本成本模型（Weighted Average Cost of Capital，WACC）计算确定。加权平均资本成本反映了一个公司通过股权和债务融资的平均成本，项目融资的收益率必须高于这个加权平均资本成本，该项目才具有投资价值。WACC 的计算公式为：

$$WACC = (E/V) \times Re + (D/V) \times Rd \times (1-Tc)$$

式中，Re 为权益资本成本，Rd 为债务资本成本，E 为权益资本市场价值，D 为债务资本市场价值，V = E+D，Tc 为所得税率。

WACC 计算公式中的 Re 通常用资本资产定价模型（CAPM）计算确定，其计算公式为：

$$Re = Rf + \beta \times (Rm - Rf)$$

式中，Re 为权益资本成本，Rf 为无风险报酬率，Rm 为市场组合的平均报酬率，（Rm-Rf）为市场组合的风险报酬率，β 为市场风险系数。

最后，计算确定企业价值。企业价值等于详细预测期现金流量现值与永续期现金流量现值之和。

4. 利弊辨析

收益法是目前理论体系相对完备、应用最为广泛的标的资产价值的估值方法。实际应用中，收益法需要注意的要点包括：

第一，应根据评估项目的具体情况选择恰当的预期收益类型与计量口径。例如，收入、利润、股利或者现金流量，以及整体资产或者部分权益的收益、税前或者税后收益、名义或者实际收益等。

第二，收益预测应当根据资产的性质、可以获取的信息和所要求的价值类型等作出。

第三，确定收益期时应当考虑评估对象的预期寿命、法律法规和相关合同等限制，详细预测期的选择应考虑使评估对象达到稳定收益的期限、周期性等因素。

第四，收益法评估所采用的折现率不仅要反映资金的时间价值，还应体现与收益类型和评估对象未来经营相关的风险，与所选择的收益类型与口径相匹配。

正因为有上述诸多要求和应用前提，使得收益法有着严谨的逻辑体系和显著的量化特征，国际上的并购重组案例几乎都使用该方法作为标的资产的估值方法。在我国资本市场，对于一度盛行的轻资产公司和高科技公司的并购重组，收益法估值更是具有明显的优势。

收益法是目前企业并购交易中使用最为普遍的估值方法，但该方法也有一定的局限性。

首先，两阶段预测现金流量主观性较强。我们在前文已经提及，收益法下的未来自由现金流量是其关键指标，目前通行的做法是分两个阶段对其进行预测，第一阶段是详细预测期，第二阶段是永续期。其中，详细预测期在多数案例中采用的是5年期限，现有研究表明，5年的详细预测期过短，对于折现率高的项目更是如此（程凤朝，2013）。理论界也有关于现金流量三阶段预测的模型，即分为超长增长阶段、递减增长阶段和正常增长阶段进行预测，但因为模型过于复杂而很少被业界采用。此外，现金流量预测涉及的具体的财务指标如营业收入、营运费用、资本性支出等，在当今市场瞬息万变的时代做到相对准确都很困难。

其次，确定折现率的干扰项太多。收益法下的折现率多采用加权平均资本成本（WACC），而该成本计算涉及的因素又多是依赖于估算得出的。例如，计算WACC使用的无风险报酬率，指将资金投资于一项没有任何风险的标的资产而能得到的报酬率，但现实生活中根本就不存在所谓的无风险的投资；实务界通常采用国债收益率作为无风险报酬率，但选取多长期限的国债呢？5年还是10年？到期收益率还是平均收益率？并购重组实践中的做法随意性较大。再如，计算WACC使用的市场预期报酬率，这里的"市场"究竟是哪个市场？在我国并购重组实践中，有使用上证指数收益率，也有使用深证指数收益率，还有使用中介机构研报中的净资产收益率等，且与要评估的标的资产不匹配。

（三）成本法

1. 理论基础

从财务的角度看，购买一个企业本质上是购买一个企业的净资产，为此目的服务，所以评估一个企业也要评估企业净资产的价值。而净资产是无法直接去按报表项目评估的，由于净资产等于资产减去负债后的净额，因此直接评估财务报表中各项资产和负债的价值便能最终确定净资产的价值。又由于负债通常都有合同约定，其偿还的义务在正常情况下是明确的，从理论上讲，其公允价值的确定难度不大，所以评估的重点是对各项资产公允价值的确定。当然，需要说明的是，对负债的评估也是企业价值评估的重要组成部分，尤其在债务重组或债权债务主体非持续经营的情况下，其评估的难度和复杂性会面临诸多的挑战。此外，企业价值评估也不局限于对资产负债表中报表项目的评估，表外项目的评估也是企业价值评估的重要内容。

成本法的理论基础在于任何一个理性人对某项资产的支付价格将不会高于重置或者购买相同用途替代品的价格。成本法将重建或者重置成本作为确定评估对象价值的基础，扣除相关贬值，以此确定评估对象价值，主要包括资产基础法、更新重置成本法、复原重置成本法等。

成本法中应用最为广泛的是资产基础法。资产基础法，指以被评估单位评估基准日的资产负债表为基础，合理评估企业表内及可识别的表外各项资产、负债价值，确定评估对象价值的评估方法。资产基础法背后朴素的逻辑是：在评估日那天，如果让你重新建造一个与评估对象相同的企业或独立的获利实体，需要的投资额是多少，那么整体资产的价值就应该有多少。实务操作中，资产基础法会将货币资金、应收账款、存货、固定资产、无形资产、投资性房地产等构成企业各种要素资产的评估值加总，减去长短期借款、应付账款等负债的评估值，最终得出企业的价值。

2. 核心概念

（1）重置成本。重置成本又称现行成本，指按照当前市场条件，重新取得同样一项资产所需支付的现金或现金等价物金额。采用重置成本计量时，资产按照现在购买相同或者相似资产所需支付的现金或者现金等价物的金额计量；负债按照现在偿付该项债务所需支付的现金或现金等价物的金额计量。

重置成本按其重置的思路可分为复原重置成本和更新重置成本。复原重置成本指运用原来相同的材料、建筑或制造标准、设计、格式及技术等，以现时价格复原构建这项全新资产所发生的支出。更新重置成本指利用新型材料，并根据现代标准、设计及格式，以现时价格生产或建造具有同等功能的全新资产所需的成本。

值得注意的是，我国《企业会计准则——基本准则》对重置成本概念作出了界定，其含义与前述定义一致。但是，会计上的重置成本仅仅是会计计量中的一种计量属性，它和历史成本、可变现净值、现值、公允价值一起构成了我国现行会计实务中的五种计量属性。从会计业务处理的视角看，五种计量属性都需要落脚到具体业务的处理中，其中，重置成本主要应用于资产盘盈的业务，因为盘盈的资产没有原始凭证作为计量的依据，所以只能用重置成本计量。相比较而言，企业价值评估中的重置成本不是强调对特定业务的计量，它是外延更广的一种资产价值评估的思路和方法。

（2）账面价值。账面价值指依据企业会计准则要求、按照会计核算的原理和方法反映计量的企业价值。国际评估准则指出，企业的账面价值，指企业资产负债表上体现的企业全部资产（扣除折旧、损耗和摊销）与企业全部负债之间的差额，与账面资产、净值和股东权益是同义的。从现行会计准则的相关规定看，账面价值指会计账户的账面余额减去相关备抵项目后的净额，如固定资产、无形资产的账面价值是其账面余额与其累计折旧、累计摊销及已经计提的减值准备之后的差额。

资产账面价值是会计核算中账面记载的资产价值。如果用账面价值作为资产估值方法的话，则这种估价方法不考虑现时资产市场价格的波动，也不考虑资产的收益状况，因而是一种静态的估价标准。资产账面价值取数方便，但其缺点是只考虑了各种资产在入账时的价值而脱离现实的市场价值。

当然，运用账面价值进行资产的评估，也要结合评估对象的具体情况来分析。例如，我们在对新建项目进行价值评估时，账面价值法有其独特的优势和合理性。当我们在对有一定营运周期的项目进行价值评估时，要考虑账面价值与其市场价值和经济价值的差别，因为后者是对资产真实价值更准确的度量，所以当公司出售资产时，定价往往不是其资产的账面价值，而根据市场价值或经济价值重新评估后形成的价格。若售价高于资产账面价值，会给公司带来盈利；若售价低于资产账面价值，就会出现亏损。

还有一点需要明确，账面价值作为一个会计概念，其与账面余额是有区别的。账面价值指资产账面的净值，即扣减了折旧、摊销和减值准备之后的净额，账面余额指资产总账账户核算的期末余额，它是未对折旧、摊销和减值准备作抵减的金额。

3. 具体做法

成本法如果依据账面价值估值的话，其估值的结果是财务报表中净资产的金额或者根据情况对该金额作较小的调整。如果依据重置成本估值的话，则其关键词是"重置"，重置成本法适用的条件包括三个方面：一是评估对象能正常使用或者在用；二是评估对象具有可替代性，能够通过重置途径获得；三是评估对象的重置成本以及相关贬值能够合理估算。在并购重组实践中，成本法主要指资产基础法，而资产基础法则主要指重置成本法。

采用重置成本法估值的具体做法如下：

（1）直接法。直接法是按照物品的成本构成，把以现行市场价格计算的全部构建支出，按照其都计入成本的形式，将总成本区分为直接成本和间接成本，并据此估算重置成本的一种方法。其中，直接成本指可以直接构成物品成本的支出部分；间接成本指为购买资产而发生的交易费用等支出部分。

（2）价格指数调整法。价格指数调整法是在物品原始成本基础上，运用价格指数确定其重置成本的方法，其计算公式为重置成本=原始成本×（1+价格变动指数）。其中，原始成本的数据要准确，价格指数可以采用物品的个别价格指数或者分类价格指数。很显然，运用这种方法确定重置成本，主要是为了消除或应对通货膨胀对资产价值的影响。

（3）功能价值法。功能价值法也称生产能力比例法，即根据企业或特定资产的现有生产能力去估算其重置成本的方法。这种做法的应用前提是生产能力与成本之间呈线性关系，生产能力越大，成本越高，而且呈正比例关系。

除上述具体做法外，资产基础法在评估股权价值时，不仅要考虑企业财务账内的资产和负债，而且要考虑重要的可识别和可评估的账外资产和负债，如账外无形资产、数据资产、自创商誉和表外可以量化的承诺或支付义务等。对存在大量不可识别或不可评估的账外资产或负债的企业，应谨慎使用资产基础法。同时，应考虑经济性贬值对资产基础法评估结果的影响。因此，准确识别和评估各项账内和账外资产和负债的价值会影响资产基础法评估结果的可靠性。

长期股权投资是运用资产基础法时需要特别考虑的一个项目。长期股权投资不同于其他资产项目，其价值更多地表现为对被投资企业重大影响、共同控制或控制而产生的长期收益，所以资产基础法下需要对长期股权投资单独进行评估。此外，对于控股型公司，由于其收益主要来源于长期股权投资，还要进一步考虑总部管理成本和投资收益对评估价值的影响。

4. 利弊辨析

相较于收益法着眼企业未来获利能力来估算企业的价值，成本法主要基于企业当下的资产和负债对其价值进行评估，由于财务报表中的资产和负债都是有据可查的或者说都是有准则依据的，这一思路和理念无疑更好理解和接受，操作上有更可靠的现实基础。

在财务报表资产和负债的基础上，重置成本表示企业现在获得该资产或劳务所需支付的数额，是现行投入价值的最佳计量，用重置成本与现行收入配比，据此计算出的利润才更有意义；以现行重置成本与现行收入相配比，还可以将资产持有损益与营业损益区分开来，从而提供更有意义的会计信息和企业价值信息。此外，重置成本的确定过程还是对企业资产未来获利能力的一次检阅，如果有必要持续取得某项资产，则其现行重置成本表示该资产对企业的价值；从决策有用性角度看，以各项资产现行重置成本相加的总额，比以不同时期所发生的历史成本相加的总额更有意义和价值。

成本法着眼于过去和现在，但企业的价值本质上是一个未来时的概念。购买方通过并购重组购买标的资产，其目的在于标的资产未来能够创造价值，而绝不是因为标的资产已经发生了多少成本。正因如此，与收益法相比，成本法的理论基础相对薄弱，与并购交易目标的契合度相对较差。此外，成本法在对各项资产和负债的价值进行重置的过程中，也会不可避免地带有一些主观因素，特别是在确定资产经济贬值的时候，往往缺乏客观依据，进而影响评估结果的可靠性。

二、估值与会计计量

如前所述，并购重组中的估值是一个极其重要和特殊的问题，毕竟有估值才有交易作价的依据，才有最终达成并购重组交易的基础。以笔者的观点，在现行会计理论体系和会计准则运用中，估值在本质上是一个会计问题，或者说现代会计在越来越多的层面依赖于估值。笔者这样说主要基于两个理由：

一是估值的本质是计量，而计量是会计的核心职能（井尻雄士，1975）。从某种意义上说，现代会计首先是一个运用一定的计量单位，选择适宜被计量对象的合理计量属性，确定应予记录的各项经济业务具体项目金额的计量过程。如果把会计信息处理过程分为确认、计量、记录和报告的话，计量无疑是一项业务活动进入会计信息系统的前提，即计量是确认的前提。

二是随着公允价值计量在会计准则中越来越广泛的应用，估值在现代会计理论和实践中的重要性日益突出。传统会计主要以历史成本进行会计计量，有记录实际业务发生金额的原始凭证为依据，注重会计的真实性和可验证性；现代会计越来越多地运用公允价值进行会计计量，强调以市价和以科学理论及方法为基础的估值为依据，注重会计的相关性和决策的有用性。

1. 从估值看会计计量

中国资产评估协会一直高度重视和积极推动评估为公允价值计量服务。早在2007年11月9日，中国资产评估协会就发布实施了《以财务报告为目的的评估指南（试行）》（中评协〔2007〕169号，以下简称"指南"），明确了在企业合并、资产减值、投资性房地产和金融工具领域的评估对象以及需要在评估过程中重点关注的事项。自此之后，企业合并对价分摊、资产减值测试、投资性房地产和金融工具计量四个方面的评估实践，形成了我国资产评估服务于会计计量的业务特色（贺邦靖，2013）。

本书的第二、三章详细讨论了现行企业合并准则对企业合并业务的分类和会计处理要求，其中，非同一控制下的合并需要先确定购买方的合并成本，然后将合并成本在被购买方各项可辨认资产、负债之间进行分配，这也是购买法的重要理念和做法。在并购重组实践中，如何将合并成本进行分配？这在很大程度上有赖于资产评估机构的价值评估。依据"指南"的规定，企业合并对价分摊（Purchase Price Allocation，PPA）评估，是指评估机构根据《企业会计准则第20号——企业合并》的规定，对符合企业合并会计准则的、非同一控制下的企业合并成本，在取得的可辨认资产、负债及或有负债之间的分配，所对应的评估对象为企业合并中取得的被购买方的可辨认资产、负债及或有负债。这里需要说明一下，"指南"中上述关于或有负债的说法并不准确，分配的对象应该是或有事项形成的预计负债，而非或有负债；预计负债与或有负债在会计上是两个有着本质区别的概念，预计负债是财务报表中一个列报的负债项目，而或有负债不需要列报，按要求披露即可。正因如此，会计准则中只要求将合并成本在被购买方可辨认资产、负债之间分配，而没有在负债后特别强调或有负债。或者我们可以这样理解，或有负债是需要评估的，但构成合并成本分配对象的只是预计负债。当然，除了对或有负债的评估是 PPA 评估中的难点外，对无形资产的评估也是 PPA 评估中的重点和难点，因为只有将被购买方可辨认的无形资产评估准确和充分，才能保证非同一控制下企业合并中的商誉计量的合理性和准确性。

资产减值测试源于《企业会计准则第 8 号——资产减值》的相关规定。根据《企业会计准则第 8 号——资产减值》的要求，当资产出现减值迹象时，需要确定资产的预计可回收金额，然后将预计可回收金额与账面价值间的差额计提资产减值准备。什么是资产的预计可回收金额呢？根据《企业会计准则第 8 号——资产减值》的规定，预计可回收金额是下列两项金额的较高者：一是资产未来现金流量的现值；二是资产公允价值减处置费用后的净额。显然，这里的现值和公允价值都是要依赖于估值的。"指南"认为，资产减值测试评估，主要是为了判断企业资产是否存在减值迹象，通过估计单项资产或资产组的可收回金额进行判断；资产减值测试的评估对象包括单项资产和资产组，主要涉及对固定资产及商誉的评估。

投资性房地产评估源于 2006 年国际趋同背景下我国会计实务中新增的投资性房地产项目。根据《企业会计准则第 3 号——投资性房地产》的规定，投资性房地产有两种计量模式可供选择：一是成本计量模式；二是公允价值计量模式。一个企业只能选择一种计量模式；两种计量模式下，成本模式可以转换为公允价值计量模式，但公允价值计量模式不能转换为成本模式。采用成本计量模式时，投资性房地产的处理类似于固定资产和无形资产的处理；采用公允价值计量模式时，投资性房地产的处理类似于交易性金融资产的处理。由于采用公允价值计量模式时，其公允价值的变动需计入当期损益，直接影响利润的计算，因而其公允价值的确定就成为市场参与各方关注的重点。但是，投资性房地产毕竟不同于交易性金融资产，后者通常有活跃的市场交易，公允价值容易取得且客观公允，而投资性房地产则不然。尽管某项投资性房地产所在的城市或地区有活跃的房地产交易市场，但每一栋房地产都因其地理位置、户型结构、品牌特征等而存在着价值上的差异，这使得其公允价值的确定是一项专业性很强的工作。所以，当投资性房地产采用公允价值计量模式时，会计核算要依赖于专业评估机构的评估了。"指南"指出，投资性房地产评估，是对企业已出租的土地使用权、持有并准备增值后转让的土地使用权和已出租的建筑物进行评估，为采用公允价值计量模式投资性房地产作出合理估计。

金融工具计量评估也是源于 2006 年国际趋同背景下我国会计实务中新增的金融工具项目。与金融工具相关的准则共有四个，分别是《企业会计准则第 22 号——金融工具确认和计量》《企业会计准则第 23 号——金融资产转移》《企业会计准则第 24 号——套期会计》《企业会计准则第 37 号——金融工具列报》，上述四个金融工具准则在 2017 年又根据《国际财务报告准则第 9 号——金融工具》进行了修订。金融工具准则在我国的颁布和实施，标志着公允价值计量在我国会计实务中的应用进入了一个新的阶段。以金融资产为例，2006 年的会计准则将金融资产分为四类，即交易性金融资产、持有至到期投资、贷款和应收款项、可供出售金融资产，其中交易性金融资产和可供出售金融资产采用公允价值计量模式，前者公允价值的变动计入当期损益，后者公允价值的变动计入其他综合收益。2017 年修订后的会计准则将金融资产分为三类，即以摊余成本计量的金融资产、以公允价值计量且其变动计入其他综合收益的金融资产、以公允价值计量且其变动计入当期损益的金融资产，其中，后面两类金融资产都是以公允价值计量。金融资产的公允价值有些可以从活跃交易市场中直接取得，有些需要专业评估机构的评估，特别是那些没有活跃市场交易的权益性投资和结构化产品，由于设计的复杂性导致其评估具有很强的专业性。"指南"指出，金融工具计量评估，主要是对以公允价值计量且其变动计入当期损益的金融资产或金融负债，以及对可供出售金融资产（注：2006 年会计准则中的提法）进行合理估计。

2. 从会计计量看估值

众所周知，历史成本计量一直在会计计量中占据统治地位，因为这种计量属性最符合传统会计对真实性和可靠性的要求。通常来说，历史成本是可以验证的，是以原始凭证为依据的，完全契合人们对会计信息真实可靠的美好期待。但是，随着社会经济的发展，特别是在经济环境出现较大波动的情况下，市场参与者越来越认识到历史成本的局限性，于是诸多可供探讨的新的计量属性被提了出来，如重置成本、现行市价、可变现净值、未来现金流量现值等。2000 年 2 月，美国财务会计准则委员会（FASB）发布了第 7 号概念公告《在会计计量中使用现金流量信息和现值》，为以未来现金流量为基础的会计计量提供了一个理论框架，确定了在会计计量中使用现值的目的，为现值的使用尤其是在未来现金流量的金额和时间以及这两者均具有不确定性的情况下使用现值技术，提供了一般性指导原则。该公告认为，单纯数学上的现金流量和利率的结合本身（现值）并不是现值计量的目的。为了在财务报告中提供相关信息，现值必须能够体现资产或负债的某些可观察的计量属性（即公允价值），公允价值是现值计量的唯一目的。公允价值指在当期非强迫或非清算的交易中，交易双方自愿进行资产买卖或负债清偿的价格。同时，该公告还对现值这项估值技术给出了所应遵循的一般性原则。

笔者一直认为，从会计计量的角度看，我们不应该把公允价值界定为一项单独的计量属性，或许把其理解为一种计量理念更为准确。由于会计是一项强调在特定时点进行账簿记录的技术，所以我们可以把公允价值这种计量理念分类为过去时、现在时和将来时三种时态去理解。历史成本是过去时的公允价值，重置成本、现值、可变现净值等是现在时的公允价值，行权价等通过期权合约或类似合约约定的价格是未来时的公允价值。在现代社会尤其是以市场经济发展为代表的当今社会，为了促成交易的达成，也为了给市场参与者提供决策所需要的信息，每个时态下的公允价值都离不开估值技术。正如国际财务报告委员会在其会计概念框架中所言，财务报告在很大程度上是基于估计、判断和模型的，而不是基于精确的描述。

2014 年 1 月，财政部发布的《企业会计准则第 39 号——公允价值计量》（以下简称"第 39 号准则"），标志着公允价值计量在我国会计实践中的应用有了系统和权威的准则依据。该准则规定，公允价值指市场参与者在计量日发生的有序交易中，出售一项资产所能收到或者转移一项负债所需支付的价格即脱手价格。企业应严格按照公允价值定义对相关资产或负债进行公允价值计量，且公允价值计量适用于相关资产或负债的初始计量和后续计量。第 39 号准则对公允价值的定义不同于 2006 年版《企业会计准则——基本准则》中关于公允价值的定义，原定义为：公允价值，指在公平交易中，熟悉情况的交易双方自愿进行资产交换或负债清偿的金额。相较而言，新的定义强调一定要站在市场参与者的立场确定公允价值，这是在确定公允价值时始终要遵循的原则；公允价值一定要是在有序交易中形成的价格，即要求市场的交易量要足够且不能是特定情形如清算等条件下的价格；公允价值是脱手价格。

第 39 号准则所规范的公允价值适用于我国现行会计准则体系中提及的用公允价值计量的各项重要的业务，具体包括《企业会计准则第 3 号——投资性房地产》中规范的采用公允价值模式进行后续计量的投资性房地产，《企业会计准则第 5 号——生物资产》中规范的采用公允价值进行后续计量的生物资产，《企业会计准则第 8 号——资产减值》中规范的使用公允价值确定可收回金额的资产，《企业会计准则第 10 号——企业年金基金》中规范的以公允价值计量的企业年金基金投资，《企业会计准则第 16 号——政府补助》中规范的以非货币性资产形式取得的政府补助，《企业会计准则第 20 号——企业合并》中规范的非同一控制下企业合并中取得的可辨认资产和负债以及作为合并对价发行的权益工具，《企业会计准则第 22 号——金融工具确认和计量》中规范的以公允价值计量且其变动计入当期损益的金融资产以及可供出售金融资产等。

根据第 39 号准则的要求，企业在对上述准则中涉及的相关业务进行公允价值计量时，应使用在当前情况下适用并且有足够可利用数据和其他信息支持的估值技术。企业使用估值技术的目的是，估计市场参与者在计量日当前市场情况下的有序交易中出售资产或者转移负债的价格。估值技术通常包括市场法、收益法和成本法。企业应根据实际情况从市场法、收益法和成本法中选择一种或多种估值技术，用于估计相关资产或负债的公允价值。关于市场法、收益法和成本法的具体要求及做法前面已经作了详细的讨论，此处不再赘述。

第 39 号准则在我国首次提出了公允价值估值中"输入值"的概念，并且将输入值根据其可靠性或确定性分为三个层次，进而形成了三个层级公允价值的估值。何谓输入值呢？该准则认为，企业以公允价值计量相关业务时，应考虑市场参与者在对相关资产或负债进行定价时所使用的假设，包括有关风险的假设如所用特定估值技术的内在风险等。市场参与者所使用的假设即为输入值，输入值分为三个层次：

第一层次输入值是企业在计量日能够取得的相同资产或负债在活跃市场上未经调整的报价。

第二层次输入值是除第一层次输入值外相关资产或负债直接或间接可观察的输入值，具体包括：①活跃市场中类似资产或负债的报价；②非活跃市场中相同或类似资产或负债的报价；③除报价以外的其他可观察输入值，包括在正常报价间隔期间可观察的利率和收益率曲线等；④市场验证的输入值，即通过相关性分析或其他手段，主要来源于经过可观察市场数据验证的输入值。

第三层次输入值是相关资产或负债的不可观察输入值，包括不能直接观察和无法由可观察市场数据验证的利率、股票波动率、企业合并中承担的弃置义务的未来现金流量、企业使用自身数据作出的财务预测等。

使用估值技术时，企业应优先使用相同资产或负债在活跃市场的公开报价（第一层次输入值），其次使用相关资产或负债直接或间接可观察的输入值（第二层次输入值），最后使用不可观察输入值（第三层次输入值）。当然，不管使用哪个层次的输入值，企业计量公允价值的目标仍应保持不变，即从持有资产或承担负债的市场参与者角度确定资产或负债在计量日有序交易中的脱手价格。

第 39 号准则还对非金融资产的估值作出专门规定。要求企业以公允价值计量非金融资产时，应考虑市场参与者通过直接将该资产用于最佳用途产生经济利益的能力，或者通过将该资产出售给能够用于最佳用途的，其他市场参与者产生经济利益的能力。所谓最佳用途，指市场参与者实现一项非金融资产或其所属的一组资产和负债的价值最大化时该非金融资产的用途。最佳用途是评估行业在非金融资产（如房地产等）评估中所使用的估值概念，企业判定非金融资产的最佳用途，应考虑该用途在法律上的适当性、实物上的可能性以及财务上的可行性。

三、估值与业绩承诺

通过前文的讨论和分析，我们知道，估值是一门科学，更是一门艺术。对于同一个标的资产，不同的评估师很难得出完全相同的结论；就同一个评估师而言，当他回望过去自己评估的一些案例的时候，也或多或少会有一些缺憾或不尽周全的地方。如果说估值是一门艺术的话，那它还是一门遗憾的艺术。然而，商业行为终归是要落地的，在落地实施的过程中，其背后一定是参与各方利益的博弈。为了弥补估值艺术的缺憾，对赌协议便粉墨登场了。

对赌协议（Valuation Adjustment Mechanism，VAM），很显然，如果直译的话，应该叫"估值调整机制"更为准确，更能表达其本质及其和估值的关系。或许"对赌协议"比较符合我们的表达习惯，因为估值有很大的不确定性，那交易双方就"对赌"一下，以期达到对不确定性的补救和平衡。对赌协议是并购重组协议的重要组成部分，是购买方衡量企业价值的计算方式和确保机制。对赌协议产生的根源在于标的资产未来盈利能力的不确定性，目的是尽可能地实现投资交易的合理和公平。对赌协议既是对购买方利益的兜底和保护，又是对被购买方的激励和约束。从本质上讲，对赌协议是一种财务工具，是对企业估值的调整机制，是带有附加条件的价值评估方式。

从广义上来看，对赌协议实际上可以理解为是期权的一种形式，通过对期权条款的设计，对赌协议可以有效保护投资人利益，合理平衡交易双方在不确定条件下的利益关系。对赌协议是收购方（包括投资方）与被收购方（包括融资方）在达成并购（或者融资）协议时，对于未来不确定的情况所作出的一种约定。如果约定的条件出现，收购方（包括投资方）可以行使一种权利；如果约定的条件不出现，被收购方（包括融资方）则行使一种权利。对赌协议既可以是对财务业绩的对赌，也可以是对技术研发、KPI、用户人数、产量、产品销售量等非财务业绩的对赌；既可以是对上市时间、关联交易、竞业限制等条款的对赌，还可以是对股权转让限制、引进新投资者限制、优先购股权等条款的对赌。在我国并购重组实践中，就标的资产未来的财务业绩进行对赌，是交易双方常见的一种对赌协议安排，这就是我们常说的标的资产的业绩承诺。

业绩承诺即盈利预测补偿协议，指交易双方在实施并购活动时，对未来标的公司经营业绩进行约定，如果标的公司在并购完成后的一定时期即业绩补偿期内没有实现约定的经营业绩，其原始股东需要对购买方进行一定补偿。业绩补偿承诺本质上是并购交易中对并购资产交易价格的一种调整机制，是并购交易估值的一部分。

在我国资本市场并购重组实践中，2008年开始实施的《上市公司重大资产重组管理办法》首次对业绩补偿承诺做出了明确规定。该办法规定，在上市公司购买资产的重大资产重组中，应对拟购买资产未来的盈利情况作出预测。在对拟购买资产进行评估时采用收益现值法、假设开发法等基于对未来盈利情况预测的估值方法并作为交易价格制定的依据时，上市公司应在并购完成三年内披露相关资产的实际盈利情况与预测情况的差异；上市公司与交易对手方对于实际盈利数少于预测盈利数的情况应当签订业绩补偿协议。2014 年，证监会对《上市公司重大资产重组管理办法》做出了修订。修订后的《上市公司重大资产重组管理办法》规定，向实际控制人以外的对象发行股份购买资产且上市公司自身控制权没有发生变更的并购交易，可以由交易双方自主协商是否采取业绩补偿措施。也就是说，修订后的《上市公司重大资产重组管理办法》放松了对并购交易业绩补偿承诺的监管要求，体现了并购重组交易监管市场化的导向。现阶段，监管机构已经不再强制要求业绩补偿承诺在企业并购交易中的应用，但从相关案例看，在并购重组交易合同中补充业绩补偿承诺依然是并购市场的惯例。有鉴于此，从理论和业务层面进一步探讨和完善业绩补偿承诺在估值中的调整机制，在我国并购重组实践中仍然具有重要的现实意义。

此外，我们在前面相关章节中讨论过的商誉减值也和业绩承诺紧密相关。按照《企业会计准则第 8 号——资产减值》的规定，公司应在资产负债表日判断是否存在可能发生资产减值的迹象，对使用寿命不确定的无形资产和企业合并中形成的商誉，公司应至少在每年年度终了时进行减值测试，如果商誉所在的资产组或资产组组合存在减值，应计提商誉减值准备，确认资产减值损失。所以，当被并购方未来的经营情况出现较大的不确定性时，往往会导致其预期可实现的净利润大幅缩水，进而使得并购方需要计提大额的商誉减值准备，损害并购方的利益。2018 年证监会发布了《会计监管风险提示第 8 号——商誉减值》，该文件明确规定，被收购方未实现承诺的业绩应作为商誉减值迹象的重要依据。

第二节　典型案例分析

互联网的迅速发展带动了网络游戏行业的兴起，游戏行业的并购交易数量也一度大幅增加，由于轻资产公司高估值的原因，在游戏行业并购重组协议中增加业绩补偿承诺已然成为一种惯例。以下通过掌趣科技并购天马时空这一典型案例，对其中涉及的高估值和业绩补偿承诺等相关问题进行探讨。

一、交易背景

（一）上市公司基本情况

北京掌趣科技股份有限公司（以下简称"掌趣科技"）成立于 2004 年 8 月，公司的主营业务为游戏的开发、发行与运营，主要包括移动终端游戏、互联网页面游戏及其周边产品的产品开发、发行推广和运营维护等。2012 年 5 月 11 日，掌趣科技在创业板成功上市，股票代码 300315。

为了满足不断拓展的市场需求，掌趣科技上市后进行了一系列并购。本案例中的标的企业天马时空在移动游戏研发和运营领域有较强的竞争优势，其上线的手游业务一度促进其业绩大涨。为了增强在移动网络游戏的研发、发行、运营方面的业务实力，掌趣科技于 2015 年实施了对天马时空的并购。并购交易前掌趣科技近两年及一期的主要财务数据如表 6-1 所示。

表 6-1　掌趣科技 2013 年、2014 年及 2015 年第一季度的主要财务数据

项目	2015 年 1~3 月	2014 年	2013 年
资产总计（万元）	508121.29	502308.92	192740.78
归属母公司股东的权益（万元）	407621.87	399198.16	152431.33
营业总收入（万元）	21702.26	77476.42	38050.41
营业利润（万元）	9294.89	34666.09	15944.32
利润总额（万元）	9515.26	36850.18	17249.39
归属母公司股东的净利润（万元）	7819.68	33059.19	15361.94
每股收益-基本（元/股）	0.03	0.13	0.06
每股净资产 BPS（元/股）	1.65	1.62	0.62

（二）标的资产基本情况

天马时空成立于 2012 年，主营业务为移动网络游戏的研发和运营，是国内领先的移动游戏开发商，运营的移动网络游戏产品《全民奇迹》及历史上运营的网页游戏产品《怒斩》，均为天马时空自主开发产品。《全民奇迹》是由天马时空开发的"奇迹"题材的移动手游，于 2014 年 10 月 16 日正式上线，2014 年 12 月进入苹果畅销游戏榜前 5 名。截至 2015 年 5 月 31 日，《全民奇迹》共有注册用户 2486.85 万人，累计充值金额 156727.44 万元；2015 年 5 月，月活跃用户 981.73 万人，月付费用户数 56.95 万人，月充值金额 39058.15 万元。

天马时空游戏的主要运营模式为代理方式，主要收入来源于网络游戏发行商预付的版权金及游戏运营期间天马时空与游戏发行商的游戏收入分成。

在并购交易完成前，天马时空的股权结构如图 6-1 所示。

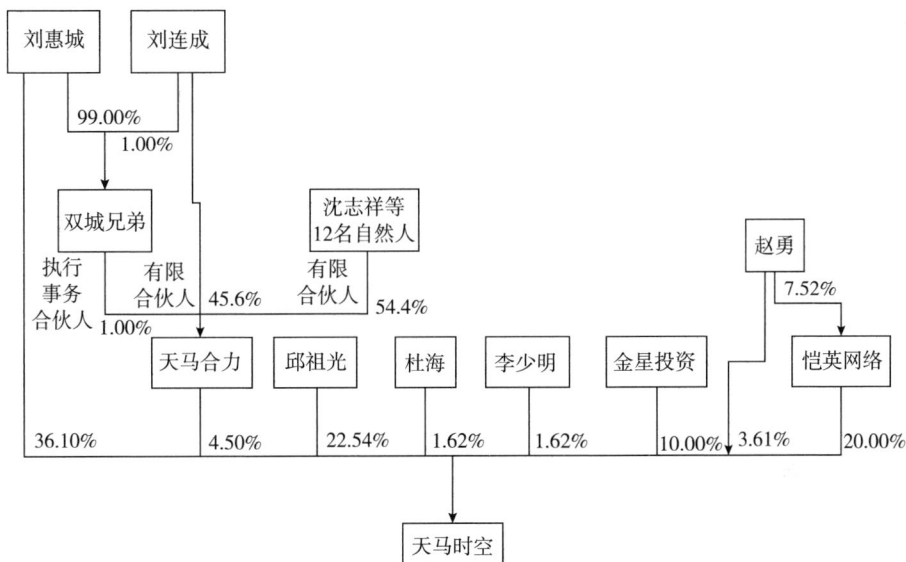

图 6-1　天马时空并购前股权结构

二、交易过程

2015 年 2 月，掌趣科技发布公告拟收购天马时空 80% 的股份并募集配套资金。同年 12 月，并购重组交易完成，天马时空成为掌趣科技控股子公司。

在此次并购中，掌趣科技采用发行股份及支付现金相结合的方式购买天马时空 80% 股权。掌趣科技与天马时空股东刘惠城、邱祖光、李少明、杜海、赵勇、天马合力、金星投资签署了《北京掌趣科技股份有限公司与刘惠城、杜海、李少明、北京市天马合力投资中心（有限合伙）、邱祖光、天津金星投资有限公司、赵勇之发行股份及支付现金购买资产协议》。根据该协议，掌趣科技向刘惠城、邱祖光、李少明、杜海、天马合力、金星投资非公开发行股份并支付现金，向赵勇支付现金，购买其持有的天马时空 80% 股权。

本次交易采用市场法对天马时空的股东全部权益进行评估。评估基准日天马时空股东权益的账面值为 9982.80 万元，评估值为 335043.71 万元，评估增值 325060.91 万元，增值率 3256.21%。天马时空 80% 股权的评估值为 268034.97 万元，经交易各方协商，确定天马时空 80% 股权交易对价为 267760 万元，其中，以现金方式支付 84329.9348 万元，剩余 183430.0652 万元以发行股份的方式支付。

　　掌趣科技向刘惠城、邱祖光、赵勇、李少明、杜海、天马合力、金星投资分别支付对价的金额及具体方式如表6-2所示。

表6-2　掌趣科技向天马时空原股东支付对价的金额及具体方式

交易对方	所持天马时空股权比例（%）	总对价（万元）	现金对价（万元）	现金支付比例（%）	股份对价（万元）	股份支付比例（%）
刘惠城	36.10	128939.8689	42257.8313	32.8	86682.0376	67.2
杜海	1.62	5315.2204	1415.5256	26.6	3899.6948	73.4
李少明	1.62	5315.2204	1415.5256	26.6	3899.6948	73.4
天马合力	4.50	14728.1419	3922.3307	26.6	10805.8112	73.4
邱祖光	22.54	73774.9008	19647.3904	26.6	54127.5104	73.4
金星投资	10.00	32732.4785	8717.1621	26.6	24015.3164	73.4
赵勇	3.61	6954.1691	6954.1691	100.0	0.0000	0.0
合计	80	267760.0000	84329.9348	31.5	183430.0652	68.5

三、关注问题：估值与业绩补偿承诺

（一）相关规定和理论基础

　　我国上市公司并购重组中的"三高"（高估值、高业绩承诺、高商誉）现象一直是监管层和市场参与各方高度关注的问题，特别是在标的资产为轻资产公司的情况下，"三高"现象表现得尤为突出。"三高"中的三个现象紧密联系、环环相扣，其根源还在于高估值；高估值为高定价提供了基础，高定价必然带来高商誉，高商誉导致并购后的高风险，为了应对高风险，高业绩补偿承诺应运而生。上市公司在并购时设定业绩补偿协议，一方面是为了激励标的公司的管理层；另一方面是为了降低自己的投资风险，其本质上是并购交易中对并购资产交易价格的一种调整机制。资产的出售方对交易资产掌握有全面的信息，而购买方相对处于信息弱势，所以购买方基于未来风险的考虑，一般都希望能用较低的价格进行交易，而出售方恰好相反。在这种情况下，业绩补偿承诺顺应市场的需要出现在了并购交易协议中。在并购重组交易中，资产出售方可以凭借信息优势做出符合标的公司未来发展的盈利预测，并对此进行约定以获得较高的报价；购买方可以凭借业绩补偿承诺减少风险，如果未来标的公司不能实现约定的经营业绩，出售方支付的业绩补偿则可以减少损失，实质上抵减了交易时的并购成本。

我国 2008 年开始实施的《上市公司重大资产重组管理办法》（以下简称《重组管理办法》），首次对业绩补偿承诺做出了明确规定。《重组管理办法》第十七条规定，上市公司购买资产的，应当提供拟购买资产的盈利预测报告；上市公司确有充分理由无法提供盈利预测报告的，应当说明原因，并在上市公司重大资产重组报告书中作出特别风险提示，并在管理层讨论与分析部分就本次重组对上市公司持续经营能力和未来发展前景的影响进行详细分析。《重组管理办法》第十八条规定，重大资产重组中相关资产以资产评估结果作为定价依据的，资产评估机构原则上应当采取两种以上评估方法进行评估。《重组管理办法》第三十三条规定，在对拟购买资产进行评估时采用收益现值法、假设开发法等基于对未来盈利情况预测的估值方法并作为交易价格制定的依据时，上市公司应当在并购完成三年内披露相关资产的实际盈利情况与预测情况的差异；上市公司与交易对手方对于实际盈利数少于预测盈利数的情况应当签订业绩补偿协议。

2014 年，证监会对《重组管理办法》做出了修订，规定向实际控制人以外的对象发行股份购买资产且上市公司自身控制权没有发生变更的并购交易，可以由交易双方自主协商是否采取业绩补偿措施。这实际上是放松了对并购交易业绩补偿承诺的监管要求，以期促进并购重组业务的监管向更大的市场化方向迈进。此后，《重组管理办法》经过了几轮修订，现阶段，监管机构已经不再强制要求业绩补偿承诺在企业并购交易中的应用，但从相关案例看，在并购重组交易合同中补充业绩补偿承诺依然是资本市场的惯例。

另外，并购中的商誉减值也和业绩承诺紧密相关。根据《企业会计准则第 20 号——企业合并》，非同一控制下的控股合并，如果合并成本大于合并中取得的被购买方可辨认净资产公允价值份额的差额，确认为合并资产负债表中的商誉。按照《企业会计准则第 8 号——资产减值》的规定，公司应在资产负债表日判断是否存在可能发生资产减值的迹象。对企业合并所形成的商誉，公司应至少在每年年度终了时进行减值测试，如果商誉所在的资产组或资产组组合存在减值，应计提商誉减值准备，确认资产减值损失。所以当标的公司未来的经营状况出现较大的不确定性时，将会导致其实现的净利润大幅缩水，使得并购方计提大额的资产减值准备，损害并购方的利益。

2018 年，证监会发布了《会计监管风险提示第 8 号——商誉减值》，该文件明确规定，被收购方未实现承诺的业绩应作为商誉减值迹象的重要依据。自此之后，在上市公司实际操作中，标的企业是否完成业绩承诺便成为确认商誉减值与否的一个重要判断标准。

（二）案例做法

在本次并购交易中，交易各方设置了业绩补偿承诺。交易各方同意，本次交易项下标的资产相关盈利情况的承诺期为 2015 年、2016 年、2017 年。该等业绩承诺的补偿义务人为刘惠城、杜海、李少明、天马合力、邱祖光和金星投资。在承诺期内，天马时空实现的净利润应分别不低于 2.11 亿元、2.59 亿元、3.30 亿元。如天马时空在承诺期内未能实现承诺净利润，补偿义务人应当履行补偿义务。当期期末应补偿金额按照如下方式计算：

当期期末应补偿金额 = （截至当期期末累积承诺净利润数 − 截至当期期末累积实现净利润数）÷补偿期限内各年的承诺净利润数总和×267760 万元 − 已补偿金额

业绩补偿时应先以补偿义务人各自在本次交易中尚未获付的对价现金补偿，不足部分以其各自因本次交易取得，但尚未出售的对价股份进行补偿，仍不足的部分由其以自有现金补偿。在承诺期届满后 3 个月内，掌趣科技应聘请会计师事务所，对标的资产天马时空 80% 股权出具《减值测试报告》。如果标的资产期末减值额 >（已补偿现金 + 已补偿股份总数×对价股份的发行价格），则刘惠城、杜海、李少明、天马合力、邱祖光和金星投资应按照本协议签署日其各自持有的天马时空出资额占其合计持有的天马时空出资额的比例，对上市公司另行补偿。

如天马时空在承诺期内累计实现的净利润总和高于承诺期承诺利润的总和，那么掌趣科技将向刘惠城等支付奖励对价。

奖励对价 = （承诺期累计实现净利润总和 − 承诺期累计承诺净利润总和）× 80%×2

根据掌趣科技 2018 年公布的《重大资产重组业绩承诺实现情况说明的审核报告》，天马时空 2015～2017 年扣除非经常性损益后归属于母公司股东的净利润列示如表 6-3 所示。

表 6-3 天马时空 2015~2017 年扣除非经常性损益后归属于母公司股东的净利润

项目	扣除非经常性损益后归属于母公司股东的净利润（万元）
2015~2017 年累计承诺数	80000.00
其中：2015 年	21100.00
2016 年	25900.00
2017 年	33000.00
2015~2017 年累计实际完成数	78292.99
其中：2015 年	26355.37
2016 年	26284.45
2017 年	25653.17
2015~2017 年累计实现率	97.87%

天马时空累计实际完成数小于累计承诺数，补偿义务人应对掌趣科技进行补偿，总计补偿金额为 57133787.83 元。

根据掌趣科技 2018 年公布的《减值测试审核报告》，2017 年 12 月 31 日，天马时空 80% 股东权益评估值为 315198.74 万元，本次交易的价格为 267760 万元，根据协议约定，不需要进行减值补偿。

同时，由于天马时空估值低于其账面价值，掌趣科技于 2017 年计提了 13819268.53 元商誉减值准备；在 2018 年度业绩预告时，掌趣科技经初步减值测试，暂估相关商誉的减值损失，预计对天马时空计提 10 亿元商誉减值准备。

第三节　进一步讨论和思考

在本案例中，天马时空股东权益价值的评估增值率高达 3256.21%，这样高的并购溢价率，直接的影响是给掌趣科技带来了高达 26.12 亿元的商誉。如此高的商誉，随之而来的即是巨大的商誉减值风险。

在签署了业绩补偿承诺的并购重组交易中，标的企业是否完成业绩承诺为了是否确认商誉减值的重要依据。掌趣科技在 2013~2015 年进行了一系列并购，并且都签订了高额业绩补偿承诺，随着业绩未达标公司的增加，企业的盈利能力指标均有不同程度的下降，特别是公司并购后续几年净利润同比增长大幅下降。尽管掌趣科技发布公告称，有几家公司的游戏尚未及时推广，导致标的公司未完成业绩承诺，但从某种程度上看，表明当初在并购重组交易中公司高估了标的资产的盈利能力。同时，该案例还表明，业绩补偿承诺虽然在短期内能提高公司的财务业绩，可是业绩的提升并不能持久。而且由于业绩承诺期都较短，即使业绩补偿期内公司能得到原有股东对当初高额投资成本的一部分业绩补偿，但业绩承诺期满后，标的公司不尽如人意的业绩由谁买单呢？

2015 年和 2016 年，天马时空扣除非经常性损益后归属母公司股东的净利润分别为 2.64 亿元和 2.63 亿元，顺利完成当年业绩承诺。然而，2017 年天马时空实现的扣非净利润为 2.57 亿元，仅为承诺业绩的 77.74%，三年累计实现扣非净利润 7.83 亿元，低于承诺的 8 亿元。2017 年，天马时空就为掌趣科技"带来"了 1381.92 万元的商誉减值损失，2018 年更是产生了 10 亿元商誉减值损失，掌趣科技的净利润直接由上年的盈利转至亏损 9.86 亿元。但是，根据掌趣科技 2018 年公布的《减值测试审核报告》，2017 年 12 月 31 日，天马时空 80% 股东权益评估值为 315198.74 万元，本次交易的价格为 267760 万元，没有发生减值。

因此不需要进行减值补偿。而 2018 年由于已经过了业绩承诺期，也不能获得减值补偿。所以，掌趣科技由于并购天马时空给公司带来了超出 10 亿元的业绩损失，获得的业绩补偿只有 5713.38 万元。

通常而言，即将实施的并购交易对上市公司来说都是利好消息，随之而来的是高股价和高市值，中小投资者们由于看中被高业绩承诺兜底的标的公司的未来发展前景，纷纷参与二级市场的买入。掌趣科技收购天马时空时，股价连续 5 天涨停，股价的暴涨为公司的原始大股东抛售股份赚取丰厚的利差提供了非常好的机会，掌趣科技的很多原始股东在禁售期满后便大量减持股份，套现巨额收益。作为掌趣科技上市前第二大股东的华谊兄弟一直在陆续减持其股份，从 2013 年 5 月到 2016 年 9 月，华谊兄弟先后减持套现 24.7 亿元。同时，掌趣科技第一大股东姚文斌及一些主要创始人也纷纷在减持其持有的股份。姚文斌先后减持套现超 60 亿元，导致掌趣科技成为一家没有控股股东和实际控制人的公司。截至 2019 年 2 月，姚文斌仅持有公司 6.98% 的股份。所以，无论其后公司收购的标的公司是否能实现业绩承诺，商誉是否减值，公司经营状况和盈利能力是否良好，这些都与当初的大股东没有了实质性的关系，在股价上升到一定程度时，他们早已通过减持而获取了巨额收益。

由于大股东在并购后的股价上涨时期已经减持离场，所以，因为并购业绩承诺协议等看好公司长期发展的中小股东，则实际上承受了标的资产业绩不达标、公司股价下降等带来的损失。从本案例可以看出，业绩补偿承诺并不能有效保护中小投资者的利益。由于存在信息不对称，大股东通过并购活动推动了股价上涨，减持套现获取收益后早早离场，业绩补偿承诺不达标的后果则严重侵蚀了上市公司中小投资者的利益。设置业绩补偿承诺的初衷是为了实现并购的公平性，防止并购标的过高的估值溢价率所依赖的盈利预测与未来实际业绩的背离，从而保护中小投资者的利益。但在承诺业绩未达标的情况下，真正为高额补偿买单的很可能是中小投资者。

为了达到业绩承诺设计的目的，保证交易的公平性，业绩承诺补偿机制需要进一步的完善。

首先，对标的资产进行合理估值，确定恰当的业绩预测区间。在并购重组实践中，当交易对手方承诺的业绩脱离标的企业以往的实际业绩增长时，会导致业绩承诺"虚高"，而承诺的业绩又作为评估企业价值所采用的盈利预测，进而导致大额商誉的产生，增加上市公司商誉减值的风险。所以，购买方在与交易对手方签订业绩补偿承诺时，需要对标的资产的发展经营情况进行详细了解，需要对业绩承诺制定的合理性进行周密分析，需要对标的资产的价值评估依据进行完备论证，以确定恰当的业绩承诺区间，避免高业绩承诺带来的高估值，避免高估值带来的高商誉，降低商誉减值的风险，减少上市公司未来经营的不确定性。

其次，通过合理的业绩补偿承诺措施加大对标的资产经营风险的防范。业绩补偿期限方面，由于短期内业绩更容易受到操纵，难以起到对补偿义务人的约束作用。因此，业绩补偿期应根据具体情况设置得更长一些。业绩承诺的补偿时点方面，除在业绩补偿期满后，以累计业绩与业绩承诺进行比较确定补偿金额外，企业还应增加在业绩补偿期内每年年末对累计业绩与业绩承诺进行对比，以确定是否需要进行业绩补偿和商誉减值补偿。这样才能够更有效地激励和监督标的企业管理层，保证标的企业持续平稳地发展，避免业绩大幅波动，同时也可以对冲商誉减值风险。

最后，中小投资者应树立理性投资意识，避免盲目信任交易双方提出的业绩承诺，认清高额商誉及其减值风险可能引发的问题，避免盲目跟风炒作，做出理性的投资决策。

第七章　并购会计学术研究

作为一条企业扩张的重要途径，并购（M&A）长期以来一直都是会计学术界关注的热点话题，并在此基础上形成了丰硕的研究成果。本章从并购的动因（"影响因素"）、并购的绩效（"经济后果"）、并购的估值（"交易定价"）三个角度回顾已有文献，并对相关研究进行述评，以期为未来的研究提供一些参考。

第一节　并购动因研究述评

一、并购的主要驱动因素研究

一般而言，与绿地投资类似，企业从事并购活动可能是出于战略资产寻求动因、自然资源寻求动因或市场和效率寻求动因；同时，并购活动能否顺利进行也会受到多种其他因素的影响。

叶勤（2002）评述了西方学者对跨国并购动因的研究成果，认为跨国并购是多因素推动、综合平衡的战略扩张行为。

黎平海等（2009）从宏观和微观、内部和外部的角度分析了我国企业海外并购的特点、动因和影响因素。

李晓红（2010）认为，我国企业的海外并购动因主要包括抢占国际市场、突破贸易壁垒、获取战略资源、提升技术能力等方面。

黄炎（2011）在回顾历史的基础上探讨了中西并购动因在市场性、竞争性、资源性、政策性、战略性、投机性等方面的差异。

刘青等（2017）研究了我国海外并购的区位选择和投资规模决策，发现我国海外并购表现出市场寻求和矿产金属资源寻求特征，并在我国经济发展到新阶段后表现出战略资产寻求特征。

李梦琦（2021）认为，我国企业并购动因主要包括品牌效应、技术导向和寻求资源。

王馗等（2022）在与美国企业海外并购对比的基础上，再次讨论了我国企业海外并购的市场寻求、资源寻求以及战略资产寻求特征。

具体到某一类并购动因，李蕊（2003）从技术角度分析了并购的战略资产寻求动因；李强（2011）从战略资产寻求的视角分析了中国企业跨国并购的特征和竞争优势；蒋殿春和唐浩丹（2021）发现，我国企业进行数字型跨国并购主要出于技术寻求动机，并且东道国丰富的数字技术和研发资源是并购的核心驱动力。

也有一些研究提出了并购动因的新视角。

夏新平等（2004）运用期权博弈理论分析得出了各种信息条件下企业并购决策临界点模型，发现并购决策取决于价值增加、成本增加和风险率三者间的权衡。

张鸣和郭思永（2007）发现，并购可能是高管增加私有薪酬和控制权收益的途径。

毛雅娟和米运生（2010）从价值创造和价值毁损两方面述评了并购动因相关文献，并认为价值毁损理论尚有较大研究空间。

张维等（2010）认为，"羊群效应"会导致非理性并购行为。

阮飞等（2011）具体研究了我国互联网企业并购的动因、效应及策略。

Nguyen等（2012）通过对美国国内并购样本的分析，发现并购可能与资本市场动机、代理动机和对工业、经济冲击的反应有关。

谢红军和蒋殿春（2017）通过实证研究发现，资产价格因素对海外并购有着重要影响，"价格假说"是我国企业海外并购的主要驱动因素。

刘莉亚等（2018）发现，生产率差异是驱动并购的关键因素，并且这类并购能够改善资源的配置效率。

张天顶和陈钰莹（2021）发现，海外并购的方向与全球价值链位置有关，且受到不完全契约的影响。

周大鹏（2021）发现，制造业服务化也是影响中国制造企业海外并购的重要因素。

刘娟和杨勃（2022）研究了跨国企业通过海外子公司并购目标国企业的"进阶并购"形式，并认为我国企业"进阶版"海外并购动因可归为三类："趋利避害"+效率驱动型、制度套利+效率驱动型、风险规避+效率驱动型。

综合以上分析，可以看出，已有文献对并购动因的认识也表现为一个由浅及深、从一般到特殊的过程；在不同的时期和宏观经济背景下，我国企业进行并购的动因往往也有所不同。

二、并购的宏观层面或制度层面影响因素研究

（一）文化与地理角度

张媛等（2014）发现，受游牧文化影响的上市公司比农耕文化影响的上市公司具有更高的并购频率。

Chan 和 Cheung（2016）发现，并购活动的强度与外向型文化和个人主义文化有关。

连增等（2021）发现，国际友好城市的建立显著提高了中资企业跨国并购的金额和并购次数，但对并购成功率的影响并不显著。

潘爽和叶德珠（2021）发现，高铁开通能提高企业的跨市和跨省并购发生概率，以及异地并购成功率。

杨继彬等（2021）发现，收购方所在地和目标方所在地之间的双向信任程度均能显著提高地区间并购频率及规模。

袁媛等（2022）发现，地区宗族文化越浓厚，企业越愿意进行并购决策。

齐保垒等（2023）发现，地区风险偏好对企业并购行为具有显著的促进效应；在风险偏好越高的地区，企业选择并购作为成长方式的概率越大。

张欣怡和杨连星（2023）发现，文化贸易出口对于企业跨国并购规模、数量均呈现正向促进效应。

蔡庆丰等（2023）发现，地区空气污染加剧会通过外部压力提升域内污染企业绿色并购的意愿。

陈昱晗和李天群（2024）发现，地区交通与通信发达度显著提升了企业并购意愿、并购频次和并购规模。

（二）从政治与制度角度

周焯华和廖贤超（2008）研究了国家风险对跨国并购决策的影响。

方军雄（2009）研究了地区保护主义和市场化程度对异地并购的影响。

张建红和周朝鸿（2010）发现东道国制度质量对中国企业海外收购的成功概率没有直接显著的影响，但东道国的制度质量对影响海外收购成功的其他因素具有调节作用。

胡彦宇和吴之雄（2011）从新制度经济学视角出发，发现正式性制度约束会通过产业保护促进我国企业海外并购。

Hebous 等（2011）研究了东道国税收对并购的影响，发现与绿地投资相比，并购对税率差异的敏感度较低。

Erel 等（2012）发现会计披露的质量和双边贸易会增加两国企业间发生并购的概率。

Alimov（2015）发现，东道国收紧就业法规会吸引更多的外国收购者。

Francis 等（2016）发现，具有相似会计准则的国家之间跨国并购活动的总量更大，并且强制采用国际财务报告准则也具有类似的效果。

Xie 等（2017）从宏观经济和金融环境、制度和监管环境、政治环境和腐败、税收环境、会计准则、文化和地理等方面回顾已有文献，并探讨了跨境并购交易的决定因素。

Nguyen 和 Phan（2017）发现，政策不确定性与并购意愿呈负相关，但与完成并购交易所需的时间呈正相关。这与 Bonaime 等（2018）的结果基本一致，即政治和监管的不确定性与并购活动呈负相关，其中影响最大的是税收、政府支出、货币和财政政策以及监管的不确定性。

蔡庆丰和田霖（2019）发现，主并企业更可能对受到产业政策支持的目标企业发起跨行业并购，国有企业并购受到产业政策的影响更大。

尹达和綦建红（2020）基于我国的并购实例，发现全球经济政策不确定性上升对中国企业跨境并购成功率和并购规模均有显著的抑制作用。

韩永辉等（2021）发现，双边投资协定显著激发了中国企业的并购意愿，并提升了并购成功数量。

姜建刚等（2021）发现，东道国外资安全审查没有显著降低中国海外并购完成的可能性，但会显著延长并购完成的时间。

颉茂华等（2021）发现，反腐倡廉降低了政治关联公司进行并购交易的可能性。

任曙明等（2021）发现，当经济政策不确定性较高时，企业倾向于使用海外并购来替代本土并购。

巫岑等（2021）发现，企业所在地财政分权程度与企业并购数量正相关，且该影响只存在于国企之中。

吴涛等（2021）发现，地方政府债务风险压力越大，地方国企选择并购战略的可能性越高，且并购完成后套现的规模也越高。

杨连星（2021）发现，国家、行业不同层面反倾销壁垒对跨国并购规模均具有显著的抑制效应。

朱亚杰和刘纪显（2021）发现，新环保法的实施显著促进了重污染企业的并购活动。

Shen 等（2021）发现，地缘政治风险会显著促进能源和电力行业的并购。

罗宏等（2022）发现，贸易政策不确定性会显著提高企业海外并购的可能性，且主要体现在民营企业以及融资约束较低的企业中。

陈奉先等（2022）发现，双边政治关系拉近能够显著提高中国企业海外并购成功率。

潘红波和张冰钰（2022）发现，行业信息披露提高了企业并购概率、并购次数和并购规模。

王琳等（2022）基于制度逃避机制与制度利用机制，得出了制度距离与跨国并购交易完成率之间存在倒"U"型关系的结论。

巩亚林等（2023）发现，受"做大做强"导向产业政策支持的企业进行了更多并购交易，且在民营企业中更显著。

罗进辉等（2023）发现，亲清政商关系的"亲而有度"和"清而有为"分别通过优化企业环保注意力配置和缓解企业融资约束增强了企业开展绿色并购的动机和能力。

马述忠等（2023）以欧盟《通用数据保护条例》为例，发现东道国数据保护显著抑制了中国电商跨境并购。

闫海洲和张桁国（2023）发现，中国贸易网络地位提升能够显著提高企业跨国并购成功率，且对国有企业、东部企业、劳动密集型企业更为显著。

杨连星和铁瑛（2023）发现，在中国情境下区域贸易协定签订和深化对跨国并购意愿和并购成功率都存在显著的促进效应。

张建清等（2024）发现，东道国设置外资审查制度会通过增加并购交易成本、增加并购不确定性、间接威慑三种渠道最终抑制中国企业的跨境并购。

三、宏观经济角度

唐绍祥（2007）通过实证研究发现，经济周期和利率是我国并购浪潮形成的主要原因。

Aharon 等（2010）发现，虽然在科技泡沫期间并购的趋势有所上升，但并购的定价并没有改变。

孟为等（2021）发现，人民币对美元名义汇率不确定性显著降低了企业跨境并购的可能性。

陈奉先和李娜（2023）发现，企业实际有效汇率上升将推动企业进行跨国并购。

陈诣之和蔡庆丰（2023）发现，信贷资源增长不仅会显著提升省份内目标企业被外省份企业并购的概率，而且会推动省份内并购企业更多选择异地并购。

四、并购的企业层面影响因素研究

（一）企业的利益相关者角度

方军雄（2008）发现，地方政府直接控制的企业更倾向于实施本地并购和多元化并购，而中央政府控制的企业则倾向于实施跨地区并购。

姜付秀等（2008）讨论了实际控制人类别、董事会活跃度、股权集中度、现金持有、企业规模和是否有集团形式的母公司等因素对企业并购决策的影响。

张志宏和费贵贤（2010）研究了企业的控股权性质和地区市场化程度对企业并购模式的影响。

Ferreira 等（2010）发现，外国机构投资者持股与跨境并购呈现正向关系。

潘红波和余明桂（2011）发现，与同地并购相比，地方国企异地并购后获得的政府支持有所减少，从而导致负面的经济后果。

Krishnan 等（2012）发现，受股东诉讼影响的并购要约的完成率明显低于不受诉讼影响的要约，且有更高的溢价。

Andriosopoulos 和 Yang（2015）基于英国的数据，发现机构投资者控制权、机构持股集中和境外机构持股均增加了跨境并购的可能性。

Bargeron 等（2015）发现，具有信任员工文化的公司并购活动量与其他公司没有显著差异，但并购规模明显小于其他公司。

Dhaliwal 等（2016）发现，目标公司更有可能受到拥有共同审计师的公司的并购，且共同审计师能够提高并购的完成率。

李诗等（2017）发现，相较地方国企和民企，中央国企更可能到海外并购敏感性资产。

肖土盛等（2018）发现，民营企业风格与本地政府环境不匹配时倾向于进行异地并购，其中"关系导向型"民营企业更倾向到"清廉度低"政府环境中并购，而"市场导向型"民营企业则更倾向到"清廉度高"政府环境中并购。

Brooks 等（2018）发现，两家公司之间的机构交叉股权不仅增加了它们合并的可能性，还降低了并购成本。

Lee 等（2018）发现，当企业拥有相关的人力资本时跨行业或跨市场并购的可能性更大。

Arouri 等（2019）发现，企业社会责任与并购不确定性存在负向关系。

Gomes（2019）发现，企业社会责任与其成为并购目标的倾向呈正相关。

臧成伟和蒋殿春（2020）发现，国有企业在国内享有政策优惠的"主场优势"没有延伸至国外，国有企业海外并购倾向较低。

刘波波和高明华（2021）发现，投资者关系管理能够通过缓解融资约束和经理人代理问题显著提高企业发起并购的可能性和并购规模。

董静和余婕（2021）研究了风险投资的异地投资经验和投资地理多样性对被投企业的远距离异地并购产生的传染效应。

黄志宏等（2022）发现，由于"信息效率"和"市场压力"的存在，分析师跟踪人数与企业技术并购决策之间存在显著的倒"U"型关系。

贾镜渝和孟妍（2022）发现，国有身份容易引起东道国审查机构对其并购合法性的担忧，从而降低国有企业海外并购成功率。

李诗等（2022）发现，实际控制人的家族文化观念越强，企业并购交易的规模越小。

潘红波和杨海霞（2022）研究发现企业并购概率、并购频次及并购规模均随竞争者融资约束的增加而增加。

孙轻宇等（2022）发现，控制权与现金流权分离程度越高，家族企业跨国并购的可能性越大。

（二）管理层的权力与激励角度

李善民等（2009）发现，我国企业高管发起并购具有谋求更高薪酬和在职消费的私有收益动机。

李善民和陈文婷（2010）发现，管理者过度自信与并购决策存在显著正相关关系，但公司治理水平与并购决策存在显著负相关关系。

郭冰等（2011）发现，国有股权、管理层持股比例的增加、CEO和董事长两职合一会促进企业连续并购的发生，而具有较高独立性的董事会则会降低企业并购的发生概率。

Dutta等（2011）发现，拥有更多相对权力的CEO会进行更多的并购，但市场对并购公告的反应与CEO的权力无关。

张洽和袁天荣（2013）认为，CEO权力和私有收益是企业并购的主要推动力，对企业并购与否、并购规模及并购频率具有重要影响。

Phan（2014）发现，CEO持有内部债务与公司并购倾向之间存在负相关关系。

李广众等（2020）发现，经理人相对绩效评价的实施与强度的增加将抑制具有协同效应的并购行为。

王姝勋和董艳（2020）发现，授予高管的期权激励显著提升了企业发起并购的可能性和并购规模。

贺桥路（2024）综述了管理者股权激励与企业并购的相关文献，并认为企业并购行为中并购决策、交易特征和并购绩效三方面受管理者股权激励的影响最大。

（三）其他视角

陈玉罡和李善民（2007）发现，资产专用性越强，中间产品市场的不确定性越高，显性交易成本越高，公司发生并购的可能性越大；公司的成长能力越强，成长能力与盈利能力之间的不平衡程度越高，隐性交易成本越高，公司发生并购的可能性也越大。

李善民和周小春（2007）比较了参与并购的公司和其他公司的特征差异，发现它们参与并购前在公司绩效、公司规模、国有股比例以及多元化状况方面存在显著差异。

李哲和何佳（2007）发现，分拆上市的公司倾向于进行改制型并购，而整体上市的公司更倾向于进行投资型并购和行政主导型并购。

Owen 和 Yawson（2010）从收购企业的角度研究了企业生命周期对收购活动的影响。

方明月（2011）发现，资产专用性对并购过程中权力的配置的影响并不确定，而融资能力则对权力配置有显著的正向影响。

Baker 等（2012）研究了并购前峰值股价和并购报价对并购接受情况的影响。

Skaife 和 Wangerin（2013）发现，标的公司的低质量财务报告会增加破产并购交易重新谈判的可能性和交易失败的可能性。

Bena 和 Li（2014）发现，拥有大量专利但研发费用较低的公司一般是收购方，而研发费用高且专利产出增长缓慢的公司一般是并购目标。

刘莉亚等（2016）发现，生产率提高对国内并购和跨境并购都具有显著的促进作用。

Bereskin 等（2018）发现，企业文化相似的企业更有可能合并，且合并后具有更大的协同效应。

蒋冠宏和曾靓（2020）发现，融资约束低的企业选择跨国并购的概率更大。

李善民等（2020）发现，上市公司更愿意在股价低估时发起并购，且当上市公司面临的信息不对称程度越高和融资约束越低时影响更显著。

翟玲玲和吴育辉（2021）发现，相比没有评级的企业，有信用评级的企业更倾向于并购且并购规模更大。

何德旭等（2022）发现，在与同期同行业公司的横向比较中，公司股票的估值越高，开展并购的可能性越大；而与长期估值的纵向相比，公司股票的估值越低，开展并购的可能性越大。

杨攻研等（2022）发现，企业数字化转型显著提升了企业跨国并购的成功率，降低了并购溢价水平，并缩短了并购完成时间。

李雅婷等（2023）发现，绿色创新能够缓解东道国对并购交易的合法性担忧，从而提升我国企业跨国并购的成功率。

徐炜锋和阮青松（2023）发现，企业社会资本能够提高企业并购积极性。

杨沐纯等（2023）发现，中国企业的境内并购经历是其进行跨境并购的重要影响因素。

余婕和董静（2023）发现，风险投资的行业专长对企业选择具有较高风险的跨行业并购起到了促进作用。

五、并购的个人特质性影响因素研究

有部分文献研究了董事、高管的个人特质性因素对并购决策的影响。

江若尘等（2013）基于社会网络理论，研究了高管政治关联广度和政治关联深度对并购的影响。

魏江等（2013）发现，本地政治关联有助于企业在本产业内实施区域内或跨区域并购，而中央政治关联则有助于企业在本产业外实施区域内或区域间并购。

万良勇和胡璟（2014）发现，上市公司独立董事的社会网络中心度越高，公司越容易发生并购行为。

王砚羽等（2014）发现，企业政治基因越强，并购过程中的控制倾向越明显。

Levi 等（2014）发现，拥有女性董事的公司进行并购的概率更低，并购溢价也更低。

陈仕华等（2015）发现，与政治晋升机会较低的国企高管相比，当国企高管面临的政治晋升机会较高时，企业选择并购成长方式的可能性较高。

李善民等（2015）发现，股东社会网络能够对并购发起行为及并购绩效产生正面影响。

罗付岩等（2016）发现，董事会和高管的投资银行背景能够提高并购发生的概率和并购绩效。

蔡庆丰等（2017）发现，企业家的影响力越大，政治关联层级越高，企业越容易进行跨市并购，但跨省的并购却减少。

Elnahas 和 Kim（2017）基于美国的数据，发现 CEO 的政治意识形态与并购决策之间存在关系，保守的 CEO 更少参与并购。

邓伟等（2018）发现，聘请了券商背景独立董事的企业具有更高的并购概率和更大的并购规模。

李善民等（2019）发现，北方籍贯的 CEO 并购次数更多，并购金额更大，且较多实施多元化并购。

孙甲奎和肖星（2019）研究了独立董事投行经历对并购决策的影响，结果发现，投行独董并不会增加参与并购的可能性。

彭聪等（2020）发现，高管校友关系网络越强的企业，参与跨省、跨市并购的概率越高。

华仁海和章玮梓（2021）发现，CEO 家乡偏好也可以促进企业异地并购。

王海军等（2021）发现，总体上管理者的从政经历不会显著影响国企海外并购倾向，但在不同部门的从政经历具有异质性。

李善民和周珏廷（2022）发现，具有金融背景的高管通过降低融资约束和提高风险承担显著提高了公司发起并购的可能性。

张继德和张家轩（2022）研究了高管海外背景与并购之间的关系，发现具有海外经历的高管能够提升所在企业的跨国并购意愿。

六、评价与展望

综合以上分析可以看出，近些年关于并购影响因素的研究呈现出"井喷式"发展的趋势，研究内容涵盖了从宏观到微观的方方面面。在并购的直接动因方面，已有研究在战略资产寻求动因、自然资源寻求动因或市场和效率寻求动因的基础上，拓展出了不少新的研究视点，如"高管自利""股价高估"等。在并购的其他影响因素方面，已有文献主要讨论了政治或制度环境以及企业与利益相关者之间的关系对并购决策的影响，部分文献研究了文化地理、宏观经济、高管特征、公司治理、研发投入等因素与企业并购之间的关系，部分文献与时俱进，将"数字化转型""绿色转型""企业社会责任"等概念引入了并购相关研究中。

对并购动因的未来研究可从三个方面展开：

一是新的制度和技术背景下的并购动因，例如贸易争端背景下的并购、新能源背景下的并购、"高水平开放"背景下的并购、AI企业的并购等。这些并购的动因和交易类型可能会与传统企业有所区别。

二是企业和高管的其他特征对并购决策的影响，如儒家文化、商帮文化、从军经历等。这些研究可以丰富并购影响因素领域的文献，将更多的变量纳入到并购理论体系当中。

三是将并购研究进一步深化到更细的类别，如连续并购、异地并购、国企与民企之间的并购等。已有的大部分研究都普遍关注并购的总体特征，如发起并购的概率、并购的规模或并购的成功率，而从结构视角研究并购动因的文献并不多见。通过细分并购的类别，我们能够进一步研究并购影响因素的异质性，从而开拓出新的研究视角。

第二节　并购绩效研究述评

一、并购方和目标公司的并购绩效

已有大量文献对并购绩效进行了深入研究。然而，关于并购是否真正提升了企业绩效，学术界尚未达成共识。

Jensen 和 Ruback（1983）对 13 篇并购活动的论文进行回顾后发现，成功并购后目标公司的股东获得了正的超额收益。

Healy 和 Palepu（1992）使用经营活动现金流量总资产收益率度量并购绩效，发现并购提升了公司绩效。

Porter（1987）发现，公司在并购后股价出现下跌，股东财富受到了损失，

Gregory（1997）发现，多元化并购引起了负面的市场反应，累积超额收益率显著为负。

李善民等（2004）发现，上市公司发生并购的当年绩效有所提升。

冯根福等（2001）发现，上市公司并购后，并购绩效整体呈现先升后降的趋势，且不同类型的并购后业绩也有所不同。

李心丹等（2003）利用数据包络分析方法（DEA），发现并购在总体上提升了上市公司的经营效率，并购后几年内绩效仍然保持上升趋势。

张翼等（2015）发现，长期来看，上市公司并购并未产生价值，且规模更大的公司短期内的绩效显著下降而长期绩效显著提高（余鹏翼等，2014）。

李志刚（2008）发现，并购公司的绩效在当年有所提升，而随后则显现出下降趋势，而目标公司则与之相反，并购当期的绩效下降但随后绩效上升。

另外，也有学者结合多个指标，通过构建绩效评价体系的方式，从多个维度评估了并购绩效。

刘畅等（2017）从财务收益、资本运营、偿债和可持续发展四个方面对并购绩效进行了评估，发现并购对上市公司的绩效在短期内有微弱不显著的影响，但对长期绩效有显著的影响。

基于因子分析法，潘颖和聂建平（2014）发现，上市公司并购绩效当年有所改善，但后续 1~4 年却未能得到改善，而以股价反映的收购公司绩效在 1~3 年内呈显著下降的趋势（赖步连等，2006）。

苑泽明等（2018）采用案例研究的方法，选取吉利集团 2009~2016 年的海外并购事件，从企业盈利能力、管理效率、技术创新能力和国际化水平四个维度构建了海外并购绩效评价体系，发现吉利集团的海外并购显著提升了企业的创新能力和国际化程度，但对其他两个方面的绩效影响不大。

张本照和盛倩文（2016）以互联网金融公司并购事件为样本，发现该领域的公司的并购给企业带来了正面影响，具体表现为增加了企业的价值。

在并购过程中其他因素诸如会计信息质量、目标公司的财务状况以及聘请的财务顾问类型均会对公司并购后的绩效产生影响（潘红波和余明桂，2014；张翼等，2015；宋贺等，2019）。

EVA（经济附加值）作为企业经营绩效考核指标之一，用于评估扣除资本成本后企业创造的真实经济利润，以更好地评价其财务表现并做出有效决策。

胡海青等（2016）使用案例研究的方法，对吉利企业并购沃尔沃的事件进行了分析，发现吉利汽车的 EVA 在并购后呈现出增长趋势，支持并购实现协同效应的观点。

陆桂贤（2012）基于 2004~2009 年并购样本，使用 EVA 值作为并购绩效的衡量指标，发现国有控股并购减少了股东财富。

陈柳卉和邢天才（2018）使用 EVA 模型发现并购后两年之内，上市公司的绩效没有得到显著提升，到第三年才有所改善。

近年来，随着并购领域研究的不断深入，学者们开始关注与并购绩效相关的其他新话题。

王艳等（2020）以民营公司作为研究样本，创新性地探究了并购溢价和短期内实现的超额收益共同形成的协同效应对长期并购绩效的影响，发现并购溢价使得民营企业获得优质资源要素从而促使全要素生产率的提升并为企业创造了长期的并购价值。

徐经长和李博文（2022）探究了重大资产重组中募集配套资金行为对并购方绩效的影响，发现募集配套资金制度能够提高并购的短期和长期绩效，促进并购发挥协同效应。

蒋冠宏（2022）从我国内资企业间所有权转移对并购绩效的影响角度切入，发现只有资产所有权发生转移时才能显著提升并购绩效，而非控股并购并没有显著的协同效应，提升技术效率能力和市场需求管理能力的协同效应在其中发挥机制作用。

陈仕华和王雅茹（2022）关注了实践中的企业并购依赖问题，发现当企业拥有的成功并购知识越多，面临的成长压力越大时，企业并购依赖越能正向影响并购战略选择。拥有成功并购知识显著提升了并购绩效，而当面临的并购压力越大时绩效则越差。

张峥和聂思（2016）检验了技术并购对企业创新能力的影响，发现相比非技术并购，技术并购显著提升企业的并购创新绩效，互补性技术并购更能促进并购企业的创新绩效。

二、并购交易特征与并购绩效

已有文献发现并购后绩效与并购动机、并购的交易特征以及并购类型密切相关。

李增泉等（2005）发现出于配股或避亏动机进行的并购能够提高公司的业

绩，而出于掏空动机进行的并购则没有影响。

Maksimovic 和 Phillips（2004）发现，企业所处的产业周期对并购后的经营效率有所影响，在成长性行业、成熟性行业中，分别进行横向、纵向并购绩效最好，在衰退行业中进行横向并购绩效最差（范从来等，2002）。

刘笑萍等（2009）发现，处于不同产业周期时，并购绩效也因并购类型的不同而有所差别。

张弛和余鹏翼（2017）发现，不同并购类型对技术并购的影响显著不同，横向技术并购对企业的并购绩效有抑制作用而纵向并购有促进作用。

并购的支付是并购过程中的重要环节，企业可通过现金支付、换股支付、杠杆收购、资产置换等方式进行并购。已有研究发现，并购绩效与并购的支付方式有关（Wansley 等，1983；Chang，1998）。

余鹏翼（2014）发现，以现金支付进行的并购对收购公司的绩效有正向影响。

葛结根（2015）发现，以现金支付的并购后续绩效较为稳定，资产支付的并购绩效呈现"高开低走"的趋势，支付方式若为现金与承担债务，绩效则呈现先升后降的趋势。

宋希亮（2008）聚焦国有独资公司实施的换购并购支付方式的长短期绩效，发现短期内产生了超额回报而长期内并购方遭受了显著的损失。

周绍妮和王惠（2015）从公司治理角度出发研究了股票支付方式对企业并购绩效的影响，发现股票支付通过优化股权结构和引入战略投资者的方式提升了并购绩效且优于现金支付的方式。

业绩承诺协议是在并购重组交易中，被并购方对在特定期限内达到一定的经营业绩向并购方做出的承诺。部分已有文献探究了其对并购活动的影响。

杨超等（2018）考察了业绩承诺协议的签订和条款特征对并购绩效的影响，发现签订该协议能够显著提升上市公司的并购绩效，其对并购绩效的具体影响因条款设置而异。

尹美群和吴博（2019）基于 2012~2016 年中小板及创业板企业的并购样本，发现业绩补偿承诺降低了管理层与投资者之间的信息不对称，提高了并购绩效，代理成本越高的企业采用业绩补偿承诺的可能性越小，并购规模越大时越有可能采用业绩补偿承诺。

三、制度、政策与并购绩效

经济政策的变化和监管规定也会对企业的并购活动和并购绩效产生一定影响。

李晓溪等（2019）检验了问询函制度对并购绩效的影响，发现问询函制度能够识别并购重组中潜在风险，通过缓解并购交易中信息不对称提升了并购绩效。

陈胜蓝和马慧（2017）则利用卖空管制放松作为政策冲击，使用双重差分方法发现该政策能够提升企业的长期和短期绩效，其中高管权益薪酬发挥了渠道作用。

潘红波和杨海霞（2022）研究了"去杠杆"政策引发的竞争者融资约束提升了企业的并购概率、并购频次及并购规模。

逯东等（2019）发现，在国有企业混合所有制改革的过程中，当非实际控制人具有董事会权力时，国有企业发起并购可能性较低，但并购绩效更好。并购效率的提升主要是通过减少无效并购和提升并购整合能力两条路径来实现的。

另外，非国有股东参与治理的程度越高，越能够发挥制衡和监督作用，其能够通过减少非效率并购和改善资源整合质量的方式，提升并购绩效（马勇等，2022）。

四、公司特征与并购绩效

从政治关联的角度看，我国国有上市公司的并购活动常常受到政府部门的干预（潘红波等，2008），民营企业可以通过政治关联的方式获得更多资源（于蔚等，2012），因此部分文献对政治关联与政府干预对并购活动的影响进行了讨论。

潘红波等（2008）研究了政府干预与政治关联对地方国有上市公司并购绩效的影响，发现政府干预显著降低了盈余企业的并购绩效，提升了亏损企业的并购绩效，而政治关联提升了盈利企业的并购绩效。

张雯等（2013）发现，政治关联对并购绩效有显著负面影响。另外，发现相比民营企业，地方国企异地并购的概率更低，且与同地并购相比，地方国企异地并购获得的政府支持更少，并购后有更消极的市场反应，企业的所得税率和贷款成本显著增加，从而支持了"政府支持之手"的观点（潘红波和余明桂，2011）。

陈仕华等（2015）考察了当国企高管政治晋升对并购的影响，发现当高管面临政治晋升机会较高时，对短期并购绩效没有显著影响，但是降低了长期的并购绩效。

魏炜（2017）发现，政治关联对并购后的会计绩效产生了负面影响，其对国有企业的影响显著，而对民营企业的影响不显著。

王凤荣和高飞（2012）研究了政府干预对处于不同生命周期的企业并购绩效的影响，发现企业处于成长期时政府干预显著降低了并购绩效而处于成熟期时则显著提升了并购绩效。

余鹏翼等（2014）发现，目标公司的政治关联关系提升了短期内的并购绩效，但是降低了长期的并购绩效。

企业的经营活动及其相关决策主要由管理者主导和推动实施，因此管理层的行为和自身特征直接影响到并购活动的开展。已有研究发现并购成功引发的管理层过度自信降低了随后并购的绩效（Doukas 和 Petmezas，2006）。

吴超鹏等（2008）基于 1997~2005 年的上市公司连续并购事件，发现管理层过度自信降低了并购绩效而管理层学习行为则可以避免该现象。管理层过度自信显著降低了并购后的财务绩效和市场绩效，且对不同类型的并购产生的影响不同（宋淑琴等，2015）。

赖黎等（2017）发现，当高管有从军经历时更偏好进行并购且并购风险更高，并购绩效更高，该效应在国有企业中更加显著。

应千伟和何思怡（2021）发现，CEO 的财会教育经历提升了并购绩效。

良好的公司治理结构能够提升并购中的透明度和效率，缓解信息不对称，进而降低并购中的潜在风险。

李心丹等（2003）发现，国有股权集中显著降低了企业并购绩效。

Schonlau 和 Singh（2009）发现，董事会联结关系较多的公司并购后的财务绩效可能会越好。

Chikh 和 Filbien（2011）基于法国企业 CEO 的社会网络关系也发现了相似的结论。

陈仕华等（2013）发现，与并购方存在董事联结关系的公司更容易成为并购的目标公司，且长期并购绩效更好。

万良勇和胡璟（2014）基于社会网络分析的视角，发现上市公司的董事越靠近网络位置中心时，公司越容易发生并购行为，且对并购绩效有显著正向影响，而连锁董事关系会降低并购后的实体绩效（田高良等，2013）。

赵息和张西栓（2013）从内部控制的角度出发，发现内部控制越好时并购绩效越高，高管权力与并购绩效负相关而内部控制能够对其进行制衡。

李维和陈钢（2015）发现，高管持股与短期并购绩效之间没有显著关系，而与长期并购绩效之间则呈非线性关系，其中会计稳健性在其中发挥调节作用。除此之外，机构投资者也在公司治理中扮演着重要角色。

周绍妮等（2017）划分机构投资者的类型，考察了其对国有企业并购绩效的影响，发现交易型机构投资者持股显著提升了国有企业的并购绩效，而稳定型投资者并未产生明显的治理效应。

Hellmann 和 Puri（2002）发现，风险投资机构的监督功能有利于降低并购整合的风险。

李曜和宋贺（2017）研究了风险投资（VC）参与度与企业并购绩效的关系，

结果显示风险投资的支持提高了企业的短期和长期并购绩效。

作为一种非正式制度，文化在一定程度上也影响了企业的并购活动。

Weber 和 Drori（2011）发现，并购双方良好的组织文化认同有利于降低并购中的文化冲突进而提升并购绩效。

王艳等（2014）从企业文化角度出发，检验了其对并购的影响，发现文化强度降低了并购的长期绩效。

李诗等（2022）探究了儒家家族主义文化对并购行为的影响，剖析了伦理思想在家族企业并购中发挥的作用，发现当家族主义文化观念越强时，并购规模越小但并购绩效越好。

五、跨国并购绩效

海外并购和跨国并购也一直是备受关注和研究的热门话题。已有研究发现，短期内海外并购的市场反应显著为正，中长期也呈现出非负的超额回报（顾露露和 Robert，2011；刘飒和李元旭，2016）。

Hemerling 等（2006）发现，有 56% 的中国企业海外并购创造了价值。

邵新建等（2012）发现，中国企业跨国并购产生了协同效应，取得了良好的绩效（田海峰等，2015）。

林季红和刘莹（2013）认为，海外并购造成了股东财富的损失，且国有企业的并购绩效和民营企业没有显著差异。

对于海外并购绩效的影响因素，Luo 和 Tung（2007）发现东道国的制度环境对中国企业跨国并购绩效有显著影响。

阎大颖（2009）发现，中国企业海外并购的海外并购经验越丰富，与东道国文化距离越小，并购的绩效越好。

朱勤和刘垚（2013）发现，东道国的制度环境越不完善，并购双方文化差异更小，企业规模和并购规模越大时，并购绩效越好。

刘飒和李元旭（2016）发现，地理距离正向影响了跨国并购绩效，而制度差异和国际经验则负向影响了跨国并购绩效。

贾镜渝和孟妍（2022）探究了国有企业海外并购低完成率和低效率背后的原因，发现国有身份更容易引起东道国审查机构的合法性担忧，特定的国际并购经验而非一般的并购经验才能提升并购速度，东道国制度越完善越能提升并购成功率，但增加了并购时间。

姜付秀等（2022）则发现，国际贸易显著提升了企业的海外并购绩效，且出口贸易的影响更显著。

六、评价与展望

已有文献从多个方面对并购绩效进行了探究，包括但不限于并购后的市场反应、财务和经营业绩、影响并购绩效的内外部因素等，大大丰富了并购领域的研究成果。与国外研究成果相比，国内学者结合我国的实际情况，对政治关联、政治干预、混合所有制改革等对企业并购活动的影响进行了深入探讨，拓宽了并购绩效的研究视野，对相关政策的制定和实施起到了指导作用。总体来看，并购绩效方面的文献汗牛充栋，研究视角、理论基础、研究方法都较为完善，研究结论已十分丰富。对于未来的研究，笔者认为以下几点可以关注：

首先，拓展并购绩效影响因素间相互关联和作用机制的研究。现有文献已从多个角度关注了并购绩效的影响因素，概括来看，包括并购活动本身（如支付方式、并购类型、目标公司特征），企业外部影响因素（如制度环境、监管政策）和内部影响因素（如公司治理、管理层行为、企业文化），然而上述因素对并购绩效的关联影响研究仍不够充分。企业并购是一项复杂程度和技术要求双高的业务活动，需要多方协调和相互配合，因此，单一方面的因素对并购后绩效的影响总是较为片面。未来的研究，可以综合企业内外部因素和并购活动自身特征，更加细致地探究其之间的相互关联和影响机制对并购绩效的影响。

其次，拓展并购绩效的评价维度和指标。综观已有文献，学者们通常使用并购事件窗口的市场反应、并购后财务指标的变化，EVA模型等对并购绩效进行评估。然而这仍是着眼于股东财富最大化的目标，忽视了并购活动对于利益相关者的影响。随着企业社会责任、ESG、可持续发展等理念的推广，未来的研究应将上述概念融入到绩效评价体系中，立体式、全方面、多维度地对并购绩效进行衡量，探究并购活动在更大范围内产生的影响。另外，随着我国经济迈入高质量发展阶段，培育和形成新质生产力，实现创新驱动成为发展的必然要求，未来的研究可以对并购活动与企业创新、高质量发展等之间的关系进行更加充分的探讨。

再次，创新并购绩效的研究方法。随着文本分析和机器学习技术和研究方法的应用与推广，未来的研究可以在研究方法上进行更多创新，如对并购重组事件的文本信息进行分析，运用词典法、深度学习、生成式人工智能等方法对并购事件信息进行挖掘和进一步分析，以更全面地度量并购绩效，充分识别并购对企业产生的具体影响。

最后，关注数字并购的绩效和经济后果。在企业加快实现数字化转型的背景下，数字并购（Digital M&A）这一概念逐渐受到广泛关注，数字并购相关研究在近年来得到快速发展，如李双燕和乔阳娇（2023）发现，数字并购显著提升了并购方企业的创新产出，抑制了企业垄断势力的提升。杨栩等（2024）发现，目标方留任数字背景高管对并购方数字创新绩效具有正向影响。未来的研究可以更多地关注数字并购的绩效、经济后果和影响因素等。

第三节　并购估值研究述评

一、并购估值方法

并购是企业在整个生命周期中规划发展的重要战略投资方式，并购活动的成功与否关键是对于标的企业价值的准确评估，以及并购行为发生后主并购企业与被并购企业所形成协同效应的判断。其中，并购价值评估既是整个并购过程的结果导向，也是并购决策的关键环节。有关并购价值的评估方法，当前在我国实务界主要有三种：成本法、市场法和收益法。关于企业价值评估方法最早可以追溯到实物期权的基本理论。实物期权的概念由 Myers（1977）第一次提出，其核心思想是企业战略投资时不仅要考虑标的物所产生的直接价值，也要考虑因未来可能拥有的投资选择权而带来的潜在价值，使得企业在长期投资持有后能够根据外部不确定性因素掌握其他投资途径或改变选择行为的权利，如资产的所有人投资某项资产时可以随时因外部不确定性而转作他用，在某种意义上增加了这种资产处置投资的方式。Kester（1984）的实证研究表明，企业所拥有的实物期权能够很大程度上影响其市场价值。

（一）成本法

财政部于 2014 年颁布的《企业会计准则第 39 号——公允价值计量》规定，成本法是反映当前要求重置相关资产服务能力所需金额（通常指现行重置成本）的估值技术，即对企业估值的标准是企业现行重置成本。成本法主要理念是基于理性人支付某项资产不高于现行资产的重购价格，并依据企业的资产负债表列报的相关资产与负债来评估目标企业的价值，主要方法为重置成本法或者成本加和法（辛超丽，2016）。冯丽颖等（2021）基于合并商誉的产出过程研究发现，合理的并购估值能够有效治理合并商誉风险。

（二）市场法

市场法通常是将目标企业与之前在市场上有过相似交易案例的企业进行权益性资产对比，通过比较其财务数据与经营数据，乘以合适的权重系数或经济指标，尽最大可能用于确认目标企业的市场价值，多源于公开的股票市场与并购市场的交易证据。这种评估方法的优势是数据来源于真实市场，能够反映企业目前的市场价值状态，容易被并购双方所接受。在市场法中，常用的方法通常是市盈率法、并购案例比较法和参考企业比较法。

由于市场法所受到的限制十分明显：一方面，之前如果没有类似的并购案例时很难给出一个接近真实的并购估值；另一方面，很难找到一个与企业各个维度财务风险和结构风险表现相同的企业，其可比性也会受到时间、空间变化的限制。

（三）收益法

收益法是目前在我国应用范围最广、最常见的并购价值评估方法。该方法的理论基础源于贴现理论，具体指企业某项资产未来的预期现金流量，根据该资产预期收益可能受到的风险，折现到评估日企业的资产价值评估，其折现率体现了投资某项资产并在未来获得收益的风险回报率。Miller（1958）研究认为，企业价值量的多少与企业未来资产的预期收益和折现率有关，但与股利分配政策和资本结构并没有关系。收益法在实践中的具体模型有很多，如现金流量折现法（DCF）、EVA 估价法、CAPM 模型、内部收益率法（IRR）等，其中目前绝大多数企业采用现金流量折现法（DCF）进行并购价值评估，贴现现金流量法（DCF）是目前最科学、评估技术较为成熟、应用较为广泛的一种价值评估方法（Kohers 等，2007）。DCF 模型由 Rappaport（1986）提出，他认为公司价值来源于未来可能具有的增长潜力以及企业可能存在的相关风险，价值为企业未来在运营中所取得绩效的期望值。DCF 法的理论基础经过了 MM 价值评估理论（1958），后又吸收了 Fisher（1906）的资本预算理论，之后在 Sharpe 的资产定价理论（1964）的基础上不断发展成熟。DCF 的方法是在企业持续经营以及可预测未来现金流的情况下确定未来现金流和贴现率，这种方法的局限性是只能估算未来能够带来现有业务增长以及已有公开投资机会，能够对企业现金流带来价值，并不能够完全包含环境不确定性带来的投资机会减少。刘洪久等（2010）研究发现，DCF 模型存在一定的预测偏差，具体表现为在预测未来销售收入时会与实际产生偏差，其原因是没有将并购整合成本以及市场上潜在的竞争对手对并购后企业价值的影响纳入考虑的范畴。

具体来看，DCF 法是考虑企业在并购发生后的若干年后每年的现金净流量与企业终值，设置贴现率来折算现值，具体公式为：

$$V = \sum_{t=1}^{n} \frac{CF_t}{(1+K_t)^t} + \frac{TV}{(1+K_n)^n}$$

式中，n 表示预测期间，市场价值用 V 来表示，第 t 年现金流量的预测值用 CF_t 表示，第 t 年的贴现率用 K_t 表示，TV 是企业第 n 年末目标企业的终值。

该方法的优势在于考虑了企业实质性未来盈利能力的影响因素，运用未来预期现金流量、折现率来评估企业的价值，能够很好地避免之前没有类似并购案例造成估值困难的问题，但该模型依然具有一定的不确定性，尤其是参数的选择对于估值判断的影响。另外，对于某些企业战略性部署现阶段亏损、未来可能盈利的企业，企业持有专利尚未市场化盈利的企业，DCF 法预测的估值就并没有那么准确。

二、并购估值后的市场价值

Scott 和 Goodwin（1992）与 Harris 等（1993）以澳大利亚地区企业为研究对象，检验得出了资产评估会影响股票市场的结论。

Geltner（1997）研究发现，证券投资组合的定价很大程度会受资产评估结果评定的影响。

赵立新和刘萍（2011）以 2009 年和 2010 年两企业的并购重组案例为样本，研究发现，最终用资产评估结果作为企业并购定价依据的样本占全部并购重组案例的 90%。

王竞达等（2012）研究发现，创业板公司一般会选择并购与主并购企业具有互补效应以及产生支持的企业，通常具有创新专利可使用程度高、技术应用性强、轻资产的特点，并且并购之后企业的生产经营增值率能够反映并购后的协同效应以及企业应用被并购企业创新专利所产生的经济利益。

章琳等（2022）研究发现，并购溢价会通过选择渠道对主并购企业的整体创新能力起到显著的促进作用，而并购溢价通过协同渠道对增量创新并未起到促进作用。

徐经长等（2022）研究发现，包含配套融资的并购交易会具有更好的长短期绩效，并且主并购方的并购绩效与募集配套资金的相对比例显著正相关，能够发挥市场的资源配置效率。

党怡昕等（2024）研究发现，退出威胁会抑制企业资产估值虚高的现象，经理人持股市值、控股股东持股市值及其股权质押会对退出威胁与资产估值虚高的负向作用起到加强的效果。

并购活动不仅是企业为了增加自身市场竞争力而取得目标企业自身的固有价值，在并购活动背后，更重要的是考虑未来主并购企业与标的企业的协同价值，这对于并购活动的成功以及并购绩效都具有重要的意义，于是有学者在并购价值的评估模型上进行探索，不断地运用计量模型挖掘企业并购后的协同价值。

赵息等（2012）基于信息对期权定价的影响，研究了企业在不完全信息下并购价值评估的成长期权模型，结果表明不完全信息会显著影响并购价值的评估。

徐经长等（2017）研究发现，并购商誉金额会抑制债务融资成本，而商誉减值金额会促进债务融资成本。

三、并购价值的评估方法

国内外相关学者考虑了多种情境与可能对企业并购价值评估领域的实物期权模型做了大量的研究。

Sharpe（1964）提出了资本资产定价模型，该模型为投资者在收益和风险之间寻找到最优的投资组合，之后该模型得到了广泛应用。

Roberts 等（1981）基于信息收集对投资领域的重要影响，提出了一个连续投资的模型，该模型对于降低投资者投资不确定性具有重要作用。

Koller 等（2007）系统阐述了企业的价值是由预期获取现金流量以及投资收益来决定的，特别强调了企业的价值不仅仅是现在的业绩，更重要的是考虑未来可能的业绩。

Elmar 等（2012）利用博弈论、金融期权方法研究并购的额外对价问题，发现并购的最优价值动态变化过程并不确定。

Sean 和 Jeff（2015）运用增长期权模型研究企业并购风险，发现当企业具有高增长期权时，往往很难成为并购对象。

刘焰等（2002）研究发现，在目标并购企业的价值评估时，运用 Black - Scholes 金融期权模型可以计量标的并购企业的成长性期权价值。

齐安甜和张维（2003）在实物期权理论的基础上研究了该理论如何应用于企业并购价值评估。

陈洪和秦喜杰（2005）对比了净资产法、收益现值法、市价法与期权法等评估方法，对于主并企业对目标企业的合理估值具有重要的借鉴意义。

赵敏等（2005）考虑了传统企业并购模型的局限性以及科技型企业的特点，在创业企业并购价值评估中基于 Metron 理论利用 B-S 模型构建了期权评估模型，为并购企业的定价提供了一种方法。

杨红等（2006）利用博弈模型分析了产权交易定价过程，针对四种可能出现的博弈结果，给卖方提供了相关的判断标准并且最终推导出连续交易的结果。

张安波等（2009）认为，企业的核心能力对于目标企业的价值评估具有重要作用，这种核心能力是在企业价值性、难以模仿性、异质性、路径依赖性、延展性与动态性等组织中积累的重要能力。

刘洪久等（2013）利用基于竞争博弈的伯特兰德模型来描述并购后的市场竞争态势，修正了传统 DCF 评估方法的缺陷，为企业更好地进行并购决策提供了方法指引。

刘洪久等（2018）考虑并购期权价值会随着产业的生命周期而发生变化，采用 Gompertz 曲线预测模型来模拟产业的相关生命周期，优化了评估期权价值 Black-Scholes 评估模型，能够最大可能地减少高估风险发生的可能，确保并购价值的合理性与科学性。

王超发等（2017）实证分析了光伏企业的战略并购，发现近似评估法更能够准确提高并购中目标企业价值评估的准确度。

葛翔宇等（2017）基于前景理论研究了一种新的实物期权定价模型，为企业在有限理性的框架下确定了一个新的思路，能够得到目标公司并购重组时的合理估值。

四、并购估值的影响因素

Miller 和 Shapira（2004）、Tiwana（2007）等从决策理论视角研究了经理人怎样来对实物期权价值进行评估。

翟进步（2019）等研究发现，业绩承诺通过信号传导机制提高了并购目标企业的价值评估，会提高上市公司的股价，这种股价提升作用在并购重组中具有双向业绩承诺情况下表现得更为明显。

辛宇（2015）等研究发现，民营企业与地方国有企业相比，民营企业的并购会对公司未来股价崩盘产生重要影响，而中央国有上市公司的并购行为会显著抑制这一风险，对于民营企业并购时的高估值会增加其股价崩盘风险。

齐善鸿等（2013）基于经济和文化两个维度，提出了"经济—文化"的博弈模型，在我国企业跨国并购的情境下，提出了破解该博弈局面新的策略，在文化整合层面给我国企业在跨国并购方面提供了有效指引。

谢德仁（2023）基于国际会计准则中合并业务的相关规定，认为并购协同效应产生的费用纳入商誉的会计处理并不合适，需要在并购日当天将这部分价格费用化。

蔡春等（2022）研究发现，共享审计师发生在标的公司与并购审计时可以降低并购溢价发生的概率，当共享审计师越了解标的公司，审计独立性降低会导致抑制并购溢价的效果越差。

五、评价与展望

Fisher（1906）最早探究了企业资本价值的来源以及其形成过程，认为企业资本价值应考虑未来收入的现值。

20 世纪 50 年代，Miller（1958）研究提出，资产预期的收益和折现率与企业自身的价值息息相关。目前，企业并购价值评估中应用广泛的 DCF 法就是在

Fisher 的资本价值理论和 MM 理论的基础上逐渐发展起来的，是当今评估技术较为成熟、应用较为广泛的方法，但依然存在一定的问题。

现有并购估值有关评估方法的选择主要为收益法与成本法，尤其是 DCF 的应用较为广泛，但在实务界中并购活动的发生往往掺杂了主并购企业与被并购企业双方的博弈，在评估方法的选择上会偏向利益性的一方，尤其是第三方评估机构介入后，可能会出现配合客户需求选择对其有利的评估方法。这对于企业价值评估的准确度具有极大挑战，会导致资产大幅增值或减值的可能性，对日后并购双方整合的协同效应以及并购企业的市场价值都具有隐含的威胁。另外，有关现金流贴现法（DCF）的相关模型也具有争议，尤其是其参数的选择极大程度影响了企业的估值，在收益法评估中对于企业未来现金流以及收益期间、折现率的预测有的时候会与实际不符。尤其是在科创板中，由于创新投入周期较长、风险性较高，企业未来盈利能力与市场份额具有很大的不确定性。

折现率的问题主要表现在对数据参照的选取具有一定范围的随意性，不同行业、企业特征会影响折现率的选择，相对集中的折现率选择会影响最终估值测度的准确性。另外，成本法和收益法在并购估值实际测算时具有一定的差异，这会导致评估机构选择哪种方式来进行评估直接影响了并购交易的价格。

现有关于无形资产的评估相对比较复杂，如有关产品的分销渠道、品牌价值等无形资产的估值会影响评估机构的判断，在实践中依然采用上述三种方法进行评估，但三种价值评估方式能否真正适合无形资产依然值得探讨。同时，无形资产的估值对并购后企业市场价值的影响也非常值得关注。

近年来，企业数字化转型情境中产生的一系列数据资产对于企业价值评估、未来市场价值都具有重要影响，财政部于 2023 年 8 月颁布了《企业数据资源相关会计处理暂行规定》，该规定要求，自 2024 年 1 月 1 日起，企业需要在资产负债表"存货—数据资源"和"无形资产—数据资源"项目中根据实际情况进行强制披露加自愿披露。数据资产未来可能成为企业的核心资源，对其进行确权已是大势所趋。与此相适应，关于数据资产的估值也会被加速提上日程，这对于未来企业的并购估值势必会起到关键影响，有关这一领域的学术研究也有望成为并购会计研究的一个重要趋势。

参考文献

［1］ Aharon D Y, Gavious I, Yosef R. Stock market bubble effects on mergers and acquisitions ［J］. The Quarterly Review of Economics and Finance, 2010, 50（4）: 456-470.

［2］ Alimov A. Labor market regulations and cross-border mergers and acquisitions ［J］. Journal of International Business Studies, 2015, 46（8）: 984-1009.

［3］ Andriosopoulos D, Yang S. The impact of institutional investors on mergers and acquisitions in the United Kingdom ［J］. Journal of Banking & Finance, 2015（50）: 547-561.

［4］ Arouri M, Gomes M, Pukthuanthong K. Corporate social responsibility and M&A uncertainty ［J］. Journal of Corporate Finance, 2019（56）: 176-198.

［5］ Baker M, Pan X, Wurgler J. The effect of reference point prices on mergers and acquisitions ［J］. Journal of Financial Economics, 2012, 106（1）: 49-71.

［6］ Bargeron L, Lehn K, Smith J. Employee-management trust and M&A activity ［J］. Journal of Corporate Finance, 2015（35）: 389-406.

［7］ Bena J, Li K. Corporate innovations and mergers and acquisitions ［J］. The Journal of Finance, 2014, 69（5）: 1923-1960.

［8］ Bereskin F, Byun S K, Officer M S, et al. The effect of cultural similarity on mergers and acquisitions: Evidence from corporate social responsibility ［J］. Journal of Financial and Quantitative Analysis, 2018, 53（5）: 1995-2039.

［9］ Bharadwaj A, Shivdasani A. Valuation efects of bank financing in acquisitions ［J］. Journal of Financial Economics, 2003, 67（1）: 113-148.

［10］ Bonaime A, Gulen H, Ion M. Does policy uncertainty affect mergers and acquisitions? ［J］. Journal of Financial Economics, 2018, 129（3）: 531-558.

［11］ Brooks C, Chen Z, Zeng Y. Institutional cross-ownership and corporate strategy: The case of mergers and acquisitions ［J］. Journal of Corporate Finance, 2018

（48）：187-216.

[12] Chan A W H, Cheung H Y. Extraversion, individualism and M&A activities [J]. International Business Review, 2016, 25（1）：356-369.

[13] Chang S. Takeovers of privately held targets, methods of payment, and bidder returns [J]. The Journal of Finance, 1998, 53（2）：773-784.

[14] Chikh S, Filbien J Y. Acquisitions and CEO power: Evidence from French networks [J]. Journal of Corporate Finance, 2011, 17（5）：1221-1236.

[15] Dhaliwal D S, Lamoreaux P T, Litov L P, et al. Shared auditors in mergers and acquisitions [J]. Journal of Accounting and Economics, 2016, 61（1）：49-76.

[16] Doukas J A, Petmezas D. Acquisitions, overconfident managers and self-attribution bias [J]. European Financial Management, 2007, 13（3）：531-577.

[17] Elmar L, Jeffrey J R, Andreas W. Earnouts in mergers and acquisitions: A game-theoretic option pricing approach [J]. European Journal of Operational Research, 2012（223）：256-263.

[18] Elnahas A M, Kim D. CEO political ideology and mergers and acquisitions decisions [J]. Journal of Corporate Finance, 2017（45）：162-175.

[19] Erel I, Liao R C, Weisbach M S. Determinants of cross-border mergers and acquisitions [J]. The Journal of Finance, 2012, 67（3）：1045-1082.

[20] Ferreira M A, Massa M, Matos P. Shareholders at the gate? Institutional investors and cross-border mergers and acquisitions [J]. Review of Financial Studies, 2010, 23（2）：601-644.

[21] Francis J R, Huang S X, Khurana I K. The role of similar accounting standards in cross-border mergers and acquisitions [J]. Contemporary Accounting Research, 2016, 33（3）：1298-1330.

[22] Gomes M. Does CSR influence M&A target choices? [J]. Finance Research Letters, 2019（30）：153-159.

[23] Gregory A. An examination of the long run performance of UK acquiring firms [J]. Journal of Business Finance & Accounting, 1997, 24（7-8）：971-1002.

[24] Healy P M, Palepu K G, Ruback R S. Does corporate performance improve after mergers? [J]. Journal of Financial Economics, 1992, 31（2）：135-175.

[25] Hebous S, Ruf M, Weichenrieder A J. The effects of taxation on the location decision of multinational firms: M&A versus greenfield investments [J]. National Tax Journal, 2011, 64（3）：817-838.

[26] Hellmann T, Puri M. Venture capital and the professionalization of start-up

firms: Empirical evidence [J]. The Journal of Finance, 2002, 57 (1): 169-197.

[27] Hemerling J, Michael D C, Michaelis H. China's global challengers: The strategic implications of Chinese outbound M&A [R]. Boston, MA: Boston Consulting Group, 2006.

[28] Jensen M C, Ruback R S. The market for corporate control: The scientific evidence [J]. Journal of Financial Economics, 1983, 11 (1-4): 5-50.

[29] Krishnan C N V, Masulis R W, Thomas R S, et al. Shareholder litigation in mergers and acquisitions [J]. Journal of Corporate Finance, 2012, 18 (5): 1248-1268.

[30] Kulatilaka N, Perotti E C. Strategic growth options [J]. Management Science, 1998, 44 (8): 1021-1031.

[31] Lee K H, Mauer D C, Xu E Q. Human capital relatedness and mergers and acquisitions [J]. Journal of Financial Economics, 2018, 129 (1): 111-135.

[32] Levi M, Li K, Zhang F. Director gender and mergers and acquisitions [J]. Journal of Corporate Finance, 2014 (28): 185-200.

[33] Luo Y, Tung R L. International expansion of emerging market enterprises: A springboard perspective [J]. Journal of International Business Studies, 2007 (38): 481-498.

[34] Maksimovic V, Phillips G. The industry life cycle, acquisitions and investment: Does firm organization matter? [J]. The Journal of Finance, 2008, 63 (2): 673-708.

[35] Miller K D, Shapira Z. An empirical test of heuristics and biases affecting real option valuation [J]. Strategic Management Journal, 2004, 25 (3): 269-284.

[36] Nguyen H T, Yung K, Sun Q. Motives for mergers and acquisitions: Ex-post market evidence from the US [J]. Journal of Business Finance & Accounting, 2012, 39 (9-10): 1357-1375.

[37] Nguyen N H, Phan H V. Policy uncertainty and mergers and acquisitions [J]. Journal of Financial and Quantitative Analysis, 2017, 52 (2): 613-644.

[38] Owen S, Yawson A. Corporate life cycle and M&A activity [J]. Journal of Banking & Finance, 2010, 34 (2): 427-440.

[39] Phan H V. Inside debt and mergers and acquisitions [J]. Journal of Financial and Quantitative Analysis, 2014, 49 (5-6): 1365-1401.

[40] Porter M E. From competitive advantage to corporate strategy [M]. London: Macmillan Education UK, 1989.

［41］Roberts K，Weitzman M. Funding criteria for research，development and exploration projects［J］. Econometrica，1981，49（5）：1261-1288.

［42］Schonlau R，Singh P V. Board networks and merger performance［R］. Working Paper，University of Washington，2009.

［43］Sean M D，Jeff M. Growth options and acquisition likelihood in high tech［J］. Journal of High Technology Management Research，2015（26）：1-13.

［44］Shen H，Liang Y，Li H，et al. Does geopolitical risk promote mergers and acquisitions of listed companies in energy and electric power industries［J］. Energy Economics，2021（95）：105115.

［45］Skaife H A，Wangerin D D. Target financial reporting quality and M&A deals that go bust［J］. Contemporary Accounting Research，2013，30（2）：719-749.

［46］Tiwana A，Wang J J，Keil M，et al. The bounded rationality bias in managerial valuation of real options：Theory and evidence from IT projects［J］. Decision Sciences，2007，38（1）：157-181.

［47］Wansley J W，Lane W R，Yang H C. Abnormal returns to acquired firms by type of acquisition and method of payment［J］. Financial Management，1983（1）：16-22.

［48］Weber Y，Drori I. Integrating organizational and human behavior perspectives on mergers and acquisitions：Looking inside the black box［J］. International Studies of Management & Organization，2011，41（3）：76-95.

［49］Xie E，Reddy K S，Liang J. Country-specific determinants of cross-border mergers and acquisitions：A comprehensive review and future research directions［J］. Journal of World Business，2017，52（2）：127-183.

［50］财政部会计司编写组. 企业会计准则讲解 2006［M］. 北京：人民出版社，2007.

［51］财政部会计司编写组. 企业会计准则应用指南汇编 2024［M］. 北京：中国财政经济出版社，2024.

［52］蔡春，鲍瑞雪. 并购活动与标的公司共享审计师对并购溢价的影响研究［J］. 审计研究，2022（6）：68-79.

［53］蔡庆丰，舒少文，黄蕾. 地区空气污染的"压力"与企业绿色转型的"动力"——基于城市 PM2.5 和公司并购的实证发现［J］. 厦门大学学报（哲学社会科学版），2024，74（1）：50-63.

［54］蔡庆丰，田霖，郭俊峰. 民营企业家的影响力与企业的异地并购——

基于中小板企业实际控制人政治关联层级的实证发现［J］. 中国工业经济，2017（3）：156-173.

［55］蔡庆丰，田霖. 产业政策与企业跨行业并购：市场导向还是政策套利［J］. 中国工业经济，2019（1）：81-99.

［56］晁艳宾. WTO 后过渡期背景下零售企业并购特点及绩效研究［J］. 商讯商业经济文荟，2006（6）：25-27.

［57］陈奉先，段宇云，李娜. 双边政治关系与中国企业海外并购［J］. 金融经济学研究，2022，37（6）：84-98.

［58］陈奉先，李娜. 汇率变动如何影响中国企业跨国并购？［J］. 世界经济研究，2023（1）：102-117+136.

［59］陈柳卉，邢天才. 我国上市公司并购绩效评价及其发展［J］. 甘肃社会科学，2018（4）：235-241.

［60］陈胜蓝，马慧. 卖空压力与公司并购——来自卖空管制放松的准自然实验证据［J］. 管理世界，2017（7）：142-156.

［61］陈仕华，姜广省，卢昌崇. 董事联结、目标公司选择与并购绩效——基于并购双方之间信息不对称的研究视角［J］. 管理世界，2013（12）：117-132+187-188.

［62］陈仕华，卢昌崇，姜广省，王雅茹. 国企高管政治晋升对企业并购行为的影响——基于企业成长压力理论的实证研究［J］. 管理世界，2015（9）：125-136.

［63］陈仕华，王雅茹. 企业并购依赖的缘由和后果：基于知识基础理论和成长压力理论的研究［J］. 管理世界，2022，38（5）：156-175.

［64］陈文婷，李善民，杨继彬，余鹏翼. 盈余管理、信息披露与再次被收购［J］. 会计研究，2021（3）：87-109.

［65］陈诣之，蔡庆丰. 信贷资源与异地并购：基于省级层面的研究［J］. 统计研究，2023，40（9）：120-134.

［66］陈玉罡，李善民. 并购中主并公司的可预测性——基于交易成本视角的研究［J］. 经济研究，2007（4）：90-100.

［67］陈昱晗，李天群. 交通与通信发达度、企业周期与并购行为［J］. 财会通讯，2024（1）：81-85.

［68］程凤朝. 中国上市公司并购重组实务与探索［M］. 北京：中国人民大学出版社，2013.

［69］党怡昕，李秉祥. 非控股大股东退出威胁与资产估值：基于定增并购的金融风险防范视角［J］. 中国软科学，2024（4）：189-200.

［70］邓伟，王涛，成园园．券商背景独立董事对企业并购影响的实证研究［J］．南京审计大学学报，2018，15（4）：62-71.

［71］翟进步，李嘉辉，顾桢．并购重组业绩承诺推高资产估值了吗［J］．会计研究，2019（6）：35-42.

［72］翟玲玲，吴育辉．信用评级的融资与监督效应——来自企业并购的证据［J］．南开管理评论，2021，24（1）：27-38+45-47.

［73］董静，余婕．风险投资地域经验与企业异地并购［J］．经济管理，2021，43（4）：88-107.

［74］范从来，袁静．成长性、成熟性和衰退性产业上市公司并购绩效的实证分析［J］．中国工业经济，2002（8）：65-72.

［75］方军雄．市场分割与资源配置效率的损害——来自企业并购的证据［J］．财经研究，2009，35（9）：36-47.

［76］方军雄．政府干预、所有权性质与企业并购［J］．管理世界，2008（9）：118-123+148+188.

［77］方明月．资产专用性、融资能力与企业并购——来自中国 A 股工业上市公司的经验证据［J］．金融研究，2011（5）：156-170.

［78］冯根福，吴林江．我国上市公司并购绩效的实证研究［J］．经济研究，2001（1）：54-61+68.

［79］冯丽颖，任世驰．基于并购估值的合并商誉来源、经济性质与会计处理方法研究［J］．中国软科学，2021（1）：114-126.

［80］符胜斌．并购的艺术［M］．北京：中国法制出版社，2021.

［81］葛结根．并购支付方式与并购绩效的实证研究——以沪深上市公司为收购目标的经验证据［J］．会计研究，2015（9）：74-80+97.

［82］巩亚林，赵良凯，马永强．产业政策与企业并购决策——基于政策导向视角［J］．产经评论，2023，14（3）：70-85.

［83］顾露露，Reed R．中国企业海外并购失败了吗？［J］．经济研究，2011，46（7）：116-129.

［84］郭冰，吕巍，周颖．公司治理、经验学习与企业连续并购——基于我国上市公司并购决策的经验证据［J］．财经研究，2011，37（10）：124-134.

［85］韩永辉，王贤彬，韦东明，况丽文．双边投资协定与中国企业海外并购——来自准自然实验的证据［J］．财经研究，2021，47（4）：33-48.

［86］何德旭，曾敏，吴育辉，刘蕴霆．股票错误定价、市值管理与上市公司并购行为［J］．中国工业经济，2022（10）：118-136.

［87］贺邦靖，刘萍．中国资产评估理论与实践［M］．北京：中国财政经济

出版社，2013.

［88］贺桥路．管理者股权激励与企业并购行为研究——基于文献综述视角 ［J］．中国集体经济，2024（5）：92-95.

［89］胡海青，吴田，张琅，张丹．基于协同效应的海外并购绩效研究—— 以吉利汽车并购沃尔沃为例 ［J］．管理案例研究与评论，2016，9（6）：531-549.

［90］胡玄能．企业并购财务学 ［M］．北京：经济管理出版社，2018.

［91］胡彦宇，吴之雄．中国企业海外并购影响因素研究——基于新制度经 济学视角的经验分析 ［J］．财经研究，2011，37（8）：91-102.

［92］华仁海，章玮梓．CEO 家乡偏好与企业异地并购 ［J］．山西财经大学 学报，2021，43（11）：102-114.

［93］黄德红，董雷刚．民族地区与东南沿海地区上市公司并购绩效比较研 究 ［J］．中南民族大学学报（人文社会科学版），2014，34（5）：122-127.

［94］黄炎．中外并购动因之差异与后危机时期我国并购策略调整 ［J］．现 代财经（天津财经大学学报），2011，31（1）：39-44.

［95］黄志宏，李善民，王彩萍，赖烽辉．分析师跟踪对企业技术并购决策 的影响研究 ［J］．会计研究，2022（1）：129-143.

［96］贾镜渝，孟妍．经验学习、制度质量与国有企业海外并购 ［J］．南开 管理评论，2022，25（3）：49-63.

［97］江若尘，莫材友，徐庆．政治关联维度、地区市场化程度与并购—— 来自上市民营企业的经验数据 ［J］．财经研究，2013，39（12）：126-139.

［98］姜付秀，张敏，刘志彪．并购还是自行投资：中国上市公司扩张方式 选择研究 ［J］．世界经济，2008（8）：77-84.

［99］姜建刚，尹玉琴，张建红．外资安全审查对中国海外并购的影响研 究：基于 OECD 国家的经验 ［J］．世界经济研究，2021（11）：49-63+135-136.

［100］蒋殿春，唐浩丹．数字型跨国并购：特征及驱动力 ［J］．财贸经济，2021，42（9）：129-144.

［101］蒋冠宏，曾靓．融资约束与中国企业对外直接投资模式：跨国并购还 是绿地投资 ［J］．财贸经济，2020，41（2）：132-145.

［102］蒋冠宏．企业并购如何影响绩效：基于中国工业企业并购视角 ［J］．管理世界，2022，38（7）：196-212.

［103］颉茂华，王娇，刘铁鑫，施诺．反腐倡廉、政治关联与企业并购重组 行为 ［J］．经济学（季刊），2021，21（3）：979-998.

［104］赖步连，杨继东，周业安．异质波动与并购绩效——基于中国上市公

司的实证研究［J］. 金融研究, 2006 (12)：126-139.

[105] 赖黎, 巩亚林, 夏晓兰, 马永强. 管理者从军经历与企业并购［J］. 世界经济, 2017, 40 (12)：141-164.

[106] 黎平海, 李瑶, 闻拓莉. 我国企业海外并购的特点、动因及影响因素分析［J］. 经济问题探索, 2009 (2)：74-79.

[107] 李广众, 朱佳青, 李杰, 李新春. 经理人相对绩效评价与企业并购行为：理论与实证［J］. 经济研究, 2020, 55 (3)：65-82.

[108] 李梦琦. 中国企业海外并购的影响因素［J］. 山西财经大学学报, 2021, 43 (S1)：21-27.

[109] 李强. 中国企业战略资产寻求型跨国并购的动因及特征剖析［J］. 北京工商大学学报 (社会科学版), 2011, 26 (2)：96-102.

[110] 李蕊. 跨国并购的技术寻求动因解析［J］. 世界经济, 2003 (2)：19-24+79.

[111] 李善民, 曾昭灶, 王彩萍, 朱滔, 陈玉罡. 上市公司并购绩效及其影响因素研究［J］. 世界经济, 2004 (9)：60-67.

[112] 李善民, 陈文婷. 企业并购决策中管理者过度自信的实证研究［J］. 中山大学学报 (社会科学版), 2010, 50 (5)：192-201.

[113] 李善民, 公淑玉, 庄明明. 文化差异影响 CEO 的并购决策吗?［J］. 管理评论, 2019, 31 (6)：144-159.

[114] 李善民, 黄灿, 史欣向. 信息优势对企业并购的影响——基于社会网络的视角［J］. 中国工业经济, 2015 (11)：141-155.

[115] 李善民, 黄志宏, 郭菁晶. 资本市场定价对企业并购行为的影响研究——来自中国上市公司的证据［J］. 经济研究, 2020, 55 (7)：41-57.

[116] 李善民, 毛雅娟, 赵晶晶. 高管持股、高管的私有收益与公司的并购行为［J］. 管理科学, 2009, 22 (6)：2-12.

[117] 李善民, 周珏廷. 金融背景高管能助力实体企业高质量并购吗?［J］. 中山大学学报 (社会科学版), 2022, 62 (5)：194-206.

[118] 李善民, 周小春. 公司特征、行业特征和并购战略类型的实证研究［J］. 管理世界, 2007 (3)：130-137.

[119] 李善民, 朱滔, 陈玉罡, 曾昭灶, 王彩萍. 收购公司与目标公司配对组合绩效的实证分析［J］. 经济研究, 2004 (6)：96-104.

[120] 李善民, 朱滔. 多元化并购能给股东创造价值吗?——兼论影响多元化并购长期绩效的因素［J］. 管理世界, 2006 (3)：129-137.

[121] 李诗, 黄世忠, 吴超鹏. 中国企业并购敏感性海外资产的经验研究

［J］．世界经济，2017，40（3）：99-121.

［122］李诗，蒋骄亮，吴超鹏．家族主义文化与企业并购行为——来自家族上市公司的证据［J］．会计研究，2022（1）：144-157.

［123］李双燕，乔阳娇．数字并购的市场效应——基于创新与垄断的视角［J］．经济管理，2023，45（10）：49-69.

［124］李维安，陈钢．高管持股、会计稳健性与并购绩效——来自沪深A股上市公司的经验证据［J］．审计与经济研究，2015，30（4）：3-12.

［125］李晓红．我国企业跨国并购的动因及风险对策研究［J］．北京工商大学学报（社会科学版），2010，25（5）：59-62+77.

［126］李晓溪，杨国超，饶品贵．交易所问询函有监管作用吗？——基于并购重组报告书的文本分析［J］．经济研究，2019，54（5）：181-198.

［127］李心丹，朱洪亮，张兵，罗浩．基于DEA的上市公司并购效率研究［J］．经济研究，2003（10）：15-24+90.

［128］李雅婷，张竹，武常岐．绿色创新能否助力中国企业跨国并购？：组织合法性视角［J］．世界经济研究，2023（4）：59-72+135.

［129］李曜，宋贺．风险投资支持的上市公司并购绩效及其影响机制研究［J］．会计研究，2017（6）：60-66+97.

［130］李哲，何佳．国有上市公司的上市模式、并购类型与绩效［J］．世界经济，2007（9）：64-73.

［131］李志刚，陈守东，刘志强．我国上市公司并购绩效分析［J］．税务与经济，2008（5）：23-27.

［132］连增，李超，胡慧杰．国际友好城市与中资企业跨国并购——基于Zephyr全球并购分析交易库的实证研究［J］．财贸经济，2021，42（10）：147-164.

［133］林季红，刘莹．中国企业海外并购绩效研究——以并购整合为视角［J］．厦门大学学报（哲学社会科学版），2013（6）：115-124.

［134］刘波波，高明华．投资者关系管理对企业并购行为的影响研究［J］．经济管理，2021，43（10）：154-172.

［135］刘畅，韩爱华，沈锡茜．基于因子分析法的上市公司并购绩效评价［J］．统计与决策，2017（10）：179-181.

［136］刘桂良，晏艳阳，郑毅．资产评估理论与方法［M］．成都：西南财经大学出版社，2002.

［137］刘洪久，胡彦蓉，吴冲，马卫民．贴现现金流量法在并购价值评估中的缺陷与改进［J］．统计与决策，2010（19）：152-154.

[138] 刘娟，杨勃．"进阶版"海外并购：合法性寻求还是效率驱动？——基于中国经验数据的 fsQCA 分析 [J]．经济管理，2022，44（7）：59-79．

[139] 刘莉亚，何彦林，杨金强．生产率与企业并购：基于中国宏观层面的分析 [J]．经济研究，2016，51（3）：123-136．

[140] 刘莉亚，金正轩，何彦林，朱小能，李明辉．生产效率驱动的并购——基于中国上市公司微观层面数据的实证研究 [J]．经济学（季刊），2018，17（4）：1329-1360．

[141] 刘青，陶攀，洪俊杰．中国海外并购的动因研究——基于广延边际与集约边际的视角 [J]．经济研究，2017，52（1）：28-43．

[142] 刘笑萍，黄晓薇，郭红玉．产业周期、并购类型与并购绩效的实证研究 [J]．金融研究，2009（3）：135-153．

[143] 刘鳃，李元旭．我国企业跨国并购绩效影响因素的研究 [J]．国际商务（对外经济贸易大学学报），2016（3）：65-73．

[144] 刘焰，俞力峰，刘颖，邹珊刚．公司购并中目标企业成长性期权价值计量模型 [J]．华中科技大学学报（自然科学版），2002（1）：106-108．

[145] 陆桂贤．我国上市公司并购绩效的实证研究——基于 EVA 模型 [J]．审计与经济研究，2012，27（2）：104-109．

[146] 陆瑶．公司并购与重组 [M]．北京：清华大学出版社，2023．

[147] 逯东，黄丹，杨丹．国有企业非实际控制人的董事会权力与并购效率 [J]．管理世界，2019，35（6）：119-141．

[148] 罗福凯．财务学的边界 [M]．北京：经济管理出版社，2017．

[149] 罗付岩，赵佳星，赖丽娟．董事会投行关联对企业并购的影响研究 [J]．会计之友，2016（11）：34-40．

[150] 罗宏，陈韵竹，白雨凡．贸易政策不确定性与企业海外并购：消极应对还是积极扩张？[J]．国际金融研究，2022（12）：35-45．

[151] 罗进辉，巫奕龙，刘海潮，邹维佳．亲清政商关系的绿色治理效应——来自绿色并购的证据 [J]．财经研究，2023，49（11）：34-49．

[152] 马述忠，吴鹏，房超．东道国数据保护是否会抑制中国电商跨境并购 [J]．中国工业经济，2023（2）：93-111．

[153] 马骁．上市公司并购重组监管制度解析 [M]．北京：法律出版社，2009．

[154] 马勇，王满，马影．非国有股东参与治理能提升国企并购绩效吗？[J]．管理评论，2022，34（7）：57-70．

[155] 毛雅娟，米运生．公司并购的动因理论：一个基于价值视角的述评

[J]. 金融理论与实践，2010（6）：20-24.

[156] 孟为，姜国华，张永冀. 汇率不确定性与企业跨境并购 [J]. 金融研究，2021（5）：78-96.

[157] 潘红波，夏新平，余明桂. 政府干预、政治关联与地方国有企业并购 [J]. 经济研究，2008（4）：41-52.

[158] 潘红波，杨海霞. 竞争者融资约束对企业并购行为的影响研究 [J]. 中国工业经济，2022（7）：159-177.

[159] 潘红波，余明桂. 目标公司会计信息质量、产权性质与并购绩效 [J]. 金融研究，2014（7）：140-153.

[160] 潘红波，余明桂. 支持之手、掠夺之手与异地并购 [J]. 经济研究，2011，46（9）：108-120.

[161] 潘红波，张冰钰. 行业信息披露与上市公司并购——来自新三板扩容的准自然实验 [J]. 财务研究，2022（5）：33-47.

[162] 潘爽，叶德珠. 交通基础设施对市场分割的影响——来自高铁开通和上市公司异地并购的经验证据 [J]. 财政研究，2021（3）：115-129.

[163] 潘颖，聂建平. 基于因子分析的上市公司并购绩效差量评价 [J]. 经济问题，2014（1）：115-118.

[164] 彭聪，申宇，张宗益. 高管校友圈降低了市场分割程度吗？——基于异地并购的视角 [J]. 管理世界，2020，36（5）：134-144+160+14.

[165] 齐保垒，杜英，陆正飞，薛志欣. 地区风险偏好与企业并购行为——基于彩票销售数据的证据 [J]. 管理评论，2023，35（12）：3-19.

[166] 齐善鸿，张党珠，程江. 跨国并购"经济—文化"综合博弈模型 [J]. 管理学报，2013，10（11）：1588-1595.

[167] 任曙明，王倩，李洁敏. 成长冲动与风险对冲：经济政策不确定性如何影响企业海外并购 [J]. 当代经济科学，2021，43（4）：27-41.

[168] 阮飞，李明，董纪昌，阮征. 我国互联网企业并购的动因、效应及策略研究 [J]. 经济问题探索，2011（7）：69-72.

[169] 邵新建，巫和懋，肖立晟，杨骏，薛熠. 中国企业跨国并购的战略目标与经营绩效：基于A股市场的评价 [J]. 世界经济，2012，35（5）：81-105.

[170] 深圳证券交易所创业企业培训中心. 上市公司并购重组问答 [M]. 北京：中国财政经济出版社，2021.

[171] 石建勋，郝凤霞. 企业并购与资产重组 [M]. 北京：清华大学出版社，2021.

[172] 宋贺，段军山. 财务顾问与企业并购绩效 [J]. 中国工业经济，2019

（5）：155-173.

[173] 宋淑琴，代淑江．管理者过度自信、并购类型与并购绩效 [J]．宏观经济研究，2015（5）：139-149.

[174] 宋希亮，张秋生，初宜红．我国上市公司换股并购绩效的实证研究 [J]．中国工业经济，2008（7）：111-120.

[175] 孙甲奎，肖星．独立董事投行经历与上市公司并购行为及其效应研究——来自中国市场的证据 [J]．会计研究，2019（10）：64-70.

[176] 孙轻宇，王云开，张峰，杜国臣．家族企业两权分离与跨国并购——基于"掏空"行为视角的机制解释 [J]．南开经济研究，2022（11）：172-188.

[177] 唐绍祥．我国总体并购活动与宏观经济变量的关联性研究——对我国并购浪潮成因的分析 [J]．数量经济技术经济研究，2007（1）：83-91.

[178] 田高良，韩洁，李留闯．连锁董事与并购绩效——来自中国 A 股上市公司的经验证据 [J]．南开管理评论，2013，16（6）：112-122.

[179] 田海峰，黄祎，孙广生．影响企业跨国并购绩效的制度因素分析——基于 2000~2012 年中国上市企业数据的研究 [J]．世界经济研究，2015（6）：111-118+129.

[180] 万良勇，胡璟．网络位置、独立董事治理与公司并购——来自中国上市公司的经验证据 [J]．南开管理评论，2014，17（2）：64-73.

[181] 王凤荣，高飞．政府干预、企业生命周期与并购绩效——基于我国地方国有上市公司的经验数据 [J]．金融研究，2012（12）：137-150.

[182] 王海军，奚浩彬，邢华．管理者从政经历增加了国企的海外并购倾向吗?：来自上市公司的经验证据 [J]．世界经济研究，2021（4）：70-87+135-136.

[183] 王旭，高天惠，胡峰．中国企业海外并购动因和影响分析——与美国企业海外并购的比较 [J]．亚太经济，2022（1）：93-101.

[184] 王琳，陈熙，毛婷，余鹏翼．制度距离与跨国并购：基于制度套利逻辑的研究 [J]．国际经贸探索，2022，38（12）：52-68.

[185] 王姝勋，董艳．期权激励与企业并购行为 [J]．金融研究，2020（3）：169-188.

[186] 王轩，王睿．从信息产业并购看资本市场助力实体经济发展 [J]．学习论坛，2018（9）：42-46.

[187] 王艳，何竺虔，汪寿阳．民营企业并购的协同效应可以实现吗? [J]．会计研究，2020（7）：64-77.

[188] 王艳，阚铄．企业文化与并购绩效 [J]．管理世界，2014（11）：

146-157+163.

[189] 魏江，寿柯炎，冯军政．高管政治关联、市场发育程度与企业并购战略——中国高技术产业上市公司的实证研究［J］．科学学研究，2013，31（6）：856-863.

[190] 魏炜，朱青元，林桂平．政治关联、多元化并购与企业并购绩效［J］．管理学报，2017，14（7）：998-1005.

[191] 巫岑，罗婷，饶品贵．政府引导、财政分权与企业并购［J］．经济科学，2021（5）：20-36.

[192] 吴超鹏，吴世农，郑方镳．管理者行为与连续并购绩效的理论与实证研究［J］．管理世界，2008（7）：126-133+188.

[193] 吴涛，彭宇亭，杨渝镜．地方政府债务风险压力对地方国企并购行为的影响——来自 A 股市场的证据［J］．会计研究，2021（9）：120-135.

[194] 夏新平，潘红波，余明桂．企业并购决策临界点的期权博弈分析［J］．管理学报，2004（2）：187-191+126.

[195] 肖土盛，李丹，袁淳．企业风格与政府环境匹配：基于异地并购的证据［J］．管理世界，2018，34（3）：124-138.

[196] 谢德仁．并购协同效应与并购商誉计量——基于业务合并会计之新购买法的分析［J］．会计研究，2023（7）：18-29.

[197] 谢红军，蒋殿春．竞争优势、资产价格与中国海外并购［J］．金融研究，2017（1）：83-98.

[198] 辛超丽．企业并购与企业价值评估评述［J］．理论视野，2016（9）：85-87.

[199] 辛宇，李天钰，吴雯敏．上市公司的并购、估值与股价崩溃风险研究［J］．中山大学学报（社会科学版），2015，55（3）：200-212.

[200] 徐经长，杜胜利，陈轲．国际会计学［M］．北京：中国人民大学出版社，2010.

[201] 徐经长，何乐伟，杨俊华．创新是公司并购的驱动因素吗——来自中国上市公司的经验证据［J］．会计研究，2020（12）：29-42.

[202] 徐经长，李博文．配套协同还是增发陷阱？——我国上市公司重大资产重组配套融资的并购绩效分析［J］．中国人民大学学报，2022，36（5）：165-179.

[203] 徐经长，张东旭，刘欢欢．并购商誉信息会影响债务资本成本吗？［J］．中央财经大学学报，2017（3）：109-118.

[204] 徐炜锋，阮青松．外部环境不确定性、企业社会资本与企业并购决

策——基于资源获取视角 [J]. 管理评论，2023，35（5）：214-227.

[205] 薛艳丽. 银行并购微观效应的实证分析 [J]. 南方金融，2010（3）：17-22.

[206] 闫海洲，张桁国. 贸易网络地位影响企业跨国并购吗？：基于中国上市公司的实证检验 [J]. 世界经济研究，2023（9）：62-72+135.

[207] 阎大颖. 国际经验、文化距离与中国企业海外并购的经营绩效 [J]. 经济评论，2009（1）：83-92.

[208] 杨超，谢志华，宋迪. 业绩承诺协议设置、私募股权与上市公司并购绩效 [J]. 南开管理评论，2018，21（6）：198-209.

[209] 杨攻研，范琳琳，周海云. 数字化转型如何影响中国企业跨境并购——来自上市公司的经验证据 [J]. 国际经贸探索，2022，38（12）：36-51.

[210] 杨红，杨淑娥，张栋. 产权交易定价策略博弈分析：基于准分离均衡的研究 [J]. 软科学，2006（3）：28-31.

[211] 杨继彬，李善民，杨国超，吴文锋. 省际双边信任与资本跨区域流动——基于企业异地并购的视角 [J]. 经济研究，2021，56（4）：41-59.

[212] 杨连星，铁瑛. 区域贸易协定、投资条款差异性深化与跨国并购意愿 [J]. 管理世界，2023，39（9）：36-59.

[213] 杨连星. 反倾销如何影响了跨国并购 [J]. 金融研究，2021（8）：61-79.

[214] 杨沐纯，杨文欣，赵勇. 境内并购经历会影响跨境并购吗——来自中国企业的证据 [J]. 国际经贸探索，2023，39（3）：71-88.

[215] 叶勤. 跨国并购的动因及其理论分析 [J]. 国际经贸探索，2002（5）：24-27+35.

[216] 尹达，綦建红. 经济政策不确定性与企业跨境并购：影响与讨论 [J]. 世界经济研究，2020（12）：105-117+134.

[217] 尹美群，吴博. 业绩补偿承诺对信息不对称的缓解效应——来自中小板与创业板的经验研究 [J]. 中央财经大学学报，2019（10）：53-67.

[218] 应千伟，何思怡. CEO 的财会教育经历有价值吗——基于并购绩效视角的证据 [J]. 会计研究，2021（6）：42-58.

[219] 于蔚，汪淼军，金祥荣. 政治关联和融资约束：信息效应与资源效应 [J]. 经济研究，2012，47（9）：125-139.

[220] 余健，董静. 风险投资专长影响企业并购行为吗？——基于行业选择的视角 [J]. 管理评论，2023，35（7）：96-111.

[221] 余鹏翼，陈新，陈文婷，余言. 投行关系、声誉与并购绩效——基于

关系契约的视角［J］. 管理评论，2022，34（12）：251-263.

［222］余鹏翼，王满四. 国内上市公司跨国并购绩效影响因素的实证研究
［J］. 会计研究，2014（3）：64-70+96.

［223］袁媛，王一晟，刘彬. 宗族文化是否影响企业并购决策？——来自上
市家族企业的证据［J］. 外国经济与管理，2022，44（5）：136-152.

［224］苑泽明，顾家伊，富钰媛. "蛇吞象"海外并购模式绩效评价研
究——以吉利集团为例［J］. 会计之友，2018（16）：60-65.

［225］臧成伟，蒋殿春. "主场优势"与国有企业海外并购倾向［J］. 世界
经济，2020，43（6）：52-76.

［226］张安波，陈晶璞. 基于核心能力对目标企业进行价值评估的意义
［J］. 山西财经大学学报，2009（S1）：74.

［227］张本照，盛倩文. 互联网金融企业的并购绩效考析［J］. 财会月刊，
2016（29）：46-51.

［228］张弛，余鹏翼. 并购类型会影响中国企业技术并购绩效吗——对横
向、纵向和混合并购的比较研究［J］. 科技进步与对策，2017，34（7）：76-81.

［229］张继德，张家轩. 高管海外经历与企业跨国并购——基于动因视角的
研究［J］. 审计与经济研究，2022，37（5）：75-83.

［230］张建红，周朝鸿. 中国企业走出去的制度障碍研究——以海外收购为
例［J］. 经济研究，2010，45（6）：80-91+119.

［231］张建清，安然，汤恒运，许俭慈. 东道国外资审查制度与中国企业的
跨境并购［J］. 世界经济研究，2024（2）：49-62+136.

［232］张鸣，郭思永. 高管薪酬利益驱动下的企业并购——来自中国上市公
司的经验证据［J］. 财经研究，2007（12）：103-113.

［233］张奇峰. 企业并购与重组会计案例［M］. 大连：东北财经大学出版
社，2015.

［234］张洽，袁天荣. CEO 权力、私有收益与并购动因——基于我国上市公
司的实证研究［J］. 财经研究，2013，39（4）：101-110+122.

［235］张秋生. 并购学：一个基本理论框架［M］. 北京：经济科学出版
社，2019.

［236］张天顶，陈钰莹. 中国企业海外并购的决定因素：基于全球价值链位
置和不完全契约的视角［J］. 世界经济研究，2021（9）：67-80+135.

［237］张维，王雪莹，熊熊，张永杰. 公司并购中的"羊群行为"：基于中
国数据的实证研究［J］. 系统工程理论与实践，2010，30（3）：456-463.

［238］张雯，张胜，李百兴. 政治关联、企业并购特征与并购绩效［J］. 南

开管理评论，2013，16（2）：64-74.

[239] 张欣怡，杨连星. 文化产品出口、文化认同与企业跨国并购 [J]. 经济学动态，2023（7）：25-46.

[240] 张翼，乔元波，何小锋. 我国上市公司并购绩效的经验与实证分析 [J]. 财经问题研究，2015（1）：60-66.

[241] 张媛，饶育蕾，周蓉蓉. 论区域文化对企业并购决策的影响——基于游牧文化与农耕文化分类的实证研究 [J]. 东北师大学报（哲学社会科学版），2014（6）：13-19.

[242] 张峥，聂思. 中国制造业上市公司并购创新绩效研究 [J]. 科研管理，2016，37（4）：36-43.

[243] 张志宏，费贵贤. 控股权性质、市场化进程与企业并购模式选择 [J]. 中南财经政法大学学报，2010（5）：122-128.

[244] 章琳，汤湘希，许诺. 并购溢价与创新实现渠道：选择抑或协同渠道 [J]. 科研管理，2022，43（5）：172-181.

[245] 赵立新，刘萍. 上市公司并购重组市场法评估研究 [M]. 北京：中国金融出版社，2012.

[246] 赵敏，唐元虎，李湛. 基于实物期权的科技创业企业并购价值评估研究 [J]. 管理科学，2005（5）：29-32.

[247] 赵息，张西栓. 内部控制、高管权力与并购绩效——来自中国证券市场的经验证据 [J]. 南开管理评论，2013，16（2）：75-81.

[248] 中国上市公司协会. 上市公司并购重组年度报告（2023）[M]. 北京：中国财政经济出版社，2023.

[249] 中国证券监督管理委员会. 中国上市公司并购重组发展报告 [M]. 北京：中国经济出版社，2009.

[250] 周焯华，廖贤超. 基于国家风险的跨国并购决策分析 [J]. 软科学，2008（11）：81-86+90.

[251] 周大鹏. 新发展格局下制造业服务化对中国企业海外并购的影响研究 [J]. 世界经济研究，2021（8）：107-119+137.

[252] 周绍妮，王惠瞳. 支付方式、公司治理与并购绩效 [J]. 北京交通大学学报（社会科学版），2015，14（2）：39-44.

[253] 周绍妮，张秋生，胡立新. 机构投资者持股能提升国企并购绩效吗？——兼论中国机构投资者的异质性 [J]. 会计研究，2017（6）：67-74+97.

[254] 朱冰. 《劳动合同法》和公司并购绩效——基于双重差分模型的实证检验 [J]. 会计研究，2020（6）：108-133.

［255］朱勤，刘垚. 我国上市公司跨国并购财务绩效的影响因素分析［J］. 国际贸易问题，2013（8）：151-160+169.

［256］朱亚杰，刘纪显. 环境规制对企业并购的差异化影响——基于新环保法的准自然实验［J］. 广东社会科学，2021（5）：36-46.

［257］资本市场学院. 上市公司并购重组规则·实务·案例［M］. 北京：中国财政经济出版社，2023.

附　录

附录一　配套协同还是增发陷阱?*

——我国上市公司重大资产重组配套融资的并购绩效分析

徐经长　李博文

【摘要】本文以 2012—2017 年沪深上市公司作为主并方的并购样本为研究对象，考察了在重大资产重组中募集配套资金行为对主并方并购绩效的影响。研究发现：①相对于那些未包含配套融资的重大资产重组并购交易，包含配套融资的重大资产重组并购交易具有更好的短期和长期绩效；②募集配套资金的相对比例与主并方并购绩效呈现正相关关系。可见，募集配套资金制度能够促进并购交易发挥协同效应，提升市场资源配置效率，是一个行之有效的监管措施。

【关键词】并购重组；募集配套资金；定向增发；协同效应；并购绩效

一、引言

近年来，中国企业并购重组活动相对活跃，其中上市公司是中国并购重组市场的核心力量。企业并购最常见的动机是"协同效应"①，企业并购的协同效应是指并购后企业净现金流量超过参与并购的各方独立存在时预期净现金流量之

---

　　*　本文发表于《中国人民大学学报》2022 年第 5 期。

　　①　M. Bradley, et al. "Synergistic Gains from Corporate Acquisitions and Their Division between the Stock-holders of Target and Acquiring Firms". *Journal of Financial Economics*，1988，21（1）：3-40；张新：《并购重组是否创造价值?——中国证券市场的理论与实证研究》，载《经济研究》2003 年第 6 期。

和，或并购后企业业绩明显好于参与并购各方独立存在时预期业绩的现象。在并购整合过程中，企业充足的财务资源是协同效应得以实现的重要条件。在中国资本市场制度安排下，上市公司并购重组活动获取财务资源支持的一种方式是非公开发行募集配套资金，即"配套融资"。自 2012 年红日药业发行股份购买资产并募集配套资金项目通过中国证监会审核以来，在上市公司发行股份购买资产的重大资产重组过程中，申请募集配套资金已逐渐成为最受青睐的获得并购财务资源支持的手段。

上市公司重大资产重组过程中募集配套资金是指进行重大资产重组的上市公司发行股份购买资产的同时通过非公开发行募集配套资金，用于支付本次并购交易中的现金对价、并购整合费用以及投入标的资产在建项目建设等的行为。上市公司募集配套资金行为具有两个主要特征：首先，募集配套资金是上市公司重大资产重组行为的重要组成部分，是具有中国特色的一种资本市场制度安排，主要目的是增强上市公司并购后的资产整合效率，提升并购后协同效应，增加股东财富。目前研究者主要关注公司治理机制与其他企业特征对并购协同效应实现的影响，如管理层个人能力与特征①、管理层绩效评价体系②、机构投资者参与程度③、并购双方文化差异④、创新投入与创新产出⑤等。尚未有研究关注资本市场与并购整合相关的特定制度安排对并购协同效应实现的影响，例如募集配套资金的制度安排在实践中能否有效促进上市公司并购整合，使并购协同效应得以更好地发挥等。本文试图通过研究募集配套资金行为对上市公司并购重组短期与长期绩效的影响，探讨我国资本市场特定制度安排下企业并购协同效应的实现路径。其次，上市公司重大资产重组过程中募集配套资金本质上是向特定投资者非公开增发股票行为，即"定向增发"。2006 年，中国资本市场推出上市公司定向增发制度，目前定向增发已经成为中国上市公司最重要的再融资手段。通过定向增发进行资本市场资源配置的有效性是公司财务领域长期关注的研究话题。一类研究认为定向增发行为能够有效配置市场资源⑥；另一类研究则基于代理理论，认为定向增发不仅不能优化资本市场资源配置，反而会对配置

---

① 于洪鉴等：《CEO 自恋与并购非公开环节行为决策的实验研究》，载《管理科学》2019 年第 5 期。

② 李广众等：《经理人相对绩效评价与企业并购行为：理论与实证》，载《经济研究》2020 年第 3 期。

③ 黄福广等：《标的企业风险资本、协同效应和上市公司并购绩效》，载《南开管理评论》2020 年第 4 期。

④ 蔡宁：《文化差异会影响并购绩效吗——基于方言视角的研究》，载《会计研究》2019 年第 7 期。

⑤ 徐经长等：《创新是公司并购的驱动因素吗——来自中国上市公司的经验证据》，载《会计研究》2020 年第 12 期。

⑥ S. Myers and N. Majluf. "Corporate Financing Decisions When Firms Have Information Investors Do Not Have". *Journal of Financial Economics*, 1984, 13（2）：187–221.

机制造成扭曲①。在中国资本市场法律制度基础较为薄弱、公司治理机制仍不成熟的大背景下，上市公司定向增发的代理问题更加突出。基于中国资本市场的特定情境，上市公司定向增发行为一直受到中国证监会的严格监管。募集配套资金由于与上市公司重大资产重组关联密切，且实质属于向特定对象发行股票行为，更是受到中国证监会的高度关注。在监管实践中，中国证监会依据宏观经济环境和资本市场的变化情况不断调整募集配套资金相关监管举措。目前已有不少研究关注定向增发的监管效率问题：一类研究认为监管机构某些监管措施（如基于业绩门槛监管）可能诱导上市公司机会主义行为②；另一类研究则支持了监管机构的主动监管举措有利于优化市场资源配置效率的观点③。募集配套资金与一般定向增发最大的不同在于其与并购重组活动"配套"的特征，在这个前提下，募集配套资金制度能否优化资本市场资源配置，以及基于定向增发与重大资产重组双重监管体系的募集配套资金监管措施是否有效率，都是具有重要理论与现实意义的问题。

本文以 2012—2017 年沪深上市公司作为主并方的并购样本为研究对象，对我国上市公司重大资产重组中募集配套资金行为能否提升主并方并购绩效进行研究。研究发现，包含配套融资的并购交易的短期与长期并购绩效均好于未包含配套融资的并购交易，募集配套资金相对比例与主并方并购绩效呈现正相关关系，且这种关系在主并方为民营企业、并购特征为跨行业多元化并购情况下更为明显。这说明重大资产重组中募集配套资金制度能够促进并购发挥协同效应，提升市场资源配置效率，也说明监管机构的相应监管措施是有效的。进一步研究发现，机构投资者参与和促进并购整合是配套融资提升并购绩效的可能机制。

与已有研究相区别，本文的主要贡献在于：第一，本文从募集配套资金入手，基于中国资本市场特有的制度安排来探究上市公司并购协同效应的实现路径。目前关于中国资本市场情境下并购绩效与协同效应影响因素的研究较为丰富，但尚未有研究关注上市公司在重大资产重组中募集配套资金的行为及其经济后果。本文研究发现相对于未进行配套融资的并购项目，包含配套融资的并购项目短期与长期绩效更好，为上市公司并购整合与协同效应的相关研究提供了新的证据。第二，本文研究结论表明，募集配套资金的制度安排能够优化资本市场资

① M. Jensen. "Agency Cost of Free Cash Flow, Corporate Finance, and Takeovers". *American Economic Review*, 1986, 76（2）: 323-329; A. Shleifer and R. Vishny. "Value Maximization and the Acquisition Process". *Journal of Economic Perspectives*, 1988, 2（1）: 7-20.

② K. Chen and H. Yuan. "Earnings Management and Capital Resource Alocation: Evidence from China's Accounting-Based Regulation of Rights Issues". *The Accounting Review*, 2004, 79（3）: 645-665.

③ 王克敏、刘博：《公开增发业绩门槛与盈余管理》，载《管理世界》2012 年第 8 期；陈欣等：《基于业绩门槛监管下增发的长期表现：来自中国公开增发市场的证据》，载《会计研究》2017 年第 6 期。

源配置，但这个过程仍可能受到一些与主并方企业特征和特定并购类型相关因素的影响。该结论具有很强的现实意义，能够为资本市场监管机构的政策制定提供较为直接的依据。第三，本文进一步揭示了募集配套资金提升上市公司并购绩效的两种内在机制，即通过引入机构投资者治理和配置财务资源提升并购整合能力。

本文剩余部分的安排如下：第二部分是理论分析与研究假设；第三部分是研究设计，主要说明本文实证研究采用的样本与数据以及基本模型构建；第四部分是实证结果，包括主要变量描述性统计、主回归分析与横截面分析等；第五部分是进一步讨论与分析，即在主回归分析的基础上进一步讨论募集配套资金提升上市公司并购绩效的作用机制；第六部分是稳健性测试；第七部分是研究结论。

二、理论分析与研究假设

（一）制度背景

在加快调整优化产业结构、提高发展质量和效益的背景下，2011 年 8 月，中国证监会发布新规允许上市公司在发行股票购买资产的同时通过非公开发行的方式募集配套资金，以提高重组项目整合绩效，并允许上市公司在并购方案符合"配套资金比例不超过交易总金额 25%"的前提下让重组与非公开发行"一次上会"（即由上市公司并购重组审核委员会一并审理）。

资本市场募集配套资金机制的设立是适应上市公司日益旺盛的外延式发展战略需求、提升上市公司并购重组整合效率、发挥并购协同作用的重要手段。但是，这个机制在实践中也暴露出不少问题，如市场屡见配套募集资金完全脱离并购框架并用于主并方补充流动资金和营运资金、大股东通过配套募集"突击增持"后在一二级市场套利等机会主义行为，使募集配套资金制度的核心机制"提升上市公司并购重组整合效率、发挥并购协同作用"无法实现，反而损害了企业价值，降低了市场资源配置效率。

基于上述市场乱象，中国证监会自募集配套资金制度推行开始就对其保持密切关注，并多次调整相关监管细则，如"配套募集中补充流动资金比例""'借壳上市'相关配套融资政策"等。中国证监会对募集配套资金规则调整之频繁也体现出监管机构对于资本市场并购活动和非公开发行活动的实时监控能力。本文的研究目的之一就是为监管机构的监管效率提供相应的实证证据。

（二）文献回顾

如前所述，企业募集配套资金行为具有双重特点：首先，该行为在形式上是企业并购重组方案的一部分，在满足一定条件下可以与并购重组交易一并由上市公司并购重组审核委员会审理；其次，该行为在本质上是企业特殊的定向增发过程，与一般定向增发行为又具有较多共性。由于目前尚无文献直接研究企业募集配套资金行为对并购绩效的影响，因此，本文接下来分别在并购绩效研究和并购协同效应实现路径研究框架下对已有文献进行简要梳理。

1. 并购绩效研究

企业并购绩效的影响因素研究可以分为两个方向：一是从主并方和被并方特征以及公司治理机制出发研究企业并购绩效的影响因素，涉及企业文化、高管特征、所有权形式与公司治理架构安排等方面。例如，蔡宁基于方言差异的"学习效应"假说，研究发现主并方和被并方的文化差异与并购绩效呈现正相关关系[①]；逯东等研究发现当非实际控制人具有董事会权力时，国有企业发起并购的可能性较低但所选项目的并购绩效较高[②]；李广众等研究发现相对绩效评价实施与强度的增加将抑制具有协同效应的并购行为[③]。二是从企业并购重组事件的特征出发对企业并购绩效的影响因素进行研究，这些因素涉及机构投资者持股、异地并购等方面。例如，李曜和宋贺以创业板上市公司为样本，发现并购中有风险投资支持的企业在并购宣告后短期绩效和长期绩效均显著更好[④]；李善民等从异地风险投资的咨询功能入手，发现当主并方具有来自目标公司所在地的异地风投股东时异地并购绩效更好[⑤]。企业募集配套资金行为是企业并购重组方案的一部分，因而本文是对上述并购重组事件特征研究的进一步深化和拓展。

2. 并购协同效应实现路径研究

获取协同效应是企业基于外延式发展战略进行并购活动的最主要动机。目前国内外关于并购协同效应实现路径的研究主要从企业内部和企业外部两个维度展开，其中，基于企业内部视角的研究较为丰富。传统理论认为并购协同效应主要分为议价协同、经营协同和财务协同。议价协同主要表现为并购资源整合后企业市场议价能力增强，经营协同主要表现为并购资源整合后生产与管理效率提升，财务协同主要表现为并购资源整合后资本成本下降。[⑥] 进入 20 世纪 90 年代，研究者基于组织行为学的视角进一步探究并购协同效应的实现路径。具体而言，并购双方联合的战略潜能、组织整合强度和减少员工对组织整合的抵触等都能够促

---

① 蔡宁：《文化差异会影响并购绩效吗——基于方言视角的研究》，载《会计研究》2019 年第 7 期。

② 逯东等：《国有企业非实际控制人的董事会权力与并购效率》，载《管理世界》2019 年第 6 期。

③ 李广众等：《经理人相对绩效评价与企业并购行为：理论与实证》，载《经济研究》2020 年第 3 期。

④ 李曜、宋贺：《风险投资支持的上市公司并购绩效及其影响机制研究》，载《会计研究》2017 年第 6 期。

⑤ 李善民等：《风险投资具有咨询功能吗？——异地风投在异地并购中的功能研究》，载《管理世界》2019 年第 12 期。

⑥ S. Chatterjee. "Types of Synergy and Economic Value：The Impact of Acquisitions on Merging and Rival Firms". *Strategic Management Journal*, 1986, 7 (2): 119-139.

使协同效应得以发挥，而仅仅聚焦于相似产品市场的整合往往会引发并购后组织内部的不协调，进而导致协同效应无法顺利实现。[①]

基于企业外部视角的并购协同效应实现路径研究相对较少，尤其是在中国资本市场特有的制度背景下探讨经济、政策因素如何对并购协同效应发挥作用的文献更是缺乏。已有的研究大多是从大股东、管理层的机会主义行为出发，探究市场特征或政策变化如何通过限制上述主体的自利行为从而提升企业的并购效率。[②] 那么，从企业并购的协同效应动机出发，在中国资本市场制度框架下是否存在可能直接影响企业并购协同效应发挥作用的市场特征和政策制度？这些特征或制度的实际效果如何？相关研究目前鲜有涉及。本文试图以我国资本市场重大资产重组募集配套资金这一特殊的制度设计为切入口，对上述问题进行实证研究，以填补相关学术研究的空白。

（三）提出假设

募集配套资金的实质是上市公司与并购重组相捆绑的定向增发行为。一些较早的研究发现定向增发有助于缓解企业内部管理层和外部投资者之间的信息不对称现象，企业能够获得增发后长期绩效的改善。[③] 然而，该结论却受到后续相关研究的质疑。Loughran 和 Ritter 发现上市公司在股权再融资后股票长期收益率总体较差，并称该现象为"增发陷阱"[④]；也有大量研究发现企业定向增发后会计业绩表现会变差[⑤]。

募集配套资金与一般意义上的定向增发的主要区别在于其与企业并购重组"配套"的特征，我们认为这个特征能够在一定程度上克服"增发陷阱"问题，并有助于改善企业并购事件宣告时的股价表现和募集资金后的长期业绩表现。募集配套资金对企业短期和长期并购绩效（在定向增发框架下也可以理解为增发后股价与业绩表现）的积极影响存在以下两种作用机制：第一，机构投资者参与。定向增发的"股权结构治理假说"认为，企业定向增发引入积极的外部投资者

①　R. Larsson and S. Finkelstein. "Integrating Strategic, Organizational, and Human Resource Perspectives on Mergers and Acquisitions: A Case Survey of Synergy Realization". *Organization Science*, 1999, 10（1）: 1-26.

②　陈胜蓝、马慧：《卖空压力与公司并购——来自卖空管制放松的准自然实验证据》，载《管理世界》2017 年第 7 期。

③　S. Myers and N. Majluf. "Corporate Financing Decisions When Firms Have Information Investors Do Not Have". *Journal of Financial Economics*, 1984, 13（2）: 187-221.

④　T. Loughran and J. Ritter. "The New Issues Puzzle". *The Journal of Finance*, 1995, 50（1）: 23-51.

⑤　R. McLaughlin, et al. "The Operating Performance of Seasoned Equity Issuers: Free Cash Flow and Post-Issue Performance". *Financial Management*, 1996, 25（4）: 41-53; M. Hertzel, et al. "Long-Run Performance Folowing Private Placements of Equity". *The Journal of Finance*, 2002, 57（6）: 2595-2617.

能够抑制现有股东的"壕沟防御"行为。① 中国资本市场定向增发的募集对象往往是大股东和机构投资者，而以大股东为募集对象的配套融资又往往受到交易所的重点关注和中国证监会的严格监管②，因而上市公司倾向于在募集配套资金时引入一定持股比例的外部机构投资者，这些机构投资者对大股东和管理层的监督机制有助于避免二者基于自身利益动机进行公司经营、财务决策。第二，并购整合。基于中国资本市场情境和上市公司治理环境，上市公司定向增发的机会主义动机普遍存在，导致增发缺乏效率。③ 募集配套资金不仅仅是定向增发的一种形式，更是资本市场为促进并购整合和协同效应发挥的一项制度安排。相对于一般意义的定向增发，募集配套资金的资金用途具有其自身的特殊性和目的性，能够在一定程度上克服一般定向增发盲目性的缺陷，有助于上市公司并购后进行资产、项目、人力资源的系统整合，发挥并购协同效应。

基于上述分析，本文提出以下假设：

假设 1a：当主并方在并购交易中募集配套资金时，并购绩效更好。

假设 1b：当主并方在并购交易中募集配套资金规模较大时，并购绩效更好。

如前所述，上市公司定向增发与并购重组行为存在不利于提升公司价值的动机，如管理层的机会主义行为等。在并购活动具有不同的主并方公司特征和并购交易特征的背景下，并购中募集配套资金的动机可能复杂化，募集配套资金对并购协同效应的影响亦可能存在差别。在假设 1 的基础上，我们进一步从主并方公司产权性质和并购交易特征两个维度讨论配套融资对并购绩效影响的横截面差异。

首先，企业产权性质差异是企业并购研究中最受关注的主并方异质性特征之一。已有实证研究认为企业产权性质差异可能影响其并购动机与并购效率。④ 相对于多数民营企业，国有企业的并购效率受到更多非市场因素的影响，往往导致其并购决策实施偏离企业价值最大化的目标。基于此，本文认为相对于民营企业主并方，国有企业主并方募集配套资金对并购绩效的促进作用会受到一定程度的制约，进而提出以下假设：

假设 2a：相较于国有企业，主并方为民营企业时募集配套资金对并购绩效的

① H. Wruck. "Equity Ownership Concentration and Firm Value: Evidence from Private Equity Financings". *Journal of Financial Economics*, 1989, 23 (1): 2-38.

② 基于我们的研究样本，在配套融资对象全部为上市公司现有股东的样本中，有98.2%的样本曾接受过中国证监会上市公司并购重组审核委员会的反馈意见，且反馈问题中均提及配套融资对象相关内容。

③ 章卫东：《定向增发新股与盈余管理——来自中国证券市场的经验证据》，载《管理世界》2010年第1期。

④ 方军雄：《政府干预、所有权性质与企业并购》，载《管理世界》，2008年第9期；潘红波等：《政府干预、政治关联与地方国有企业并购》，载《经济研究》2008年第4期。

促进作用更明显。

其次，相较于非多元化并购，多元化并购整合成本更高，对财务资源需求也更迫切。这意味着募集配套资金对并购绩效的影响在多元化和非多元化并购样本中可能存在差异。外部跨行业并购是企业实现多元化经营的重要途径。企业通过多元化并购收购盈利能力更强的资产，进入利润率较高的新行业，有机会改善经营绩效，提升股东价值。然而，企业多元化并购毕竟是成本较高的跨行业兼并行为，并购后进行资产整合更加需要财务资源的支持。因此，本文认为相对于非多元化并购样本，多元化并购样本中募集配套资金对并购绩效具有更积极的影响，进而提出以下假设：

假设2b：相较于非多元化并购，多元化并购中募集配套资金对并购绩效的促进作用更明显。

三、研究设计

（一）样本选择

本文采用CSMAR并购重组数据库2012—2017年沪深上市公司（包含A股及创业板上市公司）并购数据，力求涵盖所有涉及募集配套资金的并购事件，并保证并购完成后两年的财务数据可得。我们依据如下规则对并购事件进行筛选：①剔除非上市公司为主并方的样本；②剔除按中国证监会《上市公司行业分类指引》（2012年修订）划分为金融企业的主并方样本；③主并方对同一被并方进行分次并购时，只保留取得控制权的那一次并购事件，剔除其余并购事件；④同一主并方对不同被并方前次并购事件结束日和下次并购事件公告日的间隔应大于一年，剔除不满足上述要求的并购事件；⑤剔除相关数据缺失样本；⑥剔除异常财务数据样本（如营业收入或资产规模小于0）。经筛选，共得到2667个并购事件观测样本。

本文采用的募集配套资金及其相关特征数据来自从巨潮资讯网下载的上市公司并购重组报告书。我们通过逐一阅读报告书，手工整理出募集配套资金相关数据，并剔除最终没有募集成功的样本，获得1029个包含募集配套资金的并购事件。我们将这些包含募集配套资金的并购事件与前述并购事件进行匹配，并剔除相关数据缺失样本，最终获得包含募集配套资金的920个并购事件。

其他实证研究使用数据来源如下：主并方公司财务数据来源于CSMAR数据库，是否跨行业并购及第五部分的企业破产风险Z值数据来源于Wind数据库。后续检验中所有连续变量都进行了前后1%的缩尾处理，以避免极端值驱动实证结果。

（二）模型构建与变量定义

本文采用模型（1）检验假设1a，如下所示：

$$M\&A\ performance = \beta_0 + \beta_1\ Treat + \beta_i\ Controls + \beta_j \sum IND + \beta_k \sum YEAR + \varepsilon \qquad (1)$$

模型（1）中 $M\&A\ performance$ 是被解释变量并购绩效，包括上市公司并购事件的短期和长期并购绩效。参考已有研究①，本文使用并购首次公告日（并购事件日）前后若干个交易日主并方的累计超额收益度量短期并购绩效，并将参数估计窗口设计为并购事件日前 150 个交易日至前 30 个交易日。在选择事件窗口时，我们检验了并购事件日前后 10 个交易日的平均超额收益率，发现并购事件日前第 3 个交易日、并购事件日当天、并购事件日后 3 个交易日平均超额收益率均显著异于 0。基于对称选择窗口的原则，本文选择并购事件日前后 3 个交易日主并方的累计超额收益（CAR）度量短期并购绩效，并在后续的稳健性测试中使用窗口期为并购事件日前后 1 个交易日和前后 2 个交易日的累计超额收益作为短期并购绩效的替换指标。本文使用主并方并购前后两年 ROA 变化的平均值（ΔROA）度量长期并购绩效，这个值正向变化较大则表明主并方并购后相应财务指标较好，一定程度上反映了并购的长期绩效。

模型（1）中关键解释变量 $Treat$ 是虚拟变量，取值为 1 表明主并方在实施并购的同时募集配套资金，否则取值为 0。模型（1）还控制了行业和年度固定效应。如果假设 1a 的结论成立，则系数 β_1 的估计值应显著为正。

本文采用模型（2）检验假设 1b，如下所示：

$$M\&A\ performance = \alpha_0 + \alpha_1\ Peitao + \alpha_i\ Controls + \alpha_j \sum IND + \alpha_k \sum YEAR + \varepsilon \qquad (2)$$

模型（2）中关键解释变量 $Peitao$ 表示并购样本募集配套资金的相对规模，本文采用 $Peitaonumratio$ 和 $Peitaostockratio$ 两个具体指标度量。其中 $Peitaonumratio$ 表示募集配套资金总额占并购对价的比例，而 $Peitaostockratio$ 表示募集配套资金总股数占并购发行股份数的比例。模型（2）还控制了行业和年度固定效应。如果假设 1b 的结论成立，则系数 α_1 的估计值应显著为正。

参考已有文献②，本文在模型（1）、模型（2）中控制了相对交易规模（$Deal$）、公司规模（$Size$）等可能影响并购绩效的变量。变量的具体定义如表 1 所示。另外，本文使用的主并方公司特征控制变量除 A_ge 外均滞后一期以缓解内生性问题，并在回归结果中报告 White 异方差调整的稳健标准误。

---

① 唐建新、陈冬：《地区投资者保护、企业性质与异地并购的协同效应》，载《管理世界》2010 年第 8 期；陈仕华等：《国企高管政治晋升对企业并购行为的影响——基于企业成长压力理论的实证研究》，载《管理世界》2015 年第 9 期。

② 李善民、朱滔：《多元化并购能给股东创造价值吗——兼论影响多元化并购长期绩效的因素》，载《管理世界》2006 年第 3 期；李善民等：《风险投资具有咨询功能吗？——异地风投在异地并购中的功能研究》，载《管理世界》2019 年第 12 期；逯东等：《国有企业非实际控制人的董事会权力与并购效率》，载《管理世界》2019 年第 6 期。

表 1　变量定义

变量	变量定义	变量说明
CAR	短期并购绩效	并购宣告日前后 3 天主并方股票的累计超额收益
ΔROA	长期并购绩效	并购完成后 2 年 ROA 的平均值减去并购首次宣告前 2 年 ROA 的平均值
Treat	并购是否募集配套资金	虚拟变量，并购中募集配套资金取值 1，否则取值 0
Peitaonumratio	募集配套资金相对规模 1	募集配套资金总额与并购对价之比
Peitaostockratio	募集配套资金相对规模 2	募集配套资金总股数与并购发行股份数之比
Deal	相对交易规模	并购交易金额与主并方前一年总资产之比
Size	公司规模	公司总资产的自然对数
Lev	杠杆率	公司资产负债率
Cash	现金持有	货币资金与总资产之比
Growth	公司成长性指标	总资产增长率
Age	公司成立至今时间	（主并公司并购年份－公司成立年份+1）的对数值
Block	股权集中度	公司第一大股东持股比例
Dual	是否两职合一	虚拟变量，公司董事长和总经理为同一人时取值 1，否则取值 0
Boardnum	董事会规模	（董事会人数+1）的对数值
Indepr	独立董事占比	独立董事人数占董事会人数比例
Top3pay	高管薪酬水平	（前三名高管薪酬之和+1）的对数值
GDP	人均 GDP	公司注册地所在地级市人均 GDP

四、实证结果

（一）描述性统计分析

本文关键变量描述性统计结果如表 2 所示。变量 *CAR* 的均值为 0.086，中位数为 0.051，这表明在平均意义上样本总体并购宣告前后市场反应积极。变量 *ΔROA* 的均值为-0.015，中位数为-0.007，这表明平均意义上样本企业在样本期内并购前后两年会计绩效可能无法达到预期。变量 *Treat* 的均值为 0.345，变量 *Peitaonumratio* 的均值为 0.363，中位数为 0.129，变量 *Peitaostockratio* 的均值为 0.145，中位数为 0.078。上述描述性统计结果除体现样本上市公司募集配套资金的相对规模外，还在一定程度上反映出中国证监会对资本市场募集配套资金活动的总体监管状况。

表2　描述性统计

变量	样本量	均值	标准差	中位数	最小值	最大值
CAR	2667	0.086	0.198	0.051	−0.346	0.470
ΔROA	2667	−0.015	0.081	−0.007	−0.431	0.263
Treat	2667	0.345	0.475	0.000	0.000	1.000
Peitaonumratio	920	0.363	0.421	0.129	0.007	1.382
Peitaostockratio	858	0.145	0.210	0.078	0.006	1.193
Deal	2667	0.118	0.371	0.017	−0.002	2.939
Size	2667	21.963	1.140	21.815	19.474	26.487
Lev	2667	0.462	0.220	0.463	0.053	0.956
Cash	2667	0.183	0.132	0.148	0.010	0.662
Growth	2667	0.229	0.428	0.117	−0.356	2.647
Age	2667	2.835	0.349	2.890	1.609	3.434
Block	2667	34.485	15.041	32.255	8.991	73.997
Dual	2667	0.263	0.440	0.000	0.000	1.000
Boardnum	2667	8.764	1.856	9.000	0.000	21.000
Indepr	2667	0.374	0.056	0.333	0.200	0.750
Top3pay	2667	14.216	0.714	14.192	12.348	16.186
GDP	2667	10.987	0.440	11.057	9.947	11.768

（二）主回归分析

1. 是否募集配套资金与并购绩效

在基本模型的基础上，本文采用倾向得分匹配方法构建"反事实框架"，使用1∶1最近邻匹配法进行样本配对，在一定程度上缓解因处理组（募集配套资金的并购样本组）和控制组（未募集配套资金的并购样本组）在并购交易特征和主并方公司特征上存在差异而导致的内生性问题。表3报告了假设1a的实证检验结果。① 表3列（1）与列（2）报告了被解释变量为短期并购绩效（*CAR*）的回归结果。其中，列（1）为包含行业与年份固定效应的 OLS 回归结果，列（2）为采用倾向得分匹配方法后的回归结果。两列回归 *Treat* 变量前系数在1%水平上显著为正，说明相对于未同时募集配套资金的并购样本，募集配套资金的并购样本具有更好的短期并购绩效。列（3）与列（4）报告了被解释变量

①　姜付秀：《我国上市公司多元化经营的决定因素研究》，载《管理世界》2006年第5期；徐军玲、刘莉：《高新技术企业认定政策的创新增量效应及作用机制》，载《科研管理》2020年第8期。

为长期并购绩效（ROA）的回归结果。其中，列（3）为包含行业与年份固定效应 OLS 的回归结果，Treat 变量的估计系数为正但不显著，如前文分析，这个估计结果可能存在内生性偏误；列（4）为采用倾向得分匹配方法后的回归结果，Treat 变量的系数在 1% 水平上显著为正，这表明在改进估计方法后，可以得到结论：相对于未同时募集配套资金的并购样本，募集配套资金的并购样本具有更好的长期并购绩效。另外，在经济意义上，列（1）与列（2）中 Treat 变量的估计系数表明其他条件不变的情况下，相对于未同时募集配套资金的并购样本，募集配套资金的并购样本窗口期内累计超额收益平均高出 7.5%（0.379 个标准差）；列（4）中 Treat 变量的估计系数表明其他条件不变的情况下，相对于未同时募集配套资金的并购样本，募集配套资金的并购样本并购前后两年 ROA 变化平均高出 5.6%（0.691 个标准差）。综上所述，假设 1a 得到验证，即相对于未募集配套资金的并购样本，募集配套资金的并购样本具有更好的并购绩效。

表 3　是否募集配套资金与并购绩效

变量	CAR		ΔROA	
	（1）	（2）	（3）	（4）
	OLS	匹配	OLS	匹配
Treat	0.075***	0.075***	0.017	0.056***
	(9.28)	(7.10)	(1.49)	(3.41)
常数项	0.209	0.220	0.100	-0.623*
	(1.08)	(0.87)	(0.26)	(-1.81)
样本量	2667	1544	2667	1544
可决系数	0.180	0.196	0.084	0.175
控制变量	控制	控制	控制	控制
行业固定效应	控制	控制	控制	控制
年度固定效应	控制	控制	控制	控制

注：括号内为 t 统计量；***、**、*分别表示在 1%、5% 和 10% 水平上显著。

2. 募集配套资金的相对规模与并购绩效

表 4 报告了假设 1b 的实证检验结果，其中列（1）与列（2）报告了被解释变量为短期并购绩效（CAR）的回归结果，列（3）与列（4）报告了被解释变量为长期并购绩效（ΔROA）的回归结果。由该结果可知，并购中募集配套资金相对规模（以变量 Peitaonumratio 和 Peitaostockratio 度量）与短期并购绩效（CAR）和长期并购绩效（ΔROA）均存在显著的正相关关系，并购方案中募集配

套资金相对规模越大，并购的短期与长期绩效越高，假设 1b 得到验证。另外，表 4 的实证结果显示，在其他条件不变的情况下，以总金额度量的募集配套资金相对规模变化 1 个标准差，会导致并购样本窗口期内累计超额收益变化 0.053 个标准差，并购前后两年 ROA 变化变动 0.047 个标准差；以总股数度量的募集配套资金相对规模变化 1 个标准差，会导致并购样本窗口期内累计超额收益变化 0.086 个标准差，并购前后两年 ROA 变化变动 0.145 个标准差。表 4 的实证结果初步验证了以下两个观点，即配套融资对并购后企业运营与整合的影响是积极的，监管机构对上市公司募集配套资金的监管是有效的。

表 4　募集配套资金相对规模与并购绩效

变量	CAR		ΔROA	
	(1)	(2)	(3)	(4)
Peitaonumratio	0.25 **	—	0.009 *	—
	(1.97)		(1.85)	
Peitaostockratio	—	0.081 **	—	0.056 **
		(2.11)		(3.72)
常数项	0.610	0.501	0.018	−0.021
	(1.36)	(1.17)	(0.12)	(−0.13)
样本量	920	858	920	858
可决系数	0.128	0.126	0.158	0.173
控制变量	控制	控制	控制	控制
行业固定效应	控制	控制	控制	控制
年度固定效应	控制	控制	控制	控制

注：括号内为 t 统计量；***、**、*分别表示在 1%、5% 和 10% 水平上显著。

（三）分样本检验：募集配套资金相对规模对并购绩效影响的横截面差异

在前面的全样本分析中，本文从是否募集配套资金和募集配套资金相对规模两个角度说明了并购中募集配套资金行为总体上能够提升上市公司短期与长期并购绩效。接下来，本文将使用分样本检验的方法进一步考察这种促进作用的横截面差异，验证假设 2 的结论。

1. 主并方公司特征：企业产权性质差异

依据主并方上市公司的产权性质，本文分国有企业（*SOE* = 1）和民营企业（*SOE* = 0）两个子样本考察募集配套资金相对规模对并购绩效的影响，实证结果如表 5 所示。表 5 的列（1）~列（4）是被解释变量为短期并购绩效（*CAR*）的回归结果，列（5）~列（8）是被解释变量为长期并购绩效（ROA）的回归结果。可以看到，无论采用 Peitaonumratio 还是 Peitaostockratio 作为募集配套资金相对规模的衡量指标，在民营企业组短期和长期并购绩效对其回归系数均显著为正，而在国有企业组短期和长期并购绩效对上述两个指标的回归系数均低于民营企业组，且除列（7）外都不显著，验证了假设 2a 的结论。而列（7）国有企业组回归系数显著的原因可能是 Peitaostockratio 代表了配套融资定向引入投资者的股份份额，而这些引入的新投资者对国有企业的并购后整合起到了一定的促进作用。表 5 的四组回归均能够在 5% 的显著性水平上通过组间系数差异检验。上述实证结果表明，募集配套资金对并购绩效产生积极作用的主要来源是主并方为民营企业的并购事件，主并方为国有企业的并购项目募集配套资金效率受制约程度较高。这说明，国有企业在使用募集配套资金作为并购整合资源时相对缺乏效率，制约了募集配套资金在并购整合过程中作用的发挥；而民营企业在并购中使用募集配套资金时受非市场因素的制约较少，因而效率也相对较高。

表 5　不同产权性质主并方募集配套资金与并购绩效

变量	CAR				ΔROA			
	（1）	（2）	（3）	（4）	（5）	（6）	（7）	（8）
	SOE=1	SOE=0	SOE=1	SOE=0	SOE=1	SOE=0	SOE=1	SOE=0
Peilaonumratio	0.002	0.030*	—	—	−0.002	0.014**	—	—
	(0.13)	(1.85)			(−0.25)	(2.08)		
Peitaostockratio	—	—	−0.077	0150**	—	—	0.040**	0.067***
			(−0.88)	(3.23)			(2.17)	(3.17)
样本量	271	647	257	598	296	608	277	567
可决系数	0.274	0.187	0.283	0.169	0.424	0.162	0.429	0.173
控制变量	控制	控制	控制	控制	控制	控制	控制	控制
行业固定效应	控制	控制	控制	控制	控制	控制	控制	控制
年度固定效应	控制	控制	控制	控制	控制	控制	控制	控制
系数差	−0.028**		−0.227**		−0.016***		−0.027**	
	(0.042)		(0.035)		(0.000)		(0.041)	

注：括号内为 t 统计量；***、**、*分别表示在 1%、5% 和 10% 水平上显著；系数差异检验采用基于似无相关模型的检验（SUEST），并在括号中报告 p 值。

2. 并购交易特征：多元化并购策略

依据并购的多元化特征，本文分跨行业并购（并购前主并方与被并方处于不同行业，*Crossind* = 1）和同行业并购（并购前主并方与被并方处于相同行业，*Crossind* = 0）两个子样本考察募集配套资金相对规模对并购绩效的影响，实证结果如表6所示。从列（1）~列（4）可以看到，在被解释变量为短期并购绩效（*CAR*）时，跨行业并购组对 *Peitaonumratio*、*Peitaostockratio* 的回归系数均显著为正，而同行业并购组对 *Peitaonumratio*、*Peitaostockratio* 的回归系数均不显著，两组回归均能在1%的显著性水平上通过系数差异检验。由列（5）~列（8）可见，在被解释变量为长期并购绩效（*ROA*）时，跨行业并购组对 *Peitaonumratio* 的回归系数和同行业并购组对 *Peitaonumratio* 的回归系数均在1%的水平上显著，且前者大于后者（在5%的水平上通过系数差异检验），但在使用 *Peitaostockratio* 进行度量时，两组回归的系数差异不再显著，这可能是因为非多元化并购的主并方通过募集配套资金引入较大比例的机构投资者从而提升了并购后的整合效率。上述实证结果在一定程度上表明，多元化并购能够促进募集配套资金发挥并购后整合作用，提升企业的并购绩效，市场对实施多元化并购上市公司募集配套资金的短期反应是积极的，验证了假说2b。该实证结果同时也表明，企业在进行多元化并购时，对募集配套资金的需求较非多元化并购企业而言更为迫切，使用配套资金较非多元化并购企业而言更有效率。

表6 多元化并购中募集配套资金与并购绩效

变量	CAR				ΔROA			
	（1）	（2）	（3）	（4）	（5）	（6）	（7）	（8）
	Crossind = 1	Crossind = 0	Crossind = 1	Crossind = 0	Crossind = 1	Crossind = 0	Crossind = 1	Crossind = 0
Peilaonumratio	0.066**	0.020	—	—	0.041***	0.017***	—	—
	(2.42)	(1.23)			(3.15)	(2.74)		
Peitaostockratio	—	—	0.172**	0.033	—	—	0.075*	0.100***
			(2.21)	(0.68)			(1.97)	(5.51)
样本量	613	163	574	157	549	154	516	148
可决系数	0.489	0.168	0.485	0.159	0.448	0.259	0.453	0.294
控制变量	控制	控制	控制	控制	控制	控制	控制	控制
行业固定效应	控制	控制	控制	控制	控制	控制	控制	控制
年度固定效应	控制	控制	控制	控制	控制	控制	控制	控制
系数差	0.046**		0.139***		0.024**		−0.025	
	(0.042)		(0.000)		(0.031)		(0.608)	

注：括号内为 t 统计量；***、**、*分别表示在1%、5%和10%水平上显著；系数差异检验采用基于似无相关模型的检验（SUEST），并在括号中报告 p 值。

五、进一步讨论与分析

前述实证研究结果表明，企业募集配套资金行为能够对并购绩效产生积极影响。本文在第二部分的理论分析中已经提到募集配套资金发挥积极作用的两种不同机制，即引入机构投资者参与和加强并购后整合。下面将对这两种机制分别进行检验。

（一）机构投资者参与

定向增发的"股权结构治理假说"认为，企业可以在定向增发中引入积极的外部投资者来监督现有股东和管理层行为，提升募集资金的使用效率。参与配套资金募集是机构投资者参与企业并购的一种重要方式。本文认为主并方可以通过在募集配套资金过程中引入机构投资者持股，使得并购交易及后续整合过程更有效率，进而提升并购绩效。

如果机构投资者参与机制成立，则募集配套资金中机构投资者持股比例越高，募集配套资金就越能发挥对企业并购绩效的积极影响。为了实证检验这个机制，我们逐一阅读并购报告书，手工整理了募集配套资金的机构投资者持股比例数据，并依据中位数分为持股比例高（$Insti = 1$）和持股比例低（$Insti = 0$）两个样本组进行模型（2）的回归，回归结果如表7所示。持股比例高的四个子样本回归［表7列（1）、列（3）、列（5）、列（7）］中关键解释变量的回归系数均显著为正，而持股比例低的四个子样本回归［表7列（2）、列（4）、列（6）、列（8）］中关键解释变量的回归系数均不显著，且除短期并购绩效 Peitaostockratio 指标组间系数差异不显著外，其他三组回归关键解释变量组间系数差异均显著为正。上述结果表明募集配套资金中机构投资者持股比例提升能够促进配套融资发挥积极作用，机构投资者参与募集是配套融资提升企业并购绩效的一种潜在机制。

表7　机构投资者参与机制检验

变量	CAR				ΔROA			
	（1）	（2）	（3）	（4）	（5）	（6）	（7）	（8）
	$Insti=1$	$Insti=0$	$Insti=1$	$Insti=0$	$Insti=1$	$Insti=0$	$Insti=1$	$Insti=0$
Peilaonumratio	0.062***	−0.035			0.018**	0.004		
	(3.50)	(−1.05)			(2.46)	(0.56)		
Peitaostockratio	—	—	0.105**	0.090	—	—	0.113***	−0.022
			(2.07)	(1.46)			(3.24)	(−0.32)
样本量	457	453	425	427	457	453	427	423

续表

变量	CAR				ΔROA			
	（1）	（2）	（3）	（4）	（5）	（6）	（7）	（8）
	$Insti=1$	$Insti=0$	$Insti=1$	$Insti=0$	$Insti=1$	$Insti=0$	$Insti=1$	$Insti=0$
可决系数	0.162	0.218	0.140	0.217	0.271	0.150	0.312	0.159
控制变量	控制	控制	控制	控制	控制	控制	控制	控制
行业固定效应	控制	控制	控制	控制	控制	控制	控制	控制
年度固定效应	控制	控制	控制	控制	控制	控制	控制	控制
系数差	0.097***		0.015		0.014*		0.135***	
	(0.001)		(0.829)		(0.061)		(0.002)	

注：括号内为 t 统计量；＊＊＊、＊＊、＊ 分别表示在 1%、5% 和 10% 水平上显著；系数差异检验采用基于似无相关模型的检验（SUEST），并在括号中报告 p 值。

（二）并购整合

资本市场设置募集配套资金制度的初衷就是为企业并购重组活动和并购后资源整合提供财务资源支持，从而提高并购整合效率，发挥并购协同作用应当是上市公司募集配套资金提升并购绩效的核心机制。为检验该作用机制的可靠性，本文设计了两组实证检验：首先，我们逐一阅读上市公司并购重组报告书，整理出披露的募集配套资金用于并购整合项目的比例，并按中位数将样本区分为整合比例高（$Integ=1$）和整合比例低（$Integ=0$）两个样本组，分别检验募集配套资金相对规模对并购绩效的影响；其次，参考杨道广等的方法[1]，我们采用并购前后企业破产风险（Z 值）的变化来衡量并购整合的实施效果。

1. 整合资产比例

表 8 报告了配套融资中整合资产比例度量的实证结果。当被解释变量为短期并购绩效时，整合比例高样本组 Peitaonumratio 的回归系数显著，列（1）、列（2）两组回归系数差异为正且显著，但关键解释变量为 Peitaostockratio 时两组回归［列（3）、列（4）］的估计系数均不显著。当被解释变量为长期并购绩效时，整合比例高样本组［列（5）、列（7）］关键解释变量的回归系数均显著为正，且均显著高于对应的整合比例低样本组的系数估计值。上述实证结果能够说明配套融资中披露的整合资产用途资金比例越高，募集配套资金对并购绩效的提升效果越明显，且对长期并购绩效的提升效果更好。该结果为前述募集配套资金发挥作用的并购整合机制提供了可靠的证据。

---

① 杨道广等：《内部控制、并购整合能力与并购业绩——来自我国上市公司的经验证据》，载《审计研究》2014 年第 3 期。

表 8　募集配套资金用于整合资产比例与并购绩效

变量	CAR				ΔROA			
	（1）	（2）	（3）	（4）	（5）	（6）	（7）	（8）
	Integ = 1	Integ = 0	Integ = 1	Integ = 0	Integ = 1	Integ = 0	Integ = 1	Integ = 0
Peilaonumratio	0.028*	0.008	—	—	0.022*	0.007	—	—
	(1.72)	(0.31)			(1.92)	(1.17)		
Peitaostockratio	—	—	0.079	0.071	—	—	0.071**	0.048***
			(1.52)	(0.98)			(2.53)	(2.66)
样本量	442	450	402	412	442	450	402	412
可决系数	0.178	0.189	0.142	0.105	0.145	0.244	0.167	0.200
控制变量	控制	控制	控制	控制	控制	控制	控制	控制
行业固定效应	控制	控制	控制	控制	控制	控制	控制	控制
年度固定效应	控制	控制	控制	控制	控制	控制	控制	控制
系数差	0.020*		0.008		0.015**		0.023*	
	(0.082)		(0.306)		(0.045)		(0.085)	

注：括号内为 t 统计量；***、**、* 分别表示在 1%、5% 和 10% 水平上显著；系数差异检验采用基于似无相关模型的检验（SUEST），并在括号中报告 p 值。

2. 并购前后企业破产风险（Z 值）的变化

本文分别采用并购事件日前后两年 Z 值变化的平均（Z_a）、并购事件日前后一年 Z 值变化（Z_1）和并购事件日前后两年 Z 值变化（Z_2）作为被解释变量，对关键解释变量 *Peitaonumratio* 与 *Peitaostockratio* 进行回归，并在回归中控制行业和年度固定效应。如果前述并购整合机制成立，则关键解释变量的回归系数应为正（Z 值变大表明企业破产风险降低）。实证检验结果如表 9 所示，所有关键解释变量的回归系数均为正且在 1% 的水平上显著，与之前的预测相符，表明企业并购中募集配套资金能够有效降低其并购后的破产风险。

表 9　募集配套资金与并购前后企业破产风险变化

变量	（1）	（2）	（3）	（4）	（5）	（6）
	ΔZ_a	ΔZ_a	ΔZ_1	ΔZ_1	ΔZ_2	ΔZ_2
Peilaonumratio	62.090***	—	107.010***	—	16.964***	—
	(9.79)		(6.11)		(5.35)	
Peitaostockratio	—	71.809***	—	121.634***	—	15.680***
		(12.00)		(3.85)		(2.98)

续表

变量	(1)	(2)	(3)	(4)	(5)	(6)
	ΔZ_a	ΔZ_a	ΔZ_1	ΔZ_1	ΔZ_2	ΔZ_2
样本量	907	823	907	823	907	823
可决系数	0.817	0.807	0.847	0.760	0.784	0.792
控制变量	控制	控制	控制	控制	控制	控制
行业固定效应	控制	控制	控制	控制	控制	控制
年度固定效应	控制	控制	控制	控制	控制	控制

注：括号内为 t 统计量；***、**、*分别表示在 1%、5% 和 10% 水平上显著。

上述两组实证检验的结果可以从不同侧面验证募集配套资金能够通过提升并购整合效果来对并购绩效施加积极影响，为配套融资促进并购整合这一核心机制提供一定的证据，同时也表明中国资本市场并购重组活动中募集配套资金制度的实施是有效的，施行效果在总体上与监管机构设立该制度时的构想保持一致。

六、稳健性测试①

（一）内生性问题处理

企业并购中募集配套资金行为与并购绩效的关系可能受到内生性问题的影响。首先，上述实证结果可能受遗漏变量的影响，如某个遗漏变量同时影响企业募集配套资金行为和并购绩效；其次，募集配套资金行为与并购绩效间可能存在自选择问题，即并购中的企业管理层出于并购绩效考虑而进行募集配套资金决策，并不能反映出募集配套资金行为对并购绩效的影响。基于以上分析，本文分别采用 Heckman 两阶段模型和工具变量方法解决假设检验中可能存在的内生性问题。

1. Heckman 两阶段模型

为了排除企业自选择对假设 1a 检验结果的干扰，本文使用 Heckman 两阶段模型对假设 1a 的实证结果重新进行检验。在第一阶段回归中，本文参考逯东等的研究②，并依据并购中企业选择募集配套资金和企业是否募集配套资金的影响因素在逻辑上的一致性，沿用倾向得分估计模型，计算得到逆米尔斯比（*IMR*）；在第二阶段回归中，本文将 *IMR* 作为控制变量，重新检验模型（1），实证结果表明，无论被解释变量是短期还是长期并购绩效，关键解释变量 *Treat* 的回归系数仍显著为正，且 *IMR* 的回归系数均不显著，这表明在控制自选择效应后，假设

---

① 实证结果详见《中国人民大学学报》工作论文 JRUCWP2021049。

② 逯东等：《国有企业非实际控制人的董事会权力与并购效率》，载《管理世界》2019 年第 6 期。

1a 的检验结果仍然具有可信性。

2. 工具变量方法

为排除内生性因素对假设 1b 检验结果的干扰，本文使用工具变量两阶段回归的方法重新检验假设 1b 的实证结果。在工具变量选择上，本文参考已有相关研究[①]，选择主并方同行业其他上市公司非公开发行数额占总资产比例的平均值（$SEOindnum$）作为 $Peitaonumratio$ 的工具变量，选择主并方同行业其他上市公司非公开发行股数占总股本比例的平均值（$SEOindstock$）作为 $Peit-aostockratio$ 的工具变量。变量 $SEOindsum$ 和 $SEOindstock$ 的选择满足工具变量的相关性和外生性条件：首先，募集配套资金在本质上属于非公开发行行为，从非公开增发的投资方角度来看，特定对象（符合认购标准的机构投资者和个人投资者）对上市公司股权投资普遍存在行业偏好[②]，因而主并方并购时募集配套资金规模可能与同行业其他上市公司非公开发行规模相关；其次，该主并方的并购绩效与同行业其他上市公司非公开发行规模没有直接的联系。实证结果表明，第一阶段回归中主要解释变量对工具变量的回归系数均在 1% 的水平上显著为正，而第二阶段回归中募集配套资金相对规模指标与短期和长期并购绩效仍然显著正相关，假设 1b 的检验结果仍然具有可信性。

（二）更换并购绩效衡量指标

本文使用不同窗口期的累计超额收益（CAR）作为短期并购绩效的替代指标、主并方并购前后 2 年的平均净资产收益率变化（ΔROE）作为长期并购绩效的替代指标，重新进行模型（1）、模型（2）的实证检验。检验结果表明，指标替换后关键解释变量的回归系数均显著为正。这说明主回归的并购绩效检验结果没有受到衡量指标选择的影响。

（三）更换募集配套资金规模衡量指标

本文使用募集配套资金的绝对规模 $Peitaostock$（主并方并购中募集配套资金股数的对数值）作为募集配套资金规模的替代指标，重新进行模型（2）的实证检验。检验结果表明，无论被解释变量是短期还是长期并购绩效，关键解释变量 $Peitaostock$ 的回归系数均显著为正，这说明本文的实证结论是稳健的。

（四）替代性解释

需要说明的是，前文所述募集配套资金提升并购绩效的结论可能存在一种替代性的解释，即被并方在交易前本身经营状况好，财务状况和现金流稳定，交易

---

① 陆瑶等：《机构投资者持股与上市公司违规行为的实证研究》，载《南开管理评论》2012 年第 1 期；王化成等：《监督还是掏空：大股东持股比例与股价崩盘风险》，载《管理世界》2015 年第 2 期。

② 周绍妮等：《机构投资者持股能提升国企并购绩效吗？——兼论中国机构投资者的异质性》，载《会计研究》2017 年第 6 期。

后通过直接对主并方"输血"也可以提升主并方的并购绩效，从而与募集配套资金的协同效应发挥机制形成竞争。为排除这种替代性解释，本文在回归中控制了相对交易规模（Deal）。为得到更稳健的结论，本文在接下来的稳健性检验中继续控制被并方并购交易前相对主并方业绩状况的两个代理变量：并购交易前一年被并方营业收入占主并方营业收入的比例（Reratio）和被并方交易前两年营业收入增长率（Re_growth）。利用新的控制变量重新对模型（1）、模型（2）进行回归，实证结果表明在控制被并方交易前业绩状况因素后，主回归的实证结果仍然是稳健的，为排除前述替代性解释提供了有力证据。

（五）控制个体固定效应

本文在模型（1）、模型（2）的回归中同时控制行业、年度、个体固定效应进行稳健性检验。实证结果表明，模型（1）、模型（2）增加控制个体固定效应后，本文主回归检验结果没有发生实质性的变化。

七、研究结论

基于中国资本市场特有的制度背景，本文深入研究了企业在重大资产重组中的募集配套资金行为对并购绩效的影响，得到结论：①相对于未募集配套资金的并购样本，募集配套资金的并购样本具有更好的并购绩效；②募集配套资金相对规模较高的并购样本并购绩效更好；③主并方产权性质为民营企业时，募集配套资金相对规模对并购绩效的影响更加积极；④并购特征为多元化并购时，募集配套资金相对规模对并购绩效的影响更加积极；⑤机构投资者参与和并购整合效率提高是募集配套资金发挥积极作用的可能机制。

本文具有如下政策意义与启示：首先，我国资本市场重大资产重组中的募集配套资金制度在总体上有助于参与并购企业发挥并购的协同效应，能够促进市场资源得到合理配置。其次，通过在配套融资过程中引入机构投资者和限定配套融资的资金流向，上市公司能够更好地发挥重大资产重组的整合效应，进而实现基于企业价值可持续增长的外延式发展战略。最后，本文对上市公司重大资产重组与募集配套资金监管实践具有较强的现实意义。监管机构的动态监管机制和并购重组的核准机制是有效的。在针对大股东和管理层机会主义动机主导的募集配套资金行为损害企业价值的监管举措方面，监管机构可以从并购双方企业特征这类"背景性"因素和并购交易特征这类"临时性"因素两个维度出发，对不同类型的上市公司重大资产重组交易进行更为精确的指导和监管，进而助力企业利用重大资产重组实现其战略目标，促进资本市场并购重组活动更为有序和更加良性地发展。

Achieving Synergy Aims or Faling into the Trap？ An Analysis on the Supporting Equity Offerings during Major Assets Restructuring

XU Jingchang　　LI Bowen

Abstract：Based on the sample of mergers and acquisitions occurring in Shanghai and Shenzhen A-share-listed companies between 2012 and 2017, this article studies the impact of supporting equity offerings on the performance of theacquirers during major assets restructuring (MAR). Itfinds that, when MAR transaction plans include supporting equity offerings, the acquirers obtain better returns and long-term market performance from the mergers and acquisitions. It also finds that the performance of the acquirers is directly proportionate to the relativesize of supporting equi-ty offerings. These finds prove that the system of supporting equity offerings during MAR can pro-mote the synergy of the transactions in the merger and acquisition events and improve the efficiency of market resource alocation. Therefore, it is an efective regulatory measure in Chinese capital market.

Key words：Merger and Acquisition；Supporting Equity Offerings；Seasoned Equity Offering；Synergy Effects；Acquisition Performance

（责任编辑：王伯英）

附录二　创新是公司并购的驱动因素吗？

——来自中国上市公司的经验证据[*]

徐经长　何乐伟　杨俊华

【摘要】借鉴 Bena 和 Li（2014）的研究，本文基于中国上市公司并购数据考察了创新对公司并购的影响。研究发现，创新投入和创新产出越多的公司越倾向于成为主并方；而创新投入越多、创新产出越少的公司越倾向于成为标的方。但是主并方的创新投入增长率较低，表明公司在通过外部并购获取创新资源的同时也逐渐放缓自身研发投入。进一步研究发现，根据现有文献将并购划分为技术并购和非技术并购后，在非技术并购事件中创新依然显著影响公司参与并购活动，进一步证明了创新对公司并购参与具有重要且广泛的影响。最后，与并购失败的企业相比，成功完成并购的企业拥有更多的创新产出。本文基于中国背景提供了公司创新如何影响并购的经验证据，对于理解中国公司创新和并购活动具有重要的意义。

【关键词】创新；并购；专利；研发支出

一、引言

创新是引领发展的第一动力。党的十八大中提出实施创新驱动发展战略，党的十九大中要求加快建设创新型国家，加强国家创新体系建设，建设现代化经济体系。近年来，中国公司创新投入不断增加，科技创新日新月异，形成了高铁、移动支付、共享经济和网络购物的"新四大发明"。截至 2016 年底，中国已经成为世界上第三个国内有效发明专利拥有量超过百万件的国家。中国企业在培育自身创新能力的同时，也不断通过并购获取外部创新资源，如美的集团通过收购德国库卡集团深耕智能化领域等。中国近年来开启了新一轮的并购浪潮，并购数量和交易金额均呈现快速增长态势。根据 CVSource 投中数据终端统计，2016 年中国公司并购数量和交易金额较 2013 年增长逾 40%，共完成并购 4010 起，涉及金额 2532.6 亿美元。并购确实是企业获取外部创新资源，取得竞争优势的重要途径和手段（Rhodes-Kropf 和 Robinson，2008），但又是什么内在因素驱动着企业

---

[*] 本文发表于《会计研究》2020 年第 12 期。

进行并购呢？企业是不是只有在具备了一定创新能力的基础上才去参与并购？企业自身创新水平的特点又是否会影响其在并购中的角色和地位呢？以上问题值得身处并购浪潮中的企业深思。因此，在新时代的背景下，基于中国情境考察企业创新如何影响并购具有重要的理论价值和现实意义。

现有文献广泛关注并购对公司创新的影响，较少有文献关注创新如何影响并购。Phillips 和 Zhdanov（2013）通过理论分析和实证研究指出大公司倾向于并购研发投入较多的公司获取创新资源；Zhao（2009）、Bena 和 Li（2014）直接考察了创新对公司并购行为的影响，却得到了截然相反的结论：Zhao（2009）研究发现公司研发数量越少越倾向于参与并购，且更可能完成并购；而 Bena 和 Li（2014）则发现并购专利数量越多的公司越倾向于参与并购。由此可知，一方面，现有研究大多基于美国背景，而中国和美国在政治制度、经济政策和发展水平等方面仍存在显著差异，这些研究是否适用于中国仍未可知；另一方面，基于美国背景的研究尚未达成一致，二者关系有待进一步检验。而基于中国情境的研究大多借鉴 Ahuja 和 Katila（2001）的方法，广泛关注技术并购之后的创新绩效。这类研究并未检验创新如何影响并购，而且也仅将样本局限于通过人工筛选出的基于创新的并购案例，但是这种方法可能存在以下潜在问题：首先，人工划分并购的动机存在一定主观性，并且更多地集中在个别行业中，如高科技行业等，忽略了大量"非技术并购"。其次，默认"非技术并购"与创新无关的假设可能存在偏误。并购浪潮席卷全球，企业试图通过并购获取发展所需的外部资源，而自身的创新能力对公司的发展也至关重要，将二者完全隔离开来的做法有待商榷，因此这种非此即彼的二分法并不合理。因此，在国家创新驱动发展战略和企业并购浪潮的互相影响下，中国公司创新是否影响并购？中国公司创新活动的哪些特点将如何影响企业的并购决策？并购活动反过来是否进一步促进企业创新？这些问题都值得关注，并且对于弥补现有文献空白和理解公司创新与并购活动的关系都有重要的参考价值和指导意义。

为了探究上述问题，本文采用 2009~2015 年中国上市公司的并购事件，研究创新活动如何影响公司并购行为。本文在确定上市公司并购样本后，采用两种方法筛选出控制样本以分析企业创新在并购决策中所起的作用：首先，按照年度、行业和规模进行一对一配对选取出控制样本；其次，按照年度、行业、规模和账面市值比进行一对一配对选取出另一组控制样本。本文发现：首先，创新投入和创新产出越多的公司越倾向于成为主并方；而创新投入越多、创新产出越少的公司越倾向于成为标的方。其次，创新投入增长率越低，公司越倾向于成为主并方。本文的研究表明，企业的创新特征确实会影响企业的并购决策以及其在并购事件中的地位。但是，主并企业在并购标的的选择上仍存在一定的问题，没有挑选出极具创新能力的企业，不过也正是这样一次次的兼并重组，才实现了我国创新资源的优胜劣汰，进而推动我国并购市场由野蛮生长走向秩序渐成。进一步研究发现创新对非技术并购的影响同样十分显著，再一次印证获取创新资源是公司并购的重要动机。最后，通过对比完成并购与未成功完成并购的公司在并购事件前后创新产出的变化得出，企业并购显著增加了公司的创新产出。

本文的理论贡献主要有以下两点：首先，本文考察了创新对并购的影响，有效补充了国内该领域现有文献的空白，基于中国情境的探讨为该问题提供了新的经验证据。与基于美国的研究普遍发现公司内部创新水平与外部并购创新资源的相互替代关系不同，中国企业内外部创新存在互补关系，即在并购研发支出较高的标的企业时，上市公司也不断提高自身研发支出的水平。这可能是由于中国目前创新驱动战略的影响和为了实现技术追赶目标而采取的过渡措施，也可能由于我国企业大多还处在成长期，同美国处于成熟稳定期的企业相比，不同生命周期的企业所面临的环境影响了企业的创新模式。其次，本文使用多年度、多行业的样本，同时考察了创新投入和创新产出对企业并购决策的共同影响，而且同时考察了主并方和标的方各自的创新活动如何影响并购，对于认识当前中国企业创新和并购之间的关系具有重要的指导意义。周城雄等（2016）也考察了中国公司创新对并购的影响，发现创新对公司并购没有显著影响。但是，其仅选取专利数度量公司的创新水平，并未考虑研发支出等创新投入对并购参与的影响；同时并未将参加并购的公司划分为主并方和标的方，考察创新对二者的不同影响；而且其仅选取 2007 年的并购事件，研究结论可能受到该年度宏观经济、会计准则变更等因素的影响，存在严重的内生性问题。

本文剩余部分的结构安排如下：第二部分为文献综述及研究假设；第三部分为研究设计，介绍本文所使用的变量、回归模型以及样本和数据；第四部分为实证分析；第五部分为进一步研究；第六部分为结论。

二、文献综述及研究假设

（一）文献回顾

学者们对企业并购动机的研究由来已久，现有文献主要从委托代理理论（Jensen 和 Ruback，1983；Harford 和 Li，2007；吴超鹏等，2008）和协同效应理论（Harford，2005；Rhodes-Kropf 和 Robinson，2008）两个截然相反的角度对并购的动机进行了分析。基于委托代理理论，管理层出于机会主义动机和过度自信，倾向于通过并购活动获取私利、构建帝国或者过度投资（Jensen，1986），从而损害股东利益和公司价值。而协同效应理论则认为公司通过并购突破自身边界，获取所需的战略资源（Holmstrom 和 Roberts，1998）。近年来，协同效应理论受到学者们的普遍关注。

　　创新是企业价值创造的关键驱动因素，对提升竞争力至关重要。一方面公司通过内部研发提高创新水平；另一方面并购也已经是公司获取外部创新资源的重要途径。Holmstrom 和 Roberts（1998）指出许多并购事件都是由于创新驱动而产生的。Aghion 和 Tirole（1994）则通过理论分析指出不善于创新的公司可以通过并购创新能力较强的公司提升创新能力。Henderson 和 Cockburn（1996）发现技术的叠加或融合能够实现规模经济并且能够在更大范围内实现创新，从而驱动并购。Rhodes-Kropf 和 Robinson（2008）采用产权理论对并购事件进行研究，通过理论分析和实证研究发现企业通过并购获取互补资源，从而促进产品和技术创新。Hart 和 Holstrom（2010）通过理论分析认为存在技术互补的公司更倾向于发生并购，并且能够克服外部性，获取较好的并购绩效。Cassiman 和 Veugelers（2006）认为并购双方彼此能够填补专利技术空白，从而使得并购后的企业拥有强大的创新能力或更具竞争性的市场定位。Phillips 和 Zhdanov（2013）研究发现小公司通过增加研发支出吸引大公司并购，而大公司也乐于并购拥有创新能力的小公司，从而提高创新效率。然而，Zhao（2009）、Bena 和 Li（2014）基于美国背景考察了创新对并购的影响，却发现了截然相反的结论：Zhao（2009）发现创新水平越低的公司越倾向于进行并购，且完成并购的可能性越高；而 Bena 和 Li（2014）却发现创新水平越高的公司越倾向于参与并购。基于上述文献可知，目前针对企业创新和并购活动之间到底存在何种关系的研究尚未取得一致结论；而且现有研究主要集中于美国，而由于中国与美国在经济制度、政策环境和经济发展水平等宏观因素和企业发展状况等微观因素方面都存在较大差异，基于美国的研究结论不一定适用于中国国情，因此基于中国背景的研究更有利于丰富和完善现有文献。

　　国内现有研究广泛关注技术并购对企业创新的影响，较少关注创新活动对公司并购的影响。如王宛秋和马红君（2016）、黄璐等（2017）考察了技术并购对创新绩效的影响；张学勇等（2017）则检验了技术并购与非技术并购在市场反应等方面的差异。现有研究大多是一种事后的研究，旨在关注并购活动是否对企业之后的创新产生影响，较少关注企业的创新活动是否影响企业的并购决策，以及企业创新活动的特点对其在并购中角色的影响，即缺乏事前的预测。此外，研究采用的样本是通过人工筛选出的一类基于创新的并购案例，但是这种方法可能存在以下潜在问题：首先，人工划分并购的动机存在一定主观性，并且样本主要集中在特定行业，如高科技行业等。其次，默认非技术并购与创新无关的假设，并未考虑创新和并购之间的相互作用。这种非此即彼，将二者完全割裂开来的做法有待商榷。仅有周城雄等（2016）以 2007 年中国上市公司并购案例为样本考察创新对公司并购影响，并且发现创新对公司并购并没有显著影响。但是该研究并未考虑企业创新投入的影响，也并未考察主并方和标的方之间的差异；同时仅以2007年并购事件为样本，研究结论容易受到该年度宏观环境、会计准则变更等遗漏变量的潜在影响，存在较强的内生性问题。

(二) 假设推导

习近平总书记多次强调"保护知识产权就是保护创新"，鼓励创新和加强知识产权保护的论述越来越多地出现在高层集体学习和讲话中。近年来，随着我国科技水平的不断提高，国外学者大肆宣扬"中国威胁论"，从科技上抵制中国的论调甚嚣尘上。这一方面说明我国科技发展之迅速，已经切实地从无到有、从有到优发展出一批举世瞩目的创新性成就；另一方面也说明只有进一步加强创新，提升企业的创新水平才能在日趋复杂的国际局势中实现突围，只有全方位的自主可控，才能摆脱关键领域被"卡脖子"的困境。可以说知识产权的保护关系高质量发展，关系国家安全，因此一定要加强知识产权保护的顶层设计。

诚然，我国目前已经形成了比较完备的知识产权保护体系。但由于起步较晚，同美国等其他发达国家相比，在知识产权法的实践和应用方面仍存在差距。习近平总书记指出我国当前的知识产权保护工作正在经历两个转变：一是从知识产权引进大国向创造大国转变；二是从追求数量向追求质量转变。这两方面的转变也暴露了过去我国在知识产权创新上主要依靠引进和过分追求数量的盲目性。而要避免这种盲目性，就要深刻地认识到创新和引进之间对立统一的辩证关系。一方面，创新和引进是对立的，创新意味着独立、自主，而引进则是吸收外来的技术。培育自主创新能力可以实现相关技术的逐步积累甚至达到建立行业壁垒的程度，但是引进可以在短时间内满足企业对技术的需要，如何平衡效果和效率是企业所面临的问题。另一方面，培育自主创新能力是为了更好地消化和吸收引进的技术，而引进又可以进一步激发企业的创新活力，二者又是相辅相成的。那么应如何处理二者之间的关系呢？

长期以来，企业并购是实现技术引进的重要方式之一，通过购买标的资产将被并购企业的专利吸收进来，根据协同效应理论，并购之后的企业理应能够更好地进行资源整合与利用，并提升后续创新的水平。但是，反过来看企业的创新能力或者创新水平是否会驱动企业并购的发生呢？企业创新性的特点又是否决定了企业在并购重组中的地位和角色呢？国外的文献从产权理论、外部性、市场竞争等角度，阐述了创新水平的高低如何影响企业参与并购的活跃度。虽然研究结论存在差异，但大部分文献的结论都是认为越是注重创新的企业越倾向于参与到并购的浪潮中来，其中既包括主体作为购买方吸收兼并具有创新能力的企业，也包括主体作为标的方通过提高自身的创新投入，获得行业内其他企业的青睐，从而联手以提升其在竞争中的优势。目前国内有相当多的文献关注并购完成之后企业创新的表现，但缺乏对创新如何影响并购发生的实证检验。

那么企业创新到底在企业并购中发挥什么作用呢？技术并购中企业的盲目性不可避免，加之"双创"的催化以及近年来对知识产权的强调和重视，核心技术的价格也水涨船高。这一方面会使有意向被收购的企业加大自身的研发投入，使自己在并购市场上是有吸引力的"猎物"。另一方面主并企业为了更好地消化吸收被并企业的技术，也需要自身具备一定的基础。Bena 和 Li（2014）认为研发支出越少的企业越倾向于成为并购方，但该结论在当前的中国未必适用。其原因是美国资本市场经过多年的发展，其并购多是市场化的、企业效益最大化的形式，而且其企业经过长时间的发展，已经有了较充足的技术储备，获取新专利的边际成本存在递减效应。而我国的企业大都处于成长期，前景广阔，企业既要立足自身公司的研发，又要在市场上寻找有价值的标的，因此目前将承担更高的研发支出。由此可见，无论是主并方还是标的方，均有动机增加自身的研发投入。但二者深层次的动机以及在其创新产出上的表现可能有所不同。

就主并方而言，王艳（2016）通过案例分析指出，只有具备一定原始创新能力的积累才能有效地通过并购提升自身创新能力。换句话说，只有当企业积累了一定的创新成果，具备了吸收消化的能力，才有精力去寻找市场上能为自己锦上添花的企业。并且，结合我国的实践背景，新中国经济发展的历史短、底子薄，知识积累尚有欠缺，为了更好地吸收和整合外部创新资源，公司也需要不断提高自身的创新能力原始积累。此外，在国家实施创新驱动发展战略、市场经济体制不断完善以及中国企业国际参与不断深化的背景下，公司更加重视提高自身创新能力，不断提高创新投入和创新产出，从而保持和提高市场竞争力（于开乐和王铁民，2008）。

但是，从并购标的的选择上，也应当注意到我国并购市场存在"野蛮生长"的盲目性。由于被并企业的质量难以甄别，近年来有不少企业在购买了被并企业的技术之后才发现所获取的技术其实已经过时或者对自身创新水平的提升帮助有限。被并企业可能面临着经营业绩下滑或者资金短缺的困境，同时也缺乏所谓的核心技术，只想通过并购交易把自己卖出去。这类企业提高自身研发支出的动机只是为了包装自己是一家注重研发的企业却没有实质性的创新产出，因此虽然积极地进行创新投入，但创新产出较低。根据上述分析，提出本文的第一个假设：

H1：创新投入越高的企业越倾向于加入到并购浪潮中来。但创新产出较高的企业倾向于成为主并方，而创新产出较低的企业倾向于成为被并方。

从主并方的角度来看，企业加大自身的研发支出水平或者积极从外部吸收创新资源都能够提高企业创新水平。但在企业发展的不同阶段，企业可能选择不同的方式。换句话说，处在不同生命周期的企业，由于所面临的生存环境和资金约束存在差别，将采取不同的创新模式。当大公司意识到自身在与小公司的创新竞赛处于劣势时，会降低公司自身研发支出转而并购创新投入较高的小公司（Phillips 和 Zhdanov，2013），这样做一方面能够缩短研发周期，另一方面购买外部技术可以大大降低公司内部研发的风险，发挥创新的杠杆作用（Brown 和 Eisenhardt，1997）。虽然在中国创新驱动战略的影响下，公司为了追赶国际领先水平，在保持较高的研发投入的同时大量并购外部创新资源。但是这种"两手抓"的方式只能作为特殊时期的过渡手段，并不可持续。因此，主并方在寻求并购外部创新资源时，将倾向于放缓自身创新投入。而且，根据协同效应理论，外部创新对公司的促进作用也会促使公司放缓创新投入。相对而言，标的方一般处于信息的被动地位，因此在获得潜在的收购意向前，短期内其不会主动改变创新策略。因此，本文提出第二个假设：

H2：创新增长率越低的公司越倾向于成为主并方；创新增长率与标的方不相关。

三、研究设计

（一）主要变量和模型设定

为了考察创新对公司并购参与（是否成为并购交易中的主并方或者标的方）的影响，本文构建如下模型进行回归分析：

$$Event\ Firm_{im,t}=\alpha_0+\alpha_1 Innovation_{im,t-1}+\alpha_2 Controls_{im,t-1}+Deal\ FE_m+\varepsilon_{im,t} \quad (1)$$

其中，$Event\ Firm_{im,t}$ 为因变量，若公司 i 是交易 m 中的主并方（标的方）就取 1；否则取 0。自变量 $Innovation$ 表示公司的创新水平，用创新产出（年专利申请数，Patnum）和创新投入（研发支出，R&D）进行衡量。之所以选取公司的年度专利申请数衡量公司创新产出，是因为现有研究表明专利能够较为全面地体现公司创新活动中可以量化的部分以及不可观测的部分（Cornaggia 等，2015），并且由于从公司提出专利申请到获得专利授权存在较长的时间间隔，因此专利申请数量更加准确地体现了公司当期的创新产出（江轩宇，2016）。具体而言，我国将专利划分为发明、实用新型和外观设计等三种类型，其中外观设计的技术含量相对较低，发明和实用新型专利的创新含量相对较高，因此本文重点关注发明和实用新型专利的年度申请数量。企业的研发支出则属于可观测、可量化的创新投入，但又由于企业能够在研发上投入的资金受企业规模的限制，因此本文选取企业的研发支出占总资产规模之比作为公司创新投入的衡量指标。

本文分别采用两种方法筛选出潜在的并购重组事件的参与方，确定控制样本。首先，本文按照年度、行业和规模进行 1：1 匹配，选取控制样本组。之所以选取这三个维度，是因为 Harford（2005）的研究发现行业并购浪潮受到宏观环境的影响，并且具有时间集聚效应，因此按照年度和行业进行匹配可以较好地控制年度和行业固定效应（Andrade 等，2001）；而且公司规模对企业并购具有重要影响，Moeller 等（2004）发现规模效应在并购收益中广泛存在，而且不随公司特征和并购交易特征而改变；Bena 和 Li（2014）也按照行业、年度和规模进行匹配，研究并购参与方的创新特征。具体而言，对于在 t 期宣布的并购，本文从并购事件前三年（t-3~t-1 年）既不是主并方也不是标的方的公司中，在 t-1 期同行业中选取与主并方（标的方）规模最接近的公司作为控制样本。

其次，借鉴 Bena 和 Li（2014）的研究，在上述方法的基础上加入账面市值比（BM）进行 1∶1 匹配，选取控制样本组。之所以将账面市值比加入匹配特征中，是因为账面市值比能够有效地控制并购的其他动机，如增长机会（Andrade 等，2001）、过度估值的水平以及资产互补性（Rhodes-Kropf 和 Robinson，2008）等重要的并购驱动因素。具体而言，本文选取并购事件发生前三年（t-3~t-1 年）既不是主并方也不是标的方的公司作为潜在的控制样本组，随后按照公司规模和账面市值比估算出公司成为主并方（标的方）的得分，最后对于第 t 期宣告进行并购的公司，本文在 t-1 期同行业的公司中选取与主并方（标的方）得分最接近的公司作为控制样本。

同时，借鉴已有研究，本文在回归中控制了专利年限、销售增长率、总资产收益率、资产负债率和现金持有水平等指标。最后，本文为每笔交易选取一个控制组样本。同时，为了控制交易特征、行业和年度的影响，本文在模型中控制交易事件的固定效应（Deal FEm）。本文主要变量的定义和度量见表 1。

表 1　主要变量的定义

变量类型	变量名称	变量定义
因变量	*Event Firm*	若公司为并购重组事件中的主并方（标的方）就取 1，否则取 0
自变量	*Patnum*	公司第 t 期发明和实用新型专利申请数量加一的自然对数
	R&D	公司研发支出与总资产之比，研发支出缺失时取 0
控制变量	*Pat Growth*	专利增长量，本期专利申请数与上期之比的自然对数
	R&D Growth	公司研发支出的增长率
	Patage	截至并购事件发生前公司持有的专利平均年龄加一的自然对数
	Size	公司总资产的自然对数
	BM	公司期末账面价值与市场价值之比
	Salesrate	公司主营业务收入增长率
	ROA	公司总资产收益率
	Lev	公司总负债与总资产之比
	Cash	现金持有水平，公司期末现金及现金等价物的余额与总资产之比

（二）样本选择和处理

本文的研究样本是宣告日期为 2007～2015 年上市公司并购事件，之所以选取 2007 年作为本文研究的起点，是因为 2007 年是我国会计准则国际趋同的重要时点，新制定的《企业会计准则》已经开始实施，要求企业披露研发支出等项目。因此，考虑到数据的可得性，同时为避免前后会计准则差异而产生的影响，本文选取 2007 年作为样本区间的起点。由于本文进行样本匹配和模型设定均选取滞后期的数据，因此本文实际使用的样本起点为 2009 年。本文所使用的上市公司并购事件、财务指标等数据均来自于国泰安数据库（CSMAR），上市公司专利申请数据来自于中国研究数据库服务平台（CNRDS）。借鉴王艳等（2014）以往研究，本文对并购事件进行以下筛选：①考虑到金融企业的特殊性，删除主并方或标的方为金融行业的样本；②为了排除国家无偿划拨命令以及小规模交易的影响，删除交易金额小于 100 万元人民币的样本；③删除标的公司控制权未发生转移的样本；④同一公司同一年发生多次并购时，仅保留宣告日最早的样本；⑤删除数据缺失的样本；⑥删除无匹配控制组样本的并购事件。本文最终得到 3238 条样本，其中上市公司作为主并方的样本 3011 条，上市公司作为标的方的样本 227 条。研究样本的时间分布见表 2。

表 2　研究样本的时间分布

年份	主并方	标的方	总计
2009	274	33	307
2010	309	27	336
2011	337	19	356
2012	398	22	420
2013	484	26	510
2014	596	33	629
2015	613	67	680
总计	3011	227	3238

表 3 汇报了样本总体的描述性统计，从表中所有变量均已按照 1% 和 99% 分位数进行缩尾处理。从表中可以看到，无论是公司的创新产出还是创新投入都存在较大差异，为本文后续的实证研究提供了必要条件。

表 3　主要变量的描述性统计

变量	样本量	均值	标准差	最小值	中位数	最大值
Patnum	6476	1.650	1.601	0.000	1.386	5.852

变量	样本量	均值	标准差	最小值	中位数	最大值
R&D	6476	0.012	0.016	0.000	0.004	0.083
Pat Growth	3474	0.200	0.890	-2.197	0.175	2.639
R&D Growth	3828	0.593	2.624	-0.947	0.040	20.008
Patage	6476	0.884	0.688	0.000	0.980	2.663
Size	6476	21.740	1.154	18.099	21.607	25.221
ROA	6476	0.041	0.063	-0.483	0.039	0.257
Lev	6476	0.457	0.227	0.046	0.456	2.253
BM	6476	0.411	0.253	-0.378	0.360	1.278
Salesrate	6476	0.181	0.442	-0.844	0.122	3.547
Cash	6476	0.181	0.147	0.001	0.135	0.704

四、实证分析

（一）创新与公司并购参与

在进行多元回归分析前，本文首先比较了并购参与方（主并方和标的方）和控制组样本主要变量均值和中位数的差异，结果见表4。表4中控制组为按照年度、行业和规模进行匹配样本。表格的上半部分为主并方的均值和中位数，下半部分为标的方的均值和中位数；表格从左到右分别为并购参与方、匹配样本的均值和中位数，以及两组之间的差异。

表4　并购参与方与匹配样本的比较

变量	均值	中位数	均值	中位数	均值	中位数
	主并方		按年度、行业和规模匹配的样本		差异	
Patnum	1.732	2.565	1.616	2.485	0.116 ***	0.08 ***
R&D	0.013	0.014	0.011	0.012	0.002 ***	0.002 ***
Patage	0.859	1.072	0.901	1.118	-0.042 **	-0.046 ***
Size	21.805	21.636	21.761	21.660	0.045	-0.024
ROA	0.048	0.047	0.039	0.039	0.009 ***	0.008 ***
Lev	0.442	0.409	0.464	0.444	-0.022 ***	-0.035 ***
BM	0.407	0.357	0.425	0.385	-0.019 ***	-0.027 ***
Salesrate	0.212	0.155	0.164	0.120	0.048 ***	0.034 ***
Cash	0.190	0.149	0.175	0.137	0.015 ***	0.012 ***

变量	均值	中位数	均值	中位数	均值	中位数
	主并方		按年度、行业和规模匹配的样本		差异	
Patnum	1. 261	2. 398	1. 401	2. 441	-0. 140	-0. 044 ***
R&D	0. 011	0. 013	0. 011	0. 014	0. 000	-0. 001 ***
Patage	0. 969	1. 243	0. 885	1. 099	0. 084	0. 145 *
Size	21. 144	21. 276	21. 188	21. 187	-0. 043	0. 089 ***
ROA	-0. 008	0. 019	0. 022	0. 033	-0. 030 ***	-0. 014 ***
Lev	0. 544	0. 466	0. 473	0. 421	0. 070 **	0. 046 ***
BM	0. 341	0. 350	0. 357	0. 362	-0. 016	-0. 012 ***
Salesrate	0. 074 **	0. 032 **	0. 107	0. 068	-0. 033	-0. 035 ***
Cash	0. 133	0. 099	0. 175	0. 168	-0. 042 ***	-0. 068 ***

注：差异为主并方（标的方）减去控制组的均值和中位数之差；*、**、*** 分别表示在 10%、5% 和 1% 水平上显著。

从表 4 中处理组与控制组之间的差值可以看出，按照规模进行匹配后，主并方与控制组在规模方面并不存在显著差异；对于主并方样本而言，参与并购的公司的专利申请数量和研发支出显著大于未参与并购的公司，表明无论是在专利申请数量还是研发支出方面，作为主并方参与并购的公司进行了更多的创新活动。并且，主并方拥有更高的资产收益率、主营业务收入增长率和现金持有水平，更低的专利年龄和资产负债率。而对于标的方而言，标的方与控制组在专利申请数以及研发支出等方面并没有显著差异，并且标的方公司的资产收益率较低，资产负债率较高。虽然并购参与方和匹配样本的组间差异在一定程度上为本文的研究提供了部分信息，但是该结果并未控制其他因素的影响，本文接下来将通过多元回归分析进一步探究企业创新活动对公司并购参与的影响。

本文首先采用模型（1）探究公司创新活动对公司是否成为主并方的影响，回归结果见表 5 中的回归（1）和回归（2）。表 5 中回归（1）为按照年度、行业和规模进行匹配的样本组的回归结果，回归（2）为按照年度、行业、规模和账面市值比进行匹配的样本组的回归结果。从回归（1）和回归（2）中可以看出，公司的专利申请数量和研发投入均与并购参与显著正相关，表明公司上期专利申请数量越多、研发支出越多，越倾向于成为主并方，与本文假设 1 相一致。

表5　创新与公司并购参与

变量	主并方		标的方	
	（1）	（2）	（3）	（4）
Patnum	0.108***	0.158***	-0.352**	-0.304**
	（0.034）	（0.033）	（0.151）	（0.147）
R&D	17.249***	18.741***	26.134**	20.796*
	（3.232）	（3.263）	（12.674）	（12.359）
Patage	-0.197***	-0.190***	0.527**	0.518**
	（0.063）	（0.062）	（0.240）	（0.244）
BM	-0.600***		-0.198	
	（0.180）		（0.770）	
Salesrate	0.382***	0.289***	0.065	-0.028
	（0.089）	（0.089）	（0.283）	（0.292）
ROA	2.351***	2.872***	-5.231**	-6.351***
	（0.829）	（0.792）	（2.064）	（2.123）
Lev	-0.706***	-0.903***	0.670	0.911
	（0.264）	（0.245）	（0.804）	（0.727）
Cash	0.663**	0.320	-3.216**	-3.016**
	（0.330）	（0.318）	（1.282）	（1.270）
Constant	0.627	-0.579	-0.537	-0.377
	（1.454）	（1.433）	（1.570）	（1.534）
Deal Fixed Effect	YES	YES	YES	YES
Observations	6022	6022	454	454
Pseudo R^2	0.024	0.027	0.073	0.084
Percentage	0.566	0.565	0.661	0.687

注：括号为变量的标准误；＊、＊＊、＊＊＊分别表示在10%、5%和1%水平上显著；最后一行为Logit回归的预测准确率。

在控制变量中，公司持有的专利组合年龄越短，公司越倾向于成为主并方，表明作为主并方的企业十分注重自身的研发创新，公司近期新获取的专利较多。账面市值比越低，公司越倾向于成为主并方，即成长性越高的公司越倾向于去并购其他公司以获取进一步发展的资源。同时，回归结果还表明主营业务收入增长率、资产收益率以及现金持有水平与公司作为主并方显著正相关，而资产负债率的系数显著为负，说明经营状况、财务状况和现金流状况越好的公司越倾向于在并购中扮演主并方的角色。

本文随后采用模型（1）分析公司创新活动对公司是否成为标的方的影响。回归结果见表5中的回归（3）和回归（4），其中回归（3）为按照年度、行业和规模进行匹配的样本组的回归结果，回归（4）为按照年度、行业、规模和账面市值比进行匹配的样本组的回归结果。从回归（3）和回归（4）中可以看出，公司的研发投入与 Event Firm 显著正相关，而公司的专利申请数量与 Event Firm 显著负相关，由此表明公司的研发支出越多，但专利申请数量越少越倾向于成为标的方，至此本文的假设1全部得到验证。

在控制变量中，公司持有的专利组合年龄越长，公司越倾向于成为标的方，表明公司持有的专利时间越长，越倾向于通过被兼并出售专利技术，同时也说明公司所持有的大都是较陈旧的专利，这与主并方积极获取新的专利形成鲜明对比；另外，公司的资产收益率越低，现金持有越少，越倾向于成为标的方。说明同主并方相比，标的方的现金流状况和经营状况均较差，可持续经营能力面临一定的挑战。

总体来看，本文发现专利申请数量越多、研发支出越多公司越倾向于成为主并方，而专利申请数量越少、研发支出越多的公司越倾向于成为标的方。本文与 Bena 和 Li（2014）结论的不同之处在于我国的主并方还要投入更多的研发支出用于提升自主创新能力。本文认为该差异是中美企业所处的不同生命周期所导致的。企业在不同时期进行创新所面临的成本效益比可能存在明显差异。Bena 和 Li（2014）发现在美国，研发支出越少而申请专利数越多的公司越倾向于成为主并方，此类企业更可能是处于生命周期的成熟期，有着丰富的技术储备，较少的创新投入便可以撬动更多的创新产出，换句话说创新产出的边际成本存在递减效应。而中国的企业大多还处于成长期，本身就要攻克很多技术壁垒，甚至还会走弯路，这中间会产生一定的试错成本，势必会进一步增加研发的投入。正所谓厚积薄发，我国企业目前还处在"厚积"的阶段，当积累达到了一定程度，便会有从量变到质变的突破。

但同时，我们也应当看到如火如荼的并购浪潮背后所折射出主并方在选择并购标的时的盲目性和被并方创新质量难甄别等问题。并购市场的成熟和繁荣既给想创新、想发展的企业提供了一个获取优质创新资源的平台，但也给个别打着创新的标签却没有实质性创新产出的企业提供了变现的渠道。本文的发现说明主并方在选择被并企业时一定要仔细甄别被并企业的创新质量，研究其创新投入转化为创新产出的可能性以及该创新产出是否真的可以提高自身的创新水平。

（二）创新增长对公司并购参与的影响

在上述研究的基础上，本文在模型（1）中加入了专利申请数的增长量和研

发支出增长率，考察创新活动增长对公司并购的影响，对假设2进行检验。回归
结果见表6，其中回归（1）和回归（2）为主并方样本的回归结果，回归（3）
和回归（4）为标的方样本的回归结果。

表6　创新增长率与公司并购参与

变量	主并方		标的方	
	（1）	（2）	（3）	（4）
Patnum	0.022	−0.010	−0.466	−0.625
	(0.085)	(0.073)	(0.526)	(0.387)
Pat Growth	0.069	0.059	−1.013*	−1.110**
	(0.086)	(0.082)	(0.519)	(0.477)
R&D	6.058	13.617***	34.414	31.609
	(5.432)	(5.208)	(29.688)	(23.813)
R&D Growth	−0.155***	−0.107***	0.005	−0.062
	(0.035)	(0.028)	(0.338)	(0.229)
Patage	−0.357*	−0.009	0.713	1.782*
	(0.200)	(0.194)	(1.032)	(0.990)
BM	−3.544***		−8.405***	
	(0.416)		(3.151)	
Salesrate	0.278	0.486**	3.166**	1.888**
	(0.222)	(0.213)	(1.455)	(0.913)
ROA	−6.890***	−2.331	−27.728***	−26.735***
	(1.851)	(1.752)	(8.265)	(7.963)
Lev	−4.290***	−3.076***	−2.075	0.282
	(0.576)	(0.541)	(2.658)	(2.490)
Cash	−0.996	0.092	−1.582	−1.885
	(0.650)	(0.598)	(2.901)	(3.304)
Constant	3.697**	1.019	3.436	2.924
	(1.523)	(1.590)	(3.231)	(2.826)
Deal Fixed Effect	YES	YES	YES	YES
Observations	1782	1762	114	112
Pseudo R^2	0.065	0.038	0.309	0.282
Percentage	0.630	0.595	0.772	0.750

注：括号为变量的标准误；*、**、***分别表示在10%、5%和1%水平上显著；最后一行为 Logit
回归的预测准确率。

从表中回归（1）和回归（2）可以看出，公司专利申请数量及其增长幅度对公司并购参与的影响不再显著，而研发投入增长率与因变量显著负相关，表明公司研发支出增长率越低的公司越倾向于成为主并方。综合上述研究结论来看，公司的专利申请数量越多、研发投入越多的公司越倾向于成为主并方，并且研发支出增长率越低的公司越倾向于成为主并方。这表明虽然主并方通过并购获取外部创新资源的同时，仍需要增加自身在研发支出方面的投入，但是其研发投入的增长速度却在逐步放缓。

从回归（3）和回归（4）中可知，公司专利申请数量和研发支出的影响不再显著，而专利申请数量增长率与因变量显著负相关，表明公司专利申请数量增长率越低的公司越倾向于成为标的方。同时，也可以发现标的方存在专利持有年限较长以及经营业绩不善等问题。综合来看，公司的专利申请数量越少且增长率越慢、研发支出越多的公司越倾向于成为标的方。这进一步反映了很多创新能力不足、创新质量不佳的企业被兼并收购。对此，应当从两方面来看，其一，这暴露出在企业获取创新资源的过程中，并购标的的选择存在一定的问题；其二，也正是因为并购重组才实现了企业的优胜劣汰。

本文的结论正体现了当前中国特殊的国情，也引导我们更理性地看待并购市场，以及企业创新与并购之间的关系。公司在积极提高自身研发投入的同时也通过并购获取外部创新资源，但企业更应当提高的是识别优质创新资源的能力，这给活跃在并购市场上的企业提出了新的、更高的要求。一方面，随着改革开放的不断深入和市场经济体制的不断完善，中国企业的国际参与不断深入，竞争压力不断增大，中国企业为了提高自身竞争力而不断培育和发展自身创新能力；而且中国实施的创新驱动发展战略也进一步提高了全社会对于创新和核心技术重要性的认识，促使企业不断提高自身创新投入发展核心竞争力。另一方面，这是一个优胜劣汰、去弱留强、去伪存真的市场。企业既需要不断提高自身的创新能力，也需要一双慧眼，去识别和挖掘市场上真正有价值、有创新潜能的好企业。只有这样，才能更好地吸收和整合外部创新资源，提高并购的效率和效果，我国的并购市场也才能完成从野蛮生长到秩序渐成的转变。

五、进一步研究

（一）创新与技术并购

本文研究发现创新对公司的并购参与决策具有重要影响，这似乎与技术并购相关的研究结论不符。所谓技术并购是指为了获取技术而进行的并购。国内外对技术并购的定义通常为并购事件发生前一段时期内标的方是否获得专利，主并方是否以获得某项技术为目标（Ahuja 和 Katila，2001）或者按照行业进行划分，认为高技术行业的并购即为技术并购（Higgins 和 Rodriguez，2006）等。这类研究并未直接考察并购的动机，而是人为地对并购动因进行了识别，默认技术并购的动机为获取技术，而非技术并购的动机与企业创新活动无关。但是这样的方法可能存在一些潜在的问题：首先，分类标准较为主观且往往聚焦在部分行业，样本选择可能存在偏误；其次，默认非技术并购的动因与创新无关的假设有待检验。并购与创新对于公司发展至关重要，将二者完全隔离开来的做法值得商榷。为了检验创新作为并购的驱动因素之一，是否广泛存在于企业并购而不单单是技术并购中，本文将并购事件划分为技术并购和非技术并购，直接考察创新对技术并购和非技术并购的影响。

借鉴已有研究，本文定义若主并方为医药制造业，计算机和电子设备制造业，仪器仪表制造业，航空航天设备制造业，信息传输、软件和信息技术服务业等行业或者并购的目标为获取专利或技术的并购为技术并购，否则为非技术并购。由于大多数上市公司并购的标的公司为非上市公司，受限于标的方的专利数据，本文未能按照专利授予的标准对并购事件进行分类。特别地，此处仅分析上市公司为主并方的样本，并采用模型（1）进行回归分析。回归结果见表7，其中回归（1）和回归（2）为技术并购样本组的回归结果；回归（3）和回归（4）为非技术并购样本组的回归结果。

表7　创新与技术并购

变量	技术并购		非技术并购	
	（1）	（2）	（3）	（4）
Patnum	0.094*	0.209***	0.119***	0.132***
	（0.054）	（0.051）	（0.044）	（0.043）
R&D	18.287***	19.351***	14.152***	17.897***
	（4.237）	（4.179）	（5.255）	（5.481）
Patage	0.122	−0.020	−0.292***	−0.239***
	（0.125）	（0.122）	（0.073）	（0.072）
BM	−1.815***		−0.186	
	（0.365）		（0.208）	
Salesrate	0.947***	1.140***	0.154	−0.064
	（0.173）	（0.176）	（0.106）	（0.107）
ROA	−2.435*	−1.739	4.609***	5.678***
	（1.374）	（1.269）	（1.070）	（1.043）
Lev	−2.598***	−2.279***	0.193	−0.122
	（0.470）	（0.433）	（0.325）	（0.306）

续表

变量	技术并购		非技术并购	
	（1）	（2）	（3）	（4）
Cash	0.791	0.938*	0.518	-0.254
	（0.527）	（0.515）	（0.434）	（0.413）
Constant	0.500	-0.489	0.092	-0.778
	（1.505）	（1.500）	（1.442）	（1.430）
Deal Fixed Effect	YES	YES	YES	YES
Observations	2192	2190	3830	3832
Pseudo R^2	0.055	0.064	0.016	0.018
Percentage	0.620	0.628	0.552	0.552

注：括号为变量的标准误；*、**、***分别表示在10%、5%和1%水平上显著；最后一行为 Logit 回归的预测准确率。

从表7中可以看到，无论是技术并购还是非技术并购，创新对公司并购参与的决策都具有显著影响，即专利申请数量越高、研发投入越高的公司也越倾向于成为主并方。这说明，即使被认为划分为非技术并购，公司并购参与依然受到创新活动的影响，进一步支持了本文的假设1。

（二）并购事件对创新产出的影响

上述研究表明，中国上市公司的创新对并购参与的决策具有显著影响，拥有较高创新水平的公司倾向于成为主并方，而研发投入越多的公司则越倾向于成为标的方。那么，公司通过并购获取创新资源是否能够取得协同效应，显著提升主并方的创新产出呢？

现有研究发现，资源整合程度与并购业绩显著相关（周小春和李善民，2008）。Brown 等（1997）认为来自外部的技术对创新绩效具有杠杆作用，外部关键技术能够降低自我研发的风险。Zhao（2009）研究发现创新能力越差的公司在并购完成后能够得到更多的创新产出。Bena 和 Li（2014）也发现相对于并购失败的公司，成功完成并购的公司创新产出显著增加。基于上述分析，本文认为企业并购能够有效增加主并方的创新产出。

借鉴 Bena 和 Li（2014）的研究，为了缓解内生性问题，本文采用双重差分法考察并购活动对公司创新产出的影响，即比较并购成功的公司相对于并购失败的公司在并购前后创新产出是否具有明显差异。之所以比较并购成功与并购失败的样本组，主要有以下两方面原因：首先，上文研究发现，创新对公司的并购参与具有显著影响，并购参与决策是受公司创新内生决定的，并购参与方和非参与方之间在公司创新方面不可比；其次，无论是并购成功还是失败，公司均参与到并购事件中，表明二者在并购参与的决策中并无显著差异。二者之间的差异主要体现在并购事件的结果上，因此对比二者的创新产出能够较好地度量并购事件对公司创新的影响。

本文采用模型（2）考察并购重组对公司创新活动的影响，模型如下：

$$Patnum_{i,t} = \beta_0 + \beta_1\,After_{i,t} + \beta_2\,Succeed_{i,t} + \beta_3\,After_{i,t} \times Succeed_{i,t} + \beta_4\,Controls_{i,t} +$$
$$Year\ FE + Deal\ FE + \varepsilon_{i,t} \tag{2}$$

其中，$Patnum$ 为公司并购完成后的创新产出，采用年专利申请数量进行衡量。自变量为 $Succeed$，当公司宣告成功完成并购时取 1，失败时取 0；$After$ 为时间哑变量，当为并购完成后的年份时取 1，否则取 0。控制变量与模型（1）保持一致；本文还控制年度固定效应和并购事件固定效应。

双重差分方法的使用需要满足平行趋势假设，即在事件发生前，实验组和控制组具有相同的趋势。因此，进行回归分析前，本文首先进行了平行趋势假设检验，结果见图 1。从图中可以看出，在并购事件发生前，并购成功样本组和并购失败样本组的专利申请数量基本存在共同的增长趋势；但是在并购事件发生后，成功完成并购的样本组创新产出呈现增长趋势，而并购失败的样本组创新产出却呈现明显的下降趋势。总体而言，本文的研究符合平行趋势假设，满足使用双重差分模型的条件。

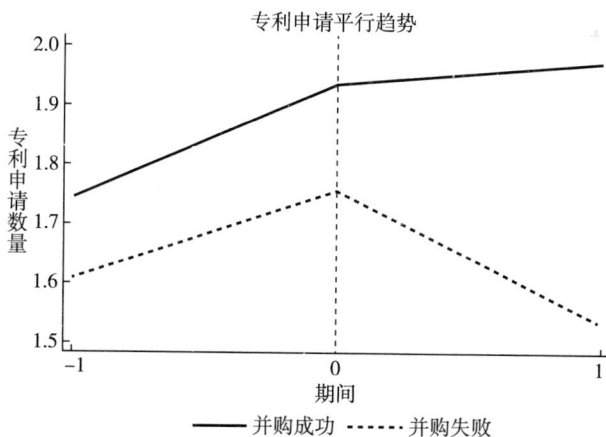

图 1　平行趋势假设检验

并购活动对主并方创新产出的影响的回归结果见表 8。表中回归（1）为按照行业和规模进行匹配的样本组的回归结果，回归（2）为按照行业、规模和账面市值比进行匹配的样本组的回归结果。从回归（1）和回归（2）可以看到，Suc-

ceed×After 与企业创新产出显著正相关，表明相对于并购失败的公司而言，并购成功的公司能够显著提高公司的创新产出。这意味着中国上市公司在并购完成后能够通过对创新资源的整合和利用，提高主并方的创新产出，与本文的分析相一致。

表8　并购活动与主并方创新产出

变量	创新产出	
	（1）	（2）
Succeed×After	0.194 **	0.188 **
	（0.086）	（0.085）
Succeed	-4.004 ***	-2.607 ***
	（1.240）	（0.717）
After	0.077	-2.173 ***
	（0.718）	（0.717）
Patage	0.206 ***	0.178 ***
	（0.064）	（0.064）
BM	0.068	
	（0.107）	
Salesrate	0.057 **	0.063 **
	（0.028）	（0.028）
ROA	0.805 **	0.713 *
	（0.398）	（0.392）
Lev	-0.022	-0.007
	（0.164）	（0.161）
Cash	0.095	0.133
	（0.172）	（0.171）
Constant	2.736 ***	7.027 ***
	（0.881）	（1.517）
Year & Deal Fixed Effect	YES	YES
Observations	5808	5812
Adjusted R^2	0.815	0.816

注：括号为变量的标准误；*、* *、* * *分别表示在10%、5%和1%水平上显著。

（三）稳健性检验

在稳健性检验中，本文将公司的创新产出的定义替换为公司并购事件宣告前三年（t-3~t-1）专利申请总数加一的自然对数，然后分别采用模型（1）进行回归，考察公司创新活动对公司并购参与的影响，回归结果见表9。

表9　稳健性检验：累积创新与公司并购参与

变量	主并方		标的方	
	（1）	（2）	（3）	（4）
Sumpat	0.063 *	0.139 ***	-0.201	-0.237 *
	(0.035)	(0.032)	(0.141)	(0.133)
R&D	12.703 ***	15.209 ***	26.199 *	21.790 *
	(3.763)	(3.829)	(14.061)	(13.214)
Patage	-0.266 ***	-0.243 ***	0.443 *	0.446 *
	(0.070)	(0.069)	(0.259)	(0.259)
BM	-0.875 ***		0.092	
	(0.192)		(0.788)	
Salesrate	0.416 ***	0.333 ***	-0.243	-0.108
	(0.096)	(0.099)	(0.314)	(0.299)
ROA	2.906 ***	4.105 ***	-3.677 *	-4.361 **
	(0.930)	(0.878)	(2.143)	(2.147)
Lev	-0.374	-0.567 **	0.456	0.457
	(0.289)	(0.271)	(0.857)	(0.762)
Cash	0.322	0.479	-4.506 ***	-3.649 **
	(0.405)	(0.394)	(1.560)	(1.439)
Constant	0.794	-1.055	-0.340	0.052
	(1.461)	(1.502)	(1.593)	(1.516)
Deal Fixed Effect	YES	YES	YES	YES
Observations	4766	4760	404	402
Pseudo R^2	0.021	0.026	0.052	0.052
Percentage	0.571	0.563	0.639	0.661

注：括号为变量的标准误；*、**、***分别表示在10%、5%和1%水平上显著；最后一行为Logit回归的预测准确率。

表9中回归（1）和回归（2）为主并方样本的回归结果，从表中可知并购宣告前三年专利申请数量越多、研发支出越多，公司越倾向于成为主并方。回归（3）和回归（4）为标的方样本的回归结果。虽然在回归（3）中，公司专利申

请数量与公司是否为标的方并不显著，但是总体而言，公司并购宣告前三年专利申请数越少、研发支出越多的公司越倾向于成为标的方。这与本文的假设 1 和假设 2 相一致，表明本文的结果是稳健的。

随后本文重新定义了专利申请的衡量指标，将外观设计专利纳入到专利申请数量的变量中，然后采用模型（1）进行回归，考察公司创新活动对公司并购参与的影响，回归结果见表 10。表中回归（1）和回归（2）为主并方样本的回归结果，从表中可知并购宣告前专利申请数越多、研发支出越多，公司越倾向于成为主并方。回归（3）和回归（4）为标的方样本的回归结果。虽然在回归（4）中，公司研发支出与公司是否为标的方并不显著，但是总体而言与本文的假设 1 和假设 2 相一致，表明本文的结果是稳健的。

表 10 稳健性检验：总体创新与公司并购参与

变量	主并方		标的方	
	（1）	（2）	（3）	（4）
Total Pat	0.068 **	0.124 ***	−0.263 *	−0.229 *
	（0.032）	（0.031）	（0.138）	（0.134）
R&D	18.340 ***	19.727 ***	23.085 *	18.260
	（3.229）	（3.251）	（12.506）	（12.218）
Patage	−0.185 ***	−0.182 ***	0.489 **	0.493 **
	（0.063）	（0.062）	（0.238）	（0.243）
BM	−0.602 ***		−0.191	
	（0.180）		（0.769）	
Salesrate	0.381 ***	0.287 ***	0.050	−0.044
	（0.089）	（0.089）	（0.283）	（0.291）
ROA	2.359 ***	2.915 ***	−5.208 **	−6.313 ***
	（0.829）	（0.791）	（2.055）	（2.120）
Lev	−0.704 ***	−0.889 ***	0.676	0.906
	（0.263）	（0.245）	（0.804）	（0.727）
Cash	0.659 **	0.312	−3.162 **	−2.992 **
	（0.330）	（0.317）	（1.278）	（1.267）
Constant	0.617	−0.534	−0.581	−0.359
	（1.453）	（1.432）	（1.569）	（1.533）
Deal Fixed Effect	YES	YES	YES	YES
Observations	6022	6022	454	454

变量	主并方		标的方	
	(1)	(2)	(3)	(4)
Pseudo R²	0.0230	0.0260	0.0698	0.0819
Percentage	0.567	0.568	0.643	0.661

注：括号为变量的标准误；＊、＊＊、＊＊＊分别表示在10%、5%和1%水平上显著；最后一行为Logit回归的预测准确率。

六、结论

本文基于中国上市公司的并购事件，考察企业创新对公司并购参与的影响。通过采用年度、行业和规模以及年度、行业、规模和账面市值比进行一对一匹配研究发现，专利申请数量越多、研发支出越多的公司更加倾向于成为主并方；而专利申请数量越少、研发支出越多的公司越倾向于成为标的方，这表明中国上市公司具有较强的动机通过并购寻求创新资源。同时，主并方的研发支出增长率相对下降，表明上市公司在谋求通过并购寻求外部创新时会逐渐放缓自身创新投入。进一步研究发现，无论是技术并购还是非技术并购，创新水平越高的公司越倾向于成为主并方，进一步证明了本文的结论。本文采用双重差分发现，相对于未能成功完成并购的公司而言，成功完成并购的公司在并购完成一年后专利产出大幅提升，表明公司谋求技术的并购确实能够提高创新产出。本文结论经过一系列稳健性检验后依然成立。

本文的研究结论具有重要的现实意义：首先，党的十八大和党的十九大提出创新驱动发展战略，全社会越来越认识到创新的重要性，与此同时中国也迎来了新一轮的并购浪潮，并购活动对于提高创新资源配置效率，激发企业活力和提振市场经济具有重要作用。但是本文也发现企业在并购标的的选择上存在一定问题，有些创新能力不足的企业也被收购兼并了，这既反映了创新型企业优胜劣汰的自然选择，也说明企业在寻找并购标的时应当多加甄别、汰弱留强。其次，本文的研究有助于更加全面地认识企业创新和并购之间的关系。企业的创新活动和创新特征确实是并购的驱动因素，尤其是当企业作为主并方时，创新投入和创新产出显著影响企业的并购决策，并能够有效提升后续的创新绩效，总体上二者呈现出相互融合和相互促进的良性循环。最后，本文的研究结论为企业创新发展提供了切实可行的渠道。公司作为科技创新的主体，如何有效通过并购等市场渠道获取外部资源，实现优势互补，降低自身研发创新风险，提高创新能力，关乎我国上市公司发展的质量和存续的长度。企业在坚决贯彻落实创新驱动发展战略，提升公司内部创新能力的同时，还可以积极通过并购获取互补资源，集中优势力量，进一步增强自身造血功能，由此带动我国实体经济走可持续发展的创新之路，提高中国企业在全球市场范围内的活力、竞争力和创新力。

参考文献

［1］黄璐，王康睿，于会珠．2017．并购资源对技术并购创新绩效的影响．科研管理，S1：301-308．

［2］江轩宇．2016．政府放权与国有企业创新——基于地方国企金字塔结构视角的研究．管理世界，9：120-135．

［3］王宛秋，马红君．2016．技术并购主体特征、研发投入与并购创新绩效．科学学研究，8：1203-1210．

［4］王艳．2014．"诚信创新价值观"文化差异度与并购绩效——基于2008—2010年沪深上市公司股权并购事件的经验数据．会计研究，9：74-80．

［5］王艳．2016．混合所有制并购与创新驱动发展——广东省地方国企"瀚蓝环境"2001—2015年纵向案例研究．管理世界，8：150-163．

［6］吴超鹏，吴世农，郑方镳．2008．管理者行为与连续并购绩效的理论与实证研究．管理世界，7：126-133．

［7］于开乐，王铁民．2008．基于并购的开放式创新对企业自主创新的影响——南汽并购罗孚经验及一般启示．管理世界，4：150-159．

［8］张学勇，柳依依，罗丹，陈锐．2017．创新能力对上市公司并购业绩的影响．金融研究，3：159-175．

［9］周城雄，赵兰香，李美桂．2016．中国企业创新与并购关系的实证分析——基于34个行业2436个上市公司的实证分析．科学学研究，10：1569-1575．

［10］周小春，李善民．2008．并购价值创造的影响因素研究．管理世界，5：134-143．

［11］Aghion P.，J. Tirole. 1994. The Management of Innovation. The Quarterly Journal of Economics，109（4）：1185-1209.

［12］Ahuja G.，R. Katila. 2001. Technological Acquisitions and the Innovation Performance of Acquiring Firms：A Longitudinal Study. Strategic Management Journal，22（3）：197-220.

［13］Andrade G.，M. Mitchell，E. Stafford. 2001. New Evidence and Perspectives on Mergers. Journal of Economic Perspectives，15（2）：103-120.

［14］Bena J.，K. Li. 2014. Corporate Innovations and Mergers and Acquisitions. The Journal of Finance, 69 (5): 1923-1960.

[15] Brown S. L. , K. M. Eisenhardt. 1997. The Art of Continuous Change: Linking Complexity Theory and Timepaced Evolution in Relentlessly Shifting Organizations. Administrative Science Quarterly, 42 (1): 1-34.

[16] Cassiman B. , R. Veugelers. 2006. In Search of Comple-mentarity in Innovation Strategy: Internal R&D and External Knowledge Acquisition. Management Science, 52 (1): 68-82.

[17] Cornaggia J. , Y. Mao, X. Tian, B. Wolfe. 2015. Does Banking Competition Affect Innovation? Journal of Financial Economics, 115 (1): 189-201.

[18] Dutz M. A. 1989. Horizontal Mergers in Declining Industries: Theory and Evidence. International Journal of Industrial Organization, 7 (1): 11-33.

[19] Harford J. 2005. What Drives Merger Waves? Journal of Financial Economics, 77 (3): 529-560.

[20] Harford J. , K. Li. 2007. Decoupling CEO Wealth and Firm Performance: The Case of Acquiring CEOs. The Journal of Finance, 62 (2): 917-949.

[21] Hart O. , B. Holmstrom. 2010. A Theory of Firm Scope. The Quarterly Journal of Economics, 125 (2): 483-513.

[22] Henderson R. , I. Cockburn. 1996. Scale, Scope, and Spillovers: The Determinants of Research Productivity in Drug Discovery. RAND Journal of Economics, 27 (1): 32-59.

[23] Higgins M. J. , D. Rodriguez. 2006. The Outsourcing of R&D through Acquisitions in the Pharmaceutical Industry. Journal of Financial Economics, 80 (2): 351-383.

[24] Holmstrom B. , J. Roberts. 1998. The Boundaries of the Firm Revisited. The Journal of Economic Perspectives, 12 (4): 73-94.

[25] Jensen M. C. 1986. Agency Costs of Free Cash Flow, Corporate Finance, and Takeovers. The American Economic Review, 76 (2): 323-329.

[26] Jensen M. C. , R. S. Ruback. 1983. The Market for Corporate Control: The Scientific Evidence. Journal of Financial Economics, 11 (1-4): 5-50.

[27] Moeller S. B. , F. P. Schlingemann, R. M. Stulz. 2004. Firm Size and the Gains from Acquisitions. Journal of Financial Economics, 73 (2): 201-228.

[28] Phillips G. M. , A. Zhdanov. 2013. R&D and the Incentives from Merger and Acquisition Activity. The Review of Financial Studies, 26 (1): 34-78.

[29] Rhodes-Kropf M. , D. T. Robinson. 2008. The Market for Mergers and

the Boundaries of the Firm. The Journal of Finance, 63 (3): 1169-1211.

[30] Zhao X. 2009. Technological Innovation and Acquisitions. Management Science, 55 (7): 1170-1183.

Do Corporate Innovations Drive Mergers and Acquisitions?

—Empirical Evidence from Chinese Listed Firms

XU Jingchang   HE Lewei   YANG Junhua

Abstract: Following Bena and Li (2014), this paper examines the impact of innovations on firms' mergers and acquisitions (M&As) using data from Chinese listed firms. This paper finds that firms with more innovation output and input tend to be acquirers; while firms with fewer innovation output but more innovation input are more likely to become target firms. The growth of innovation input is negatively related to the likelihood of being an acquirer, indicating firms are gradually slowing down innovation input while acquiring innovative resources through M&As. Further, this paper shows that innovative firms are more likely to be acquirers even for non-technological M&A, further demonstrating that innovation has great impact on M&As. And firms that successfully complete M&As receive more innovation output than firms that fail to do so. This paper provides evidence of how corporate innovation affects M&As using Chinese setting, and is useful for a better understanding of Chinese corporate innovation and M&As.

Key words: Innovations; Mergers and Acquisitions; Patents; Innovation Input

附录三　并购商誉信息会影响债务资本成本吗?*

徐经长　张东旭　刘欢欢

【摘要】商誉信息的决策有用性主要体现在对投资者以及对债权人决策行为的影响上，而已有研究较少基于债务资本成本视角考察商誉信息的决策有用性问题。笔者以 2008—2015 年符合条件的 A 股上市公司为研究样本，分析了商誉信息确认及其减值计提对债务资本成本的影响，同时还进一步研究了所有权性质对商誉信息与债务契约有效性关系的调节作用。研究发现，并购商誉的确认金额与债务融资成本显著负相关，商誉减值金额与债务融资成本显著正相关。在对因为遗漏变量导致的内生性问题以及因为样本自选择导致的研究偏误进行控制后，研究结论依然稳健。同时，进一步研究还发现，与国有企业相比，非国有企业中商誉信息对债务资本成本的影响更明显。笔者的研究结果表明，商誉信息具有一定的信息含量，会影响到企业的债务资本成本，具有决策有用性，且该有用性受到企业产权性质的影响。

【关键词】并购商誉；商誉减值；债务资本成本

【中图分类号】F276　【文献标识码】A　【文章编号】1000-1549（2017）03-0109-10

一、引言

2007 年 1 月 1 日生效的企业会计准则规定，"非同一控制下的企业合并中，购买方对合并成本大于合并中取得的被购买方可辨认净资产公允价值份额的差额，应当确认为商誉"。该准则将商誉作为一个资产项目纳入合并资产负债表。而商誉是否能作为一项资产，是一个有争议的问题。企业会计准则明确规定，确认一项资源为资产不仅要符合资产的相关定义，还要满足该资源的成本或者价值能够可靠地计量。但是从商誉入账的计量方法来看，它是合并成本超过购买方持有的被购买方净资产的公允价值份额的部分，是一个"倒挤"出来的结果。这种计量方法并不是从商誉本身出发去计算其金额，而是从行为结果里去算一个差值，跟实际价值存在一定的误差，会影响到商誉计量的准确性。同时，商誉在形

---

* 本文发表于《中央财经大学学报》2017 年第 3 期。

态上具有不可辨认性，增加了计量商誉资产的难度，使得商誉的会计计量颇有争议（许家林，2006[1]）。

现有的研究主要基于决策有用性目标对商誉会计计量问题进行研究，该类研究主要分为两大类：一是研究商誉是否具有价值相关性；二是研究商誉的预测价值（Boennen 和 Glaum，2014[2]）。该类研究多是基于资本市场投资者视角，考虑商誉信息在企业估值中的作用。但越来越多的研究开始注意到，无论是在欧美等发达资本市场还是在中国资本市场中，会计信息的决策有用性目标并不符合会计信息的使用实际。企业会计信息被更多地用于企业经营状况的评价以及相关契约的实施中（Kothari 等，2010[3]）。那么，商誉信息是否有利于会计信息资源配置作用的发挥呢？

已有文献目前已经从审计（叶建芳等，2016[4]）、分析师（曲晓辉等，2016[5]）等视角检验了商誉信息对相关契约的影响，但较少有文献从债权人的角度研究商誉与债务契约之间的关系。不同于欧美国家的企业对权益融资的依赖，中国企业更依赖于债务融资（Allen 等，2005[6]）。且商誉又是一项比较有争议的资产，因而深入探讨商誉会计信息对债务契约制定的影响具有重要的理论和现实意义。商誉作为一项比较特殊的不可辨认的项目，对企业财务报表信息有着较为重要的影响，而企业财务报表信息又是债权人决策的基础，所以商誉信息会受到债权人的关注，会对债务契约产生影响。

本文以 2008—2015 年 A 股上市公司中有商誉信息的企业为研究样本，检验了商誉资产的确认以及减值对企业债务资本成本的影响。研究发现，并购商誉的确认会降低公司的债务融资成本，而商誉减少会提高公司的债务融资成本。该结论在控制了遗漏变量问题以及样本自选择问题后依然成立。说明商誉信息的确认以及后续计量确实会对债权人的借款决策产生影响，具有决策有用性。进一步研究发现，所有权性质会对商誉会计信息与债务资本成本的关系起到调节作用，商誉会计信息对债务融资成本的影响在非国有公司中体现得较为明显。说明商誉信息的决策有用性还受到其所处经营环境的影响。

本文的研究贡献或创新性主要体现为以下两个方面：第一，本文的研究丰富了商誉信息经济后果领域的相关文献。已有商誉经济后果的研究主要从股东视角，对商誉的价值相关性进行研究（Chauvin 和 Hirschey，1994[7]；Bens 等，2011[8]；杜兴强，2010[9]），本文从债权人的角度出发，检验了商誉金额和商誉减值对债务融资成本产生的影响，丰富了该领域的文献。第二，本文的研究丰富了债务资本成本影响因素的相关研究，对以后债务契约的研究有一定的借鉴意义。基于会计视角的债务资本成本研究较为关注的是会计信息质量的影响，而较为忽视特定会计信息对债务契约的影响。本文的研究从商誉信息视角探讨了其对债务资本成本的可能影响。

本文其余部分安排如下：第二部分是理论分析与研究假设，第三部分是研究设计，第四部分是实证结果，第五部分是研究结论。

二、理论分析与研究假设

（一）并购商誉资产的初始确认与债务融资成本

债务融资成本的高低主要是由债权人所面临的风险敞口决定的。若借款企业能够提供有关企业偿债能力的有力证明，则必然能够降低企业的债务融资成本。根据超额收益观，商誉代表企业在较长时期内可以获得比同行业更高利润水平的超额盈利能力。并购中商誉的确认代表着收购方对被收购标的能带来的未来超额收益以及合并后业务能产生的协同效应有很好的预期，是关于公司的积极消息。且 Lee（2010）[10] 关于商誉与未来现金流的研究也发现，商誉能够很好地预测未来的现金流，在 SFAS142 实施后，两者之间的关系更显著了。因此，若债权人能够认可商誉信息中所包含的积极方面，将商誉视为一项能带来未来经济利益流入的资产，那么商誉资产的确认则会提高债权人对企业未来发展的正面预期，降低债权人对其所面临的风险敞口的担心，从而降低债务资本成本。据此，本文提出假设 1a：

H1a：并购中确认的商誉大小与并购企业债务融资成本负相关。

虽然合并商誉作为列示在资产负债表中的一项资产，是预期能给企业带来经济利益流入的资源。但是按照现行企业会计准则的计量规定，商誉是根据合并交易安排倒挤出来的一个结果，这种计量方法会导致商誉在体现超额盈利能力方面存在误差。Johnson 和 Petrone（1998）[11] 就提出过核心商誉的概念，其将现行的商誉分解为六个部分，并认为仅有其中两个要素是有价值的核心商誉，符合经济学上的商誉资产定义。Henning 等（2000）[12] 的进一步研究发现，投资者对美国公司并购活动中的商誉不同组成部分有不同的反应。同理，债权人也可能会基于商誉信息的不同组成部分的构成差异，向企业要求不同的贷款报酬率。

根据 Johnson 和 Petrone（1998）[11] 的分解思路，商誉信息中的过度支付以及计量误差是导致商誉信息偏离核心商誉价值的主要因素。在并购交易中，股权支付方式的使用使得过度支付现象较为普遍，从而导致商誉的高估（Shleifer 和 Vishny，2003[13]；谢纪刚和张秋生，2013[14]）。同时，由于商誉资产不需要折旧，且商誉减值的操控空间较大，所以高管有动机确认更多的商誉资产（Shalev 等，2013[15]；Paugam 等，2015[16]），导致商誉的进一步高估。高估的商誉意味着商誉资产中存在泡沫，增加了企业所面临的风险，可能会导致企业债务资本成本的增加。

基于商誉的以上特点，债权人在借贷决策中既有可能会看重商誉信息所反映的未来超额盈利能力，从而降低债务资本成本，也有可能并不完全认可商誉这项资产的价值，而认为商誉是并购交易中过多支付的价款，是公司经营风险的体现，从而要求更高的借款报酬率。因此，在中国资本市场中，商誉信息对债务资本成本的影响方向需要通过实证方法来检验。据此，本文提出假设 1b 的竞争性假设：

H1b：并购中确认的商誉大小与并购企业债务融资成本正相关。

（二）并购商誉的后续计量与债务融资成本

根据 2007 年生效的会计准则，企业至少应在每年年度终了时，按《企业会计准则第 8 号——资产减值》的规定对商誉进行减值测试。资产减值是指资产的可回收金额低于其账面价值所形成的价值的减少，商誉减值意味着商誉预计给企业带来的经济利益比原来入账时预计的要低。Rees 等（1996）[17] 研究表明，市场对上市公司的减值公告存在消极的反应。同样地，商誉减值也会向外界传递出企业商誉资产的负面信号。合并财务报表是利益相关者了解企业相关信息的一个基本窗口，当债权人捕捉到商誉减值所传递的负面信号时，其可能会增加他们所要求的必要收益率以补偿企业盈利下降所带来的债务本息无法偿付的风险。

已有研究还发现，由于商誉减值的可验证性较低（Ramanna 和 Watts，2012[18]），导致企业有较强的动机通过商誉减值项目操控盈余（Beatty 和 Weber，2006[19]；Li 等，2011[20]；卢煜和曲晓辉，2016[21]）。Francis 等（2005）[22] 的研究发现，较低的盈余质量增加了企业与债权人之间的信息不对称程度，因此会导致债务资本成本以及权益资本成本的增加。所以企业对商誉减值信息的操控会导致债权人提高债务报酬率。综上所述，无论是因为商誉减值信息所传递的未来企业经济利益减少的信息，还是其传递的企业盈余管理的信息，债权人都会视其为负面消息，要求企业支付更高的债务资本成本以补偿其面临的风险。据此，本文提出假设 2：

H2：企业计提的商誉减值准备金额与债务融资成本正相关。

三、研究设计

（一）样本选择与数据来源

因为《企业会计准则（2006）》于 2007 年 1 月 1 日开始实施，商誉作为资产项目进入资产负债表，2007 年确认的商誉信息更多地来自对以前年度的无形资产中商誉信息的调整，所以本文以 2008—2015 年全部 A 股上市公司中商誉账面价值不为零的公司为研究对象进行研究。本文按以下标准对数据进行处理：一是剔除金融行业的上市公司，因为这类公司具有比较特殊的行业特征，其融资行为显著异于其他行业；二是剔除商誉数据缺失的样本；三是剔除其他变量数据缺失的样本。最终共获取商誉增加的公司年度样本 2049 个；商誉减值的公司年度样本 830 个。本文的利息支出数据来自 Wind 数据库，其他财务数据均来自 CS-MAR 数据库。

（二）模型选择和变量定义

为了研究并购商誉信息对债务融资成本的影响，本文建立了模型（1）：

$$COD_{i,t} = \alpha + \beta_1\,GW_{i,t} + \beta_2\,Offer_{i,t} + \beta_3\,ROA_{i,t} + \beta_4\,Size_{i,t} + \beta_5\,Opinion_{i,t} + \beta_6\,Age_{i,t} +$$
$$\beta_7\,Growth_{i,t} + \beta_8\,LEV_{i,t} + \beta_9\,Tang_{i,t} + \beta_{10}\,Credit_{i,t} + \beta_{11}\,Risk_{i,t} + \beta_{12}\,SOE_{i,t} +$$
$$\beta_{13}\,IDP_{i,t} + \beta_{14}\,Dual_{i,t} + \beta_{15}\,Wage_{i,t} + \beta_{16}\,Top1_{i,t} + \beta_{17}\,Rate_t + \varepsilon_{i,t} \tag{1}$$

其中，COD 为债务资本成本。本文借鉴 Zou 和 Adams（2008）[23] 以及李广子和刘力（2009）[24] 的研究设计，以利息支出占负债总额来表示债务融资成本。同时本文以利息支出除以借款总额（短期借款与长期借款之和）作为替代变量（COD1），研究结论依然稳健。GW 为本文的主要解释变量商誉信息，分别用并购商誉增加额（GWRec）以及商誉减值额（GWImp）表示。为了消除量纲的影响，将其分别除以期末总资产账面价值进行调整。

参考 Jensen 和 Mecking（1976）[25]、Sengupta（1998）[26]、陆正飞（1996）[27]、李志军和王善平（2011）[28] 等的研究，回归模型（1）中主要控制了公司特征变量和公司治理变量。公司特征变量包括当年再融资（Offer）、盈利能力（ROA）、公司规模（Size）、审计意见类型（Opinion）、上市时间年数（Age）、成长性（Growth）、资产负债率（LEV）、有形资产比率（Tang）、信用状况（Credit）、盈余波动率（Risk）。公司治理变量包括所有权性质（SOE）、独立董事比例（IDP）、高管兼任（Dual）、高管薪酬（Wage）、第一大股东持股比例（Top1）。另外，本文参考 Zou 和 Adams（2008）[23] 的研究控制了央行基础贷款利率对债务融资成本的影响。其他控制变量还有行业和年度。ε 为随机扰动项。为了消除极端值的影响，本文对所有连续变量在 1% 以及 99% 分位数上进行 Winsorize 缩尾处理。相关变量名称和定义如表 1 所示。

表 1　相关变量的符号和定义

变量类型	变量名称	变量符号	变量定义
因变量	债务融资成本	COD	利息支出/债务余额
自变量	并购商誉金额	GWRec	当年新增商誉金额/资产总额
	商誉减值额	GWImp	当年商誉减值金额/资产总额

续表

变量类型	变量名称	变量符号	变量定义
控制变量	再融资	Offer	当年若有增发或配股行为，则为1，否则为0
	盈利能力	ROA	营业利润/期末总资产
	公司规模	Size	期末总资产的自然对数
	审计意见类型	Opinion	当年若为标准无保留意见，则为1，否则为0
	上市时间年数	Age	截至当年上市时间长度的自然对数
	成长性	Growth	营业收入增长率
	资产负债率	LEV	期末总负债/期末总资产
	有形资产比率	Tang	（存货+固定资产）/期末总资产
	信用状况	Credit	若Z值（Altman，1968）大于1.8，则为1，否则为0
	盈余波动率	Risk	近三年ROA变动的标准差
	所有权性质	SOE	若为国有企业，则为1，否则为0
	独立董事比例	IDP	独立董事人数/董事会总人数
	两职合一	Dual	若董事长和总经理为同一人，则为1，否则为0
	高管薪酬	Wage	高管前三名薪酬总额的自然对数
	第一大股东持股	Top1	第一大股东持股比例
	基础贷款利率	Rate	央行1~3年基础贷款利率

四、实证结果

（一）描述性统计

模型（1）中主要变量的描述性统计结果如表2所示。表2中的面板A为有商誉增加样本的描述性统计，由面板A可以看出，被解释变量债务资本成本（COD）的均值和中位数均为0.02，说明公司的利息支出占公司负债总额的2%左右。经总资产账面价值调整后的并购商誉金额（GWRec）最大值为0.41，最小值为0.00，平均值（中位数）为0.04（0.00），表示各个上市公司之间并购商誉差异比较大。表2中的面板B为有商誉减值样本的描述性统计，由面板B可知，债务资本成本的均值和中位数也均为0.02，商誉减值占总资产比重的均值和中位数均为0.00，说明商誉减值的金额相对于资产总额较小，对公司总资产的影响较小。在两组样本中，面板A中的再融资变量（Offer）、审计意见类型变量（Opinion）、公司成长性变量（Growth）、公司盈利能力变量（ROA）、信用状况变量（Credit）以及两职合一变量（Dual）均要大于面板B中相关变量的均值；面板A中Size、Age、LEV、Tang等控制变量的均值则要小于面板B中相关变量的均值，说明两类样本之间存在一定的差异。

表2　变量的描述性统计结果

变量	mean	sd	Min	p25	p50	p75	Max
面板A：有商誉增加的样本（样本量2049）							
COD	0.02	0.01	0.00	0.01	0.02	0.03	0.06
GWRec	0.04	0.08	0.00	0.00	0.00	0.03	0.41
Size	22.43	1.31	20.36	21.51	22.17	23.06	26.69
Offer	0.17	0.37	0.00	0.00	0.00	0.00	1.00
Opinion	0.98	0.13	0.00	1.00	1.00	1.00	1.00
Age	9.90	5.76	2.00	5.00	9.00	15.00	23.00
Growth	0.33	0.68	−0.48	0.04	0.18	0.39	5.08
LEV	0.48	0.19	0.11	0.33	0.47	0.62	0.86
ROA	0.05	0.05	−0.10	0.02	0.04	0.07	0.18
Tang	0.35	0.17	0.01	0.23	0.34	0.46	0.77
Credit	0.82	0.38	0.00	1.00	1.00	1.00	1.00
Risk	0.02	0.03	0.00	0.01	0.02	0.03	0.15
SOE	0.35	0.48	0.00	0.00	0.00	1.00	1.00
IDP	0.37	0.06	0.33	0.33	0.33	0.40	0.60
Dual	0.27	0.45	0.00	0.00	0.00	1.00	1.00
Wage	14.32	0.70	12.69	13.86	14.30	14.73	16.45
*Top*1	0.34	0.15	0.08	0.22	0.32	0.45	0.73
Rate	5.90	0.42	5.38	5.38	6.00	6.25	6.61
面板B：有商誉减少的样本（样本量830）							
COD	0.02	0.02	0.00	0.01	0.02	0.03	0.07
GWImp	0.00	0.01	0.00	0.00	0.00	0.00	0.04
Size	22.71	1.56	19.51	21.63	22.43	23.64	27.17
Offer	0.11	0.31	0.00	0.00	0.00	0.00	1.00
Opinion	0.96	0.20	0.00	1.00	1.00	1.00	1.00
Age	11.95	5.65	3.00	7.00	13.00	17.00	23.00
Growth	0.20	0.57	−0.58	−0.04	0.12	0.29	3.94
LEV	0.54	0.20	0.12	0.41	0.54	0.68	1.04
ROA	0.03	0.06	−0.25	0.01	0.03	0.06	0.18

续表

变量	mean	sd	Min	p25	p50	p75	Max
面板 B：有商誉减少的样本（样本量 830）							
Tang	0.39	0.18	0.01	0.26	0.38	0.51	0.78
Credit	0.74	0.44	0.00	0.00	1.00	1.00	1.00
Risk	0.03	0.03	0.00	0.01	0.02	0.03	0.21
SOE	0.49	0.50	0.00	0.00	0.00	1.00	1.00
IDP	0.38	0.06	0.32	0.33	0.33	0.43	0.57
Dual	0.21	0.40	0.00	0.00	0.00	0.00	1.00
Wage	14.36	0.78	12.55	13.86	14.34	14.79	16.57
Top1	0.35	0.16	0.07	0.22	0.33	0.47	0.75
Rate	5.92	0.41	5.38	5.40	6.00	6.25	6.61

（二）回归结果分析

表 3 为商誉信息与债务资本成本的回归结果。其中回归（1）与回归（2）为新增商誉与债务资本成本间的回归结果，回归（3）与回归（4）是商誉减值与债务资本成本间的回归结果。其中 COD1 为利息支出占借款总额的比例，COD2 为利息支出占负债总额的比例。回归（1）以及回归（2）中 GWRec 的回归系数均显著为负，且至少在 1% 水平上显著，说明并购商誉的增加与债务融资成本显著负相关，与假设 1 中 H1a 的预期相一致。该结果表明，债权人对商誉信息做出了积极的反应，表明商誉信息具有一定的信息含量，商誉信息被盈余管理的可能性较小。回归（3）与回归（4）中 GWImp 的回归系数显著为正，且至少在 10% 水平上显著，说明并购商誉的减值与债务融资成本显著正相关，与假设 2 的预期相一致。说明借款人将商誉减值信息视为负面信息，提高了对公司的借款利率。

表 3 商誉信息与债务资本成本回归结果

变量	(1)	(2)	(3)	(4)
	COD1	COD2	COD1	COD2
GWRec	−0.1379***	−0.0223***		
	(−4.07)	(−5.59)		
GWImp			2.2441***	0.1503*
			(3.63)	(1.81)
Size	0.0083***	−0.0001	−0.0017	−0.0015***
	(3.09)	(−0.17)	(−0.42)	(−2.78)

变量	(1)	(2)	(3)	(4)
	COD1	COD2	COD1	COD2
Offer	−0.0144***	0.0002	−0.0027	0.0019
	(−3.12)	(0.24)	(−0.22)	(1.16)
Opinion	−0.0529	−0.0010	−0.0410*	0.0035
	(−1.55)	(−0.33)	(−1.91)	(1.23)
Age	0.0015***	0.0003***	0.0017**	0.0002*
	(2.76)	(4.88)	(2.35)	(1.66)
Growth	−0.0082***	−0.0007	−0.0038	−0.0001
	(−2.98)	(−1.35)	(−0.57)	(−0.11)
LEV	−0.0438*	0.0116***	0.0248	0.0088**
	(−1.88)	(4.90)	(0.85)	(2.23)
ROA	0.1339	−0.0298***	−0.0678	−0.0246**
	(1.63)	(−3.97)	(−0.80)	(−2.17)
Tang	−0.0382**	0.0132***	−0.0358	0.0202***
	(−2.07)	(5.47)	(−1.39)	(5.87)
Credit	0.0183***	−0.0016	0.0156	−0.0056***
	(2.98)	(−1.58)	(1.35)	(−3.59)
Risk	0.2905**	0.0433***	0.2901**	0.0213
	(2.35)	(3.21)	(2.22)	(1.21)
SOE	0.0038	−0.0028***	0.0013	−0.0025**
	(0.57)	(−3.41)	(0.15)	(−2.02)
IDP	−0.0171	0.0047	−0.0553	−0.0132
	(−0.39)	(0.93)	(−0.83)	(−1.49)
Dual	0.0049	−0.0003	−0.0128	−0.0007
	(0.81)	(−0.48)	(−1.32)	(−0.56)
Wage	0.0009	−0.0025***	−0.0060	−0.0013
	(0.17)	(−4.63)	(−0.94)	(−1.48)
Top1	−0.0269	−0.0102***	0.0056	−0.0050
	(−1.36)	(−4.95)	(0.21)	(−1.42)
Rate	0.0278***	0.0111***	−0.0288*	0.0013
	(2.70)	(6.09)	(−1.90)	(0.65)

变量	（1）	（2）	（3）	（4）
	COD1	COD2	COD1	COD2
Constant	−0.2345 **	−0.0149	0.3863 ***	0.0574 ***
	（−2.22）	（−1.13）	（2.72）	（3.02）
Year	Y	Y	Y	Y
Industry	Y	Y	Y	Y
Observations	2049	2049	830	830
adj R-squared	0.05	0.26	0.14	0.31
F	9.11	24.23	3.26	9.06
p	0.00	0.00	0.00	0.00

注：*、**、***分别表示在10%、5%、1%水平上显著；括号中是经过稳健调整的t值。后同。

表3中回归（1）以及回归（3）的模型调整后的 R^2 均要小于回归（2）与回归（4）的结果，表明以利息支出占负债总额的比例作为因变量会有更好的拟合效果。这可能是因为不同于欧美等国对权益融资的依赖，在中国情境下，企业更多地依赖贷款以及其他非正式融资，使用利息支出占借款总额的比例并不能很好地反映企业的实际利息情况。此外，控制变量中，上市时间、公司风险和央行基础贷款利率的回归系数显著为正；资产收益率和产权性质的回归系数显著为负。与已有的研究结论基本一致，在此不再一一赘述。

（三）稳健性检验

1. 遗漏变量的影响

本文分别基于商誉增加信息以及商誉减值信息讨论了商誉信息对债务资本成本的影响，但未考虑到企业可能同时存在商誉确认以及商誉减值的情况。由于商誉确认信息与商誉减值信息所传递的信息性质截然相反，债权人可能会基于商誉信息的变动净额做出其贷款决策。因此，单独基于某类商誉信息的变动研究其对债务资本成本的影响可能会产生因遗漏变量导致的内生性问题，需要综合考察其对债务资本成本的影响。若商誉的变动净额依然表明商誉信息会影响到债务资本成本，则可以进一步证明本文研究结论受到商誉增加信息与商誉减值信息抵消效应的影响较小，研究结论较为稳健。

基于前文的分析逻辑，并考虑到商誉增加信息与商誉减值信息之间的抵消效应，本文认为商誉变动净额越大，即商誉增加额大于商誉减值额（商誉信息更多地传递了有关公司发展的正面信息），债务资本成本越低；反之，变动净额越小，即商誉增加额小于商誉减值额（商誉信息更多地传递了有关公司发展的负面信息），债务资本成本越高。本文延续之前的检验模型（1），将解释变量 *GW* 替换为以商誉账面价值计算的商誉变动额（*Change*），并除以资产总额以消除量纲的影响。具体回归结果如表4所示。

表4　商誉变动净额与债务资本成本

变量	（1）	（2）
	COD1	COD2
Change	−0.1920***	−0.0387***
	（−2.63）	（−4.75）
Size	0.0057**	−0.0005*
	（2.04）	（−1.66）
Offer	−0.0085	0.0009
	（−1.40）	（1.37）
Opinion	−0.0894***	−0.0041**
	（−6.04）	（−2.50）
Age	0.0019***	0.0002***
	（4.33）	（3.68）
Growth	−0.0067	−0.0005
	（−1.64）	（−1.16）
LEV	−0.0259	0.0134***
	（−1.51）	（6.98）
ROA	0.1461***	−0.0385***
	（3.00）	（−7.10）
Tang	−0.0486***	0.0116***
	（−3.41）	（7.30）
Credit	0.0143**	−0.0016**
	（2.17）	（−2.16）
Risk	0.2621***	0.0241***
	（3.24）	（2.67）
SOE	0.0042	−0.0031***
	（0.83）	（−5.50）
IDP	−0.0139	−0.0009
	（−0.35）	（−0.21）

续表

变量	（1）	（2）
	COD1	COD2
Dual	0.0010	−0.0004
	（0.18）	（−0.64）
Wage	−0.0079 **	−0.0025 ***
	（−2.14）	（−6.19）
Top1	−0.0118	−0.0076 ***
	（−0.79）	（−4.55）
Rate	−0.0004	0.0041 ***
	（−0.04）	（4.47）
Constant	0.1657 *	0.0517 ***
	（1.86）	（5.21）
Year	Y	Y
Industry	Y	Y
Observations	3323	3323
adj R−squared	0.05	0.28
F	5.33	32.60
p	0.00	0.00

表 4 为考虑商誉变动净额对债务资本成本影响的回归结果。由表 4 可知，表示商誉变动净额的变量 Change 在回归（1）和回归（2）中均显著为负，且均在 1% 水平上显著，说明在考虑了商誉增加信息与减值信息之间的抵消效应后，商誉信息依然传递出有关公司发展的相关信息，与前文的假设预测一致。表 4 中两列回归的调整后的 R^2 的结果同表 3 中的结果相一致，回归（1）的调整后的 R^2 要远小于回归（2）的结果；同时回归（1）与回归（2）中如规模变量、资产收益率等回归系数并不一致，这也可能是因为回归（1）中所采用的因变量不合适所造成的结果，但本文主要关注的是商誉信息的影响，因此不对该问题做进一步分析。表 4 中样本量多于商誉增加样本以及商誉减值样本之和，这主要是因为商誉账面价值不为 0 的样本中包含了部分当年商誉没有变动的样本，剔除该部分样本的研究结论依然不变。

2. 样本选择偏误的影响

由于本文中商誉账面价值不为 0 的样本均为发生过并购活动的样本，使得样本存在自选择问题，可能会导致研究结论的偏误，故本文尝试采用 Heckman 两阶段回归降低自选择问题造成的影响。傅超等（2015）[29] 指出企业的商誉信息会受到同行业内企业商誉计量的影响，存在显著的同行效应，因此本文以同行业内商誉增加（减值）的均值作为解释变量对企业是否发生商誉增加（减值）进行第一阶段的回归。同时，由于行业内的商誉均值对单个企业的债务资本成本的影响很小，所以同行业内的商誉均值信息是合适的工具变量。

　　通过对第一阶段 Selection 模型进行回归，得到自选择系数变量 *lambda*，将其代入主回归模型（1）中进行第二阶段的回归。Heckman 两阶段回归结果见表5。在第一阶段的回归中，还参考 Beatty 和 Weber（2006）[19]、Li 等（2011）[20] 以及傅超等（2015）[29] 的研究，控制了资产规模、上市年限、成长性、资产负债率以及资产收益率等变量的影响。表5 中回归（1）以及回归（3）中商誉的行业均值变量的回归均显著为正，且在 1% 的水平上显著，也说明了其作为工具变量的合理性。

表5　HECKMAN 两阶段回归

变量	（1） Selection Rec_Dummy	（2） Heckman COD1	（3） Selection Imp_Dummy	（4） Heckman COD1
GWRec		−0.0147*** (−3.64)		
GWImp				0.2429** (2.46)
Size	0.1207*** (9.93)	−0.0005 (−1.28)	0.1144*** (7.71)	−0.0006 (−0.39)
Offer		0.0009 (1.12)		0.0034* (1.84)
Opinion		0.0007 (0.31)		0.0026 (0.78)
Age	−0.0265*** (−11.58)	0.0005*** (7.39)	0.0083*** (2.78)	0.0002** (2.07)
Growth	0.1946*** (10.05)	−0.0023*** (−4.21)	−0.0014 (−0.05)	−0.0001 (−0.15)
LEV	−0.0998 (−1.24)	0.0148*** (6.61)	0.2055** (2.05)	−0.0004 (−0.09)

续表

变量	（1） Selection Rec_Dummy	（2） Heckman COD1	（3） Selection Imp_Dummy	（4） Heckman COD1
ROA	0.7129*** (2.92)	-0.0424*** (-6.37)	-0.5939* (-1.91)	-0.0473*** (-2.95)
Tang		0.0207*** (11.18)		0.0159*** (4.52)
Credit		0.0001 (0.09)		-0.0060*** (-3.59)
Risk		0.0243** (2.54)		0.0222 (1.19)
SOE		-0.0024*** (-3.31)		-0.0030** (-2.21)
IDP		0.0016 (0.31)		-0.0194** (-1.99)
Dual		-0.0001 (-0.09)		0.0004 (0.29)
Wage	0.1960*** (9.36)	-0.0048*** (-7.87)	0.1548*** (5.76)	-0.0014 (-0.47)
Top1		-0.0082*** (-4.02)		-0.0048 (-1.22)
Rate		0.0068*** (8.37)		0.0074*** (5.10)
lambda		-0.0094*** (-5.13)		-0.0006 (-0.39)
Mean_GWRec	8.2829*** (19.43)			
Mean_GWImp			24.5053*** (2.80)	
Constant	-6.5416*** (-23.51)	0.0591*** (4.52)	-7.2784*** (-18.38)	0.0176 (0.18)
Observations	16298	16298	12113	12113

注：回归（1）以及回归（3）括号中是经过稳健调整的 z 值；回归（2）以及回归（4）括号中是经过稳健调整的 t 值。

表5中回归（2）中 *lambda* 变量的回归系数显著为负，说明存在样本自选择问题。在控制 *lambda* 变量后，*GWRec* 变量的回归系数显著为负，说明在控制了样本自选择问题后，本文的研究结论依然稳健。回归（4）中 *lambda* 变量的回归系数并不显著，表明样本自选择问题并不严重，在控制该效应后，*GWImp* 变量的回归系数依然显著为正，与研究假设的预期相一致。

（四）区分产权性质的进一步分析

Cull 和 Xu（2003）[30] 的研究表明与政府保持良好关系的企业有更大的可能性获得银行贷款。一方面，具有良好政治关系的企业更可能以较低的利率获得银行贷款（La Porta 等，2003[31]），另一方面，这种企业在陷入财务困境时更容易得到政府的帮助（Faccio 等，2006[32]）。根据孙铮等（2006）[33] 的研究，上市公司的所有权性质会影响到会计信息的契约有用性，由于政府对国有企业的各种优惠政策在一定程度上可以被视为国有企业提供了隐性担保，国有企业的会计信息在债务契约中的有用性要弱于非国有企业。廖秀梅（2007）[34] 研究了会计信息对于贷款人决策的影响，提出在国有企业中，贷款人因为政府对国有企业的担保作用，并没有有效地利用会计信息对国有企业的贷款进行审查。基于以上研究结论，本文预期国有企业的债权人对相关商誉信息的敏感度会弱于非国有企业。为了验证这个推测，本文将样本数据分成了国有企业组和非国有企业组进行回归分析，回归结果如表6所示。

表6　产权性质对商誉信息与债务资本成本关系的影响

变量	(1)	(2)	(3)	(4)
	国有组	非国有组	国有组	非国有组
GWRec	-0.0186	-0.0240***		
	(-1.63)	(-5.42)		
GWImp			0.1025	0.3056**
			(0.70)	(2.39)
Size	-0.0002	0.0003	-0.0012*	-0.0019
	(-0.37)	(0.46)	(-1.72)	(-1.59)
Offer	-0.0008	0.0007	0.0026	0.0024
	(-0.59)	(0.75)	(1.17)	(0.84)
Opinion	0.0005	-0.0017	0.0034	0.0028
	(0.12)	(-0.45)	(0.82)	(0.55)
Age	0.0002*	0.0004***	0.0001	0.0004**
	(1.86)	(4.88)	(0.48)	(2.24)

续表

变量	（1）国有组	（2）非国有组	（3）国有组	（4）非国有组
Growth	-0.0010	-0.0006	0.0005	-0.0000
	(-0.95)	(-0.98)	(0.44)	(-0.02)
LEV	0.0106***	0.0114***	0.0041	0.0130*
	(2.66)	(3.75)	(0.68)	(1.91)
ROA	-0.0370***	-0.0327***	-0.0403**	-0.0343*
	(-2.73)	(-3.46)	(-2.32)	(-1.81)
Tang	0.0207***	0.0077**	0.0216***	0.0195***
	(5.58)	(2.48)	(4.41)	(3.12)
Credit	-0.0015	-0.0004	-0.0044**	-0.0036
	(-0.99)	(-0.24)	(-2.12)	(-1.19)
Risk	0.0474*	0.0385**	0.0009	0.0594*
	(1.96)	(2.34)	(0.03)	(1.92)
IDP	0.0124	0.0011	0.0033	-0.0428**
	(1.43)	(0.16)	(0.26)	(-2.51)
Dual	-0.0006	-0.0004	-0.0033	0.0007
	(-0.41)	(-0.56)	(-1.47)	(0.36)
Wage	-0.0042***	-0.0019***	-0.0029**	-0.0004
	(-4.74)	(-2.66)	(-2.40)	(-0.28)
Top1	-0.0132***	-0.0064**	-0.0102**	0.0009
	(-3.74)	(-2.42)	(-2.09)	(0.14)
Rate	0.0014	0.0094***	-0.0000	0.0151***
	(0.74)	(2.90)	(-0.00)	(3.60)
Constant	0.0606***	-0.0130	0.0809***	-0.0332
	(3.66)	(-0.57)	(3.05)	(-0.91)
Year	Y	Y	Y	Y
Industry	Y	Y	Y	Y
Observations	725	1324	405	425
adj R-squared	0.34	0.22	0.32	0.21
F	10.74	10.44	6.16	3.94
p	0.00	0.00	0.00	0.00

由表 6 中回归（1）和回归（2）的对比可知，商誉增加信息在国有组中的回归系数不显著，而在非国有组中其回归系数在 1% 的水平上显著。说明与非国有企业相比，国有企业的并购商誉增加信息并不会引起债务融资成本的降低，国有企业的会计信息在债权人的决策中所体现的作用有限，证明了与前文的分析预期相一致。由回归（3）和回归（4）的对比可知，国有企业组商誉减值的系数为正但不显著，没有证据表明国有企业的债权人会因为商誉减值而提高债务融资成本；非国有企业组商誉减值的系数为正且在 5% 的水平上显著，表明在非国有企业中，商誉的减值会引起债务融资成本的提高。该结论表明，无论国有企业会计信息所传递的是正面信息还是负面信息，其在债权人决策中的作用都较为有限，而非国有企业中该类信息则会显著影响债权人的决策行为。

五、研究结论

会计信息反映了公司的财务状况和经营成果，债权人会通过会计信息判断公司的偿债能力。随着并购的发展，商誉对财务报表的影响也日益增加，预期会影响到债权人对公司的评价，从而影响债务契约的制定。本文以我国股票市场上 2008 年至 2015 年 A 股非金融类上市公司为样本，对并购商誉及商誉减值与债务资本成本之间的关系进行了实证检验。研究发现，商誉信息会显著影响到债务融资成本。债权人将商誉视为企业的一项资产，新增的并购商誉越多，债务融资成本越低；商誉减值越多，债务融资成本越高。本文的进一步研究发现，非国有企业的债权人相对于国有企业的债权人，对并购新增商誉信息和商誉减值信息的敏感度更高，说明债权人的资本定价决策不仅仅会受到商誉信息本身的影响，也会因为企业具体环境的差异而产生差异。

本文的研究表明，商誉信息会影响到相关利益者的决策行为，具有决策有用性，因而在资产负债表中确认商誉资产是合理的。但是考虑到商誉计量的复杂性以及不可验证性，会计准则还需要不断提高对商誉估值和商誉减值方法的要求，提高商誉的会计信息质量，以便为利益相关者提供更加准确的决策依据。

参考文献

［1］许家林．商誉会计研究的八十年：扫描与思考［J］．会计研究，2006（8）：18-23.

［2］Boennen S，Glaum M．Goodwill Accounting：A Review of the Literature［R］．SSRN Working Paper，2014.

［3］Kothari S P，Ramanna K，Skinner D J．Implications for GAAP from an

Analysis of Positive Research in Accounting [J]. Journal of Accounting & Economics, 2010, 50 (2): 246-286.

[4] 叶建芳, 何开刚, 杨庆, 叶艳. 不可核实的商誉减值测试估计与审计费用 [J]. 审计研究, 2016 (1): 76-84.

[5] 曲晓辉, 卢煜, 汪健. 商誉减值与分析师盈余预测——基于盈余管理的视角 [J]. 山西财经大学学报, 2016 (4): 101-113.

[6] Allen F, Qian J, Qian M. Law, Finance, and Economic Growth in China [J]. Journal of Financial Economics, 2005, 77 (1): 57-116.

[7] Chauvin K W, Hirschey M. Goodwill, Profitability, and the Market Value of the Firm [J]. Journal of Accounting and Public Policy, 1994, 13 (2): 159-180.

[8] Bens D A, Heltzer W, Segal B. The Information Content of Goodwill Impairments and SFAS 142 [J]. Journal of Accounting, Auditing & Finance, 2011, 26 (3): 527-555.

[9] 杜兴强. 商誉的性质及对权益计价的影响——理论分析与基于企业会计准则 (2006) 的经验证据 [C]. 商誉会计研讨会论文集, 2010.

[10] Lee C. The Effect of SFAS 142 on the Ability of Goodwill to Predict Future Cash Flows [J]. Journal of Accounting & Public Policy, 2010, 30 (3): 236-255.

[11] Johnson L T T, Petrone K P. Commentary: Is Goodwill an Asset? [J]. Accounting Horizons, 1998, 12 (3): 293-303.

[12] Henning S L, Shaw W H. Valuation of the Components of Purchased Goodwill [J]. Journal of Accounting Research, 2000, 38 (2): 375-386.

[13] Shleifer A, Vishny R W. Stock Market Driven Acquisitions [J]. Journal of Financial Economics, 2003, 70 (3): 295-311.

[14] 谢纪刚, 张秋生. 股份支付、交易制度与商誉高估——基于中小板公司并购的数据分析 [J]. 会计研究, 2013 (12): 47-52.

[15] Shalev R, Zhang I X, Zhang Y. CEO Compensation and Fair Value Accounting: Evidence from Purchase Price Allocation [J]. Journal of Accounting Research, 2013, 51 (4): 819-854.

[16] Paugam L, Astolfi P, Ramond O. Accounting for Business Combinations: Do Purchase Price Allocations Matter? [J]. Journal of Accounting and Public Policy, 2015, 34 (4): 362-391.

[17] Rees L, Gore R. An Investigation of Asset Writedowns and Concurrent Abnormal Accruals [J]. Journal of Accounting Research, 1996, 34 (1): 157-169.

[18] Ramanna K, Watts R L. Evidence on the Use of Unverifiable Estimates in

Required Goodwill Impairment ［J］. Review of Accounting Studies, 2012, 17 (4): 749-780.

［19］Beatty A, Weber J. Accounting Discretion in Fair Value Estimates: An Examination of SFAS 142 Goodwill Impairments ［J］. Journal of Accounting Research, 2006, 44 (2): 257-288.

［20］Li Z, Shroff P K, Venkataraman R, et al. Causes and Consequences of Goodwill Impairment Losses ［J］. Review of Accounting Studies, 2011, 16 (4): 745-778.

［21］卢煜, 曲晓辉. 商誉减值的盈余管理动机——基于中国 A 股上市公司的经验证据 ［J］. 山西财经大学学报, 2016 (7): 87-99.

［22］Francis J, LaFond R, Olsson P, et al. The Market Pricing of Accruals Quality ［J］. Journal of Accounting and Economics, 2005, 39 (2): 295-327.

［23］Zou H, Adams M B. Debt Capacity, Cost of Debt, and Corporate Insurance ［J］. Journal of Financial and Quantitative Analysis, 2008, 43 (2): 433-466.

［24］李广子, 刘力. 债务融资成本与民营信贷歧视 ［J］. 金融研究, 2009 (12): 137-150.

［25］Jensen M C, Meckling W H. Theory of the Firm: Managerial Behavior, Agency Costs, and Ownership Structure ［J］. Journal of Financial Economics, 1976, 3 (4): 305-360.

［26］Sengupta P. Corporate Disclosure Quality and the Cost of Debt ［J］. Accounting Review, 1988, 12 (1): 94-95.

［27］陆正飞. 企业适度负债的理论分析与实证研究 ［J］. 经济研究, 1996 (2): 52-58.

［28］李志军, 王善平. 货币政策、信息披露质量与公司债务融资 ［J］. 会计研究, 2011 (10): 56-62.

［29］傅超, 杨曾, 傅代国. "同伴效应" 影响了企业的并购商誉吗?——基于我国创业板高溢价并购的经验证据 ［J］. 中国软科学, 2015 (11): 94-108.

［30］Cull R, Xu L C. Why Get Credit? The Behavior of Bureaucrats and State Banks in Allocating Credit to Chinese State-owned Enterprises ［J］. Journal of Development Economics, 2003, 71 (2): 533-559.

［31］La Porta R, Lopez-de-Silanes F, Zamarripa G. Related Lending ［J］. Quarterly Journal of Economics, 2003, 118 (1): 231-268.

［32］Faccio M, Masulis R W, Mcconnell J J. Political Connections and Corporate Bailouts ［J］. Journal of Finance, 2006, 61 (6): 2597-2635.

［33］孙铮，李增泉，王景斌．所有权性质、会计信息与债务契约——来自我国上市公司的经验证据［J］．管理世界，2006（10）：100-107.

［34］廖秀梅．会计信息的信贷决策有用性：基于所有权制度制约的研究［J］．会计研究，2007（5）：31-38.

Abstract：Decision-making usefulness of goodwill information is mainly manifested in the influence of in-vestors and creditors decision-making behavior, but less research about goodwill information of decision use-fulness is based on the cost of debt capital perspective. Based on the 2008-2015 eligible A-share listed compa-nies which had disclosed goodwill information, we analyzed the influence of recognition of purchased goodwill and goodwill impairment on the debt of capital cost, and further study the nature of the ownership on the rela-tionship of goodwill information and debt contract effectiveness. In this paper, we found that recognition amount of purchased goodwill is significantly negative correlation with cost of debt, and the recognition of goodwill impairment is significantly positively related to cost of debt. After control the endogenous problem caused by omitted variables and self-selected problem, the research conclusion is still healthy. At the same time, we also found that the relationship between goodwill information and the cost of debt is more significant in the state-owned enterprises group, compared with the state-owned enterprises group. In this paper, the re-search results show that goodwill asset has information content and affects the enterprise's cost of debt capital, and goodwill information is decision-making usefulness, and the usefulness is affected by the nature of enterprise's ownership.

Key words：Purchased Goodwill；Goodwill Impairment；Cost of Debt

（责任编辑：韩　嫄　张安平）